Os Dez Desafios

Leonard Felder

Os Dez Desafios

ORIENTAÇÕES ESPIRITUAIS INSPIRADAS
NOS DEZ MANDAMENTOS PARA CRIAR SENTIDO,
DESENVOLVIMENTO E PROSPERIDADE
EM TODOS OS DIAS DA SUA VIDA

Tradução
ALÍPIO CORREIA DE FRANCA NETO

EDITORA CULTRIX
São Paulo

Título do original:
The Ten Challenges
Spiritual Lessons from the Ten Commandments for Creating Meaning, Growth, and Richness Every Day of Your Life

O autor agradece a permissão de reproduzir passagens dos seguintes livros: *Birdsong: 53 Short Poems by Rumi*, tradução de Coleman Barks. Publicado por Maypop Books, 1993. Reproduzido com a permissão de Coleman Barks.
The Essential Rumi, tradução de Coleman Barks em parceria com John Moyne. Publicado por HarperCollins, 1995. Reproduzido com a permissão de Coleman Barks.
When Bad Things Happen to Good People, de Harold S. Kushner. Copyright © 1981, 1989, de Harold S. Kushner.
Copyright © do Prefácio 1989, de Harold S. Kushner. Reproduzido com a permissão de Schocken Books, publicado por Pantheon Books, uma divisão da Random House, Inc.

Publicado mediante acordo com Harmony Books, uma divisão da Crown Publishers, Inc., Nova York.

Edição	Ano
1-2-3-4-5-6-7-8-9	99-00-01-02-03

Direitos de tradução para a língua portuguesa
adquiridos com exclusividade pela
EDITORA CULTRIX LTDA.
Rua Dr. Mário Vicente, 374 — 04270-000 — São Paulo, SP
Fone: 272-1399 — Fax: 272-4770
E-MAIL: pensamento@snet.com.br
http://www.pensamento-cultrix.com.br
que se reserva a propriedade literária desta tradução.

Impresso em nossas oficinas gráficas.

Este livro é dedicado a meus avós maternos, Pauline e William Rothenberg, que me ensinaram pratos deliciosos e revelaram tipos de som e o sentimento do nosso legado;

A meus avós paternos, Johanna e Leopold Dingfelder, que pereceram com os seis milhões de judeus no Holocausto e cuja história me ensinou a importância de construir pontes com outros que desejam reparar este mundo avariado;

E a minha mulher, parceira, amante e melhor amiga, Linda Schorin, cujas visões agudas e sugestões acrescentaram muito a cada capítulo deste livro, e cuja ternura e sabedoria nos ajudam a apreciar cada dia.

NOTA DO AUTOR

Alguns dos problemas tratados neste livro podem despertar lembranças e sentimentos profundos. Quem quer que tenha na história de sua vida algum distúrbio psiquiátrico, que se sinta instável emocionalmente, que esteja tomando tranqüilizantes ou algum medicamento contra a ansiedade e a depressão, não deve fazer os exercícios deste livro sem primeiro consultar um perito na área.

SUMÁRIO

Os Dez Desafios

INTRODUÇÃO

Durante muitos anos aconselhando homens e mulheres de profissões as mais variadas, percebi diversas vezes que a maior parte deles anseia por algo que não pode ser satisfeito apenas na luta pela sobrevivência ou passando pelas atividades da vida cotidiana. A maior parte dos seres humanos tem uma profunda ânsia de sentido e de ligação num mundo que amiúde parece frio e indiferente. Se você também tem vivido essa ânsia quanto a algo que faça mais sentido em sua vida, sabe que ela não é fácil de satisfazer. Não raro tem-se a impressão de uma sensação de angústia, um oco no fundo do estômago, um sentimento que parece perguntar: "Por que estou aqui? Será que tenho um objetivo na vida? Haveria uma razão para toda a luta e dor por que estou passando? Como posso fazer com que cada dia seja mais proveitoso e tenha mais valor?"

À proporção que nos abeiramos do ano 2000, vou percebendo que cada vez mais amigos meus, clientes e estudantes maiores estão fazendo essas perguntas de caráter espiritual sobre como criar uma vida que seja digna e que também exerça um papel importante na vida dos outros. Estamos vivendo numa época de emoções, no entanto, quanto mais rápido se tornam o ritmo e a tecnologia de nossa sociedade, mais nossa alma anseia por uma oportunidade de dar um passo atrás e ter uma perspectiva mais clara sobre o que verdadeiramente importa na vida. Às vezes, procuramos essa perspectiva revisitando os livros que resistiram à prova do tempo e que são respeitados, justamente por terem propiciado um contexto para um sentido através dos séculos.

O livro que você está prestes a ler se concentra numa fonte de orientação muito respeitada sobre como viver uma vida significativa e de contentamento. Nos capítulos que se seguem, descreverei uma série de dez orientações espirituais que estão entre as palavras de sabedoria mais importantes dentre as que foram reveladas. Trata-se das dez exortações encontradas no Capítulo 20 do Livro do Êxodo, que a maior parte das pessoas conhece como Dez Mandamentos.

REDESCOBRINDO UMA FONTE PROFUNDA DE CONHECIMENTOS ÚTEIS

A primeira vez que tomei contato com os Dez Mandamentos, eu era criança, e eles me pareceram um tanto assustadores e inacessíveis, sobretudo em virtude dos seus "Nãos" ecoando fortes. Lembro-me de ficar me remoendo com perguntas tais como "E se eu desrespeitasse um dos Dez Mandamentos? E se eu não pudesse viver à altura de alguns deles? Será que isso causaria a ira de Deus, ou será que ele seria paciente e me perdoaria?" Posteriormente, pouco me ocupei dessas cogitações até o dia em que, veterano na faculdade, elas subitamente se revestiram de um significado diferente. Pus-me a estudar os Dez Mandamentos não como artefatos antigos ou admoestações severas, mas como visões psicológicas agudas e úteis sobre como ter uma vida produtiva.

Essa abordagem foi-me primeiramente sugerida pelo doutor Rowland Shepard, meu orientador e professor de psicologia médica no Kenyon College, uma pequena faculdade liberal da área de humanidades em Ohio. Há vinte e três anos, numa tarde, o dr. Shepard e eu tivemos uma conversa memorável depois da aula, em que ele disse: "Talvez 'Dez Mandamentos' seja uma denominação imprópria. Eles deveriam se chamar as dez coisas mais difíceis que tentamos fazer na vida — honrar nossos pais, lidar com o adultério, tentar sair da rotina um dia a cada semana, e não invejar o que as outras pessoas têm. Esses tópicos não são história antiga — são problemas fundamentais com que a maior parte de nós se bate em nossa vida pessoal."

Alguns anos depois, quando me tornei psicólogo no exercício da função, continuei fascinado pela espiritualidade. Pus-me a estudar por minha própria conta e com diversos mestres apenas o grau em que esses problemas levantados pelos Dez Mandamentos são dez dos desafios mais importantes que deparamos na vida. Por exemplo, a maioria das pessoas não compreende que os Dez Mandamentos se ocupam destes tópicos:

- Como você chega a uma conclusão sobre o que acredita com relação a Deus, e sobre como quer praticar a sua espiritualidade? (O Primeiro Mandamento: "Eu sou o Senhor teu Deus, que te fez sair do Egito, da casa da servidão.")
- Como você tem certeza que não se desvia do caminho nem cai presa de vícios e outros hábitos sedutores — como se mostrar fanático pelo trabalho — que o deixam esgotado e insatisfeito? (O Segundo Mandamento: "Não terás outros deuses diante de minha face.")
- Como você lida com a hipocrisia e a raiva quando está discutindo com o seu parceiro, com um membro da família ou com um colega de trabalho? (O Terceiro Mandamento: "Não pronunciarás o nome de Javé, teu Deus, em vão.")
- Como você se livra a cada semana da tensão da vida e acha um meio de se ligar de novo a pessoas que estima, com uma sensação de paz interior? (O Quarto Mandamento: "Lembra-te de santificar o dia de sábado.")
- Como você honra os seus pais, que foram duros, insensíveis e que se excederam, e como você os perdoa quanto a essa relação, para que você mesmo possa dar o melhor de si aos seus filhos e fazer face às responsabilidades de adulto? (O Quinto Mandamento: "Honra teu pai e tua mãe.")
- Como você tem certeza de que não oprime inadvertidamente uma pessoa, nem fracassa ou se torna autodestrutivo durante os momentos mais difíceis da vida? (O Sexto Mandamento: "Não matarás.")
- Como reage quando você, ou a pessoa que ama, se sente atraído por alguém mais, e como refaz um relacionamento quando perdeu a confiança? (O Sétimo Mandamento: "Não cometerás adultério.")
- De que modo pode realizar o que quer na vida conservando a integridade? (O Oitavo Mandamento: "Não furtarás.")

• Como tem certeza de que não magoa as pessoas mentindo, fazendo fofoca, ou dizendo coisas que fazem mal? (O Nono Mandamento: "Não levantarás falso testemunho contra teu próximo.")

• Como você pára de cobiçar o que as outras pessoas têm, deixando de querer ser outra pessoa? (O Décimo Mandamento: "Não cobiçarás a casa de teu próximo.")

Como em antigos tempos, obviamente esses problemas constituem um desafio ainda hoje. São tantas as pressões e as solicitações atualmente, que é ainda mais difícil encontrar a espiritualidade na pessoa, viver com integridade e reservar momentos de tranqüilidade em nosso dia-a-dia agitado.

O FIO COMUM DE MUITAS TRADIÇÕES ESPIRITUAIS

Quanto mais eu estudava os diversos comentários e interpretações sobre os Dez Mandamentos, mais eu compreendia que o espírito dessas orientações constitui o fundamento das principais religiões do mundo. No Judaísmo, as Tábuas dos Dez Mandamentos são visíveis nos santuários da maior parte dos templos e sinagogas, a par de uma chama ou luz eterna. Para os judeus em todo o mundo, esses dez ensinamentos espirituais fazem parte de um conjunto em contínua evolução de orientações sobre como ter uma vida com um sentido e um objetivo superiores. Durante milhares de anos, estudiosos hebreus dedicados e mestres apaixonados interpretaram vezes sem conta essas dez orientações espirituais para examinar de que modo cada nova geração poderia se beneficiar delas.

No Sermão da Montanha, Jesus de Nazaré reafirmou os Dez Mandamentos: "Aquele que violar um destes mandamentos, por menor que seja, e ensinar assim aos homens, será declarado o menor no reino dos céus, mas aquele que os guardar e os ensinar será declarado grande no reino dos céus." À medida que Jesus procurava esclarecer os ensinamentos e sua observância, ele por vezes lhes enfatizava a importância; a certa altura, ele disse: "Se cumprires meus mandamentos, habitarás em meu amor, assim como cumpri os mandamentos de meu Pai, e habito no amor dele." Ele também disse sobre os Mandamentos: "Venho não para os abolir, mas para os completar... Nenhum ponto, nenhum mínimo traço deverá desaparecer da Lei enquanto o seu objetivo não for alcançado." O objetivo da Lei (os Mandamentos) é orientar cada nova geração.

No Islã, os Dez Mandamentos são respeitados e incluídos como parte das diretrizes muito desenvolvidas que são dadas aos muçulmanos sobre como ter uma vida espiritual, o que é descrito com riqueza de pormenores no Corão, a doutrina sagrada do profeta Maomé. No Budismo, os Cinco Preceitos que formam a base do Comportamento Reto são quase idênticos a diversos dos Dez Mandamentos no Judaísmo: Não matar, não furtar, não mentir, não usar alucinógenos nem álcool e não ser lascivo.

Quanto mais aprendi sobre essas dez orientações espirituais a partir do Livro do Êxodo, mais eficazes, úteis e intrigantes elas se tornaram. Independentemente do tipo de formação religiosa que você tem, ou até mesmo do fato de você ter ou não alguma formação religiosa, as perguntas levantadas nesses dez capítulos o farão pensar sobre a sua vida de um modo novo e construtivo. Meu objetivo neste livro é tornar acessível a antiga sabedoria dos Dez Mandamentos a todos os interessados no sentido, no desenvolvimento e na mudança espiritual. Isso significa que você achará este livro importante e útil para viver a sua vida se tiver uma inclinação espiritual e religiosa, se se identificar com uma dada tradição (tal como o Judaísmo, o Cristianismo, o Islã ou o Budismo), ainda que não cumpra a observância religiosa a maior parte do tempo. Se você for muito religioso, ou nem tanto assim, e quiser aprofundar sua compreensão dos aspectos psicológicos e dos níveis ocultos de sabedoria nos Dez Mandamentos, achará esses capítulos igualmente iluminadores.

POR QUE UM PSICÓLOGO ESCREVENDO SOBRE PROBLEMAS ESPIRITUAIS?

Em meu trabalho de psicoterapeuta, descobri de que modo os pacientes se beneficiam mais quando se lhes abordam temas espirituais e psicológicos no aconselhamento. Essa abordagem de combinar o científico e o espiritual foi desenvolvida pela primeira vez por um psicoterapeuta vienense, o dr. Viktor Frankl, que rompeu com Freud nos anos de 1940 e cujos livros foram objeto de minha admiração na época da faculdade e da pós-graduação, antes que eu tivesse finalmente a oportunidade de conhecê-lo pessoalmente e de estudar com ele.

A abordagem que Viktor Frankl fez da cura psicológica adveio de suas experiências durante a Segunda Guerra Mundial, quando, na condição de sobrevivente de um campo de concentração, conservou o sentido de sua vida, a despeito de perder a mulher, o irmão, a mãe e o pai nas mãos dos nazistas. Frankl deu início a uma abordagem radicalmente nova da terapia depois da guerra, e escreveu diversos livros percucientes sobre sua vida e seu trabalho terapêutico, inclusive *Man's Search for Meaning* e *The Doctor and the Soul*.*

Num breve resumo, a pesquisa e o aconselhamento do dr. Frankl mostraram que um dos fatores mais importantes na recuperação do bem-estar psicológico, sobretudo durante épocas traumáticas, implicam encontrar um sentido e um objetivo nas coisas. Só ocupando-se das preocupações espirituais de uma pessoa é que o profissional que pratica o aconselhamento pode chegar aos problemas profundos que afetam a luta diária pela realização dessa mesma pessoa. Frankl ajudou milhares de pacientes e influenciou numerosos psicólogos e conselheiros espirituais com suas técnicas para fazer as perguntas fundamentais e procurar em

* Para mais detalhes para essa ou para qualquer outra obra que eu venha a mencionar, peço ao leitor que confira a seção Referências no final deste livro.

companhia do paciente as respostas que trazem em si o sentido e o bem-estar de nossa vida.

Senti-me atraído pelas teorias e técnicas de Frankl não apenas por causa de sua eficácia para meus pacientes, mas também porque senti certo vínculo pessoal com Frankl e com sua busca pela cura e pelo sentido da vida depois do Holocausto. Meu pai escapou por pouco da Alemanha nazista, diversos parentes próximos sobreviveram ao campo de concentração e eu mesmo cresci com histórias inesquecíveis de como meus avós paternos e muitos outros parentes foram mortos em campos de execução.

Tanto a abordagem de Frankl como as técnicas de terapia que desenvolvi com os anos enfatizam a forte relação entre a cura psicológica e a cura espiritual. Por exemplo, por diversas vezes, descobri que exatamente os mesmos problemas espirituais evocados pelos Dez Mandamentos oferecem pistas evidentes para nos ajudar a recuperar a saúde emocional e o bem-estar psicológico. Muitas vezes, quando estou numa sessão de aconselhamento com alguém, ou quando deparo um desafio difícil em minha vida, a orientação dos Dez Mandamentos tem levado à cura e ao desenvolvimento pessoal. Vi centenas de pessoas e de casais se beneficiarem com a sabedoria essencial deles.

A RAZÃO PARA CHAMÁ-LOS DE "DESAFIOS", BEM COMO DE "MANDAMENTOS"

Enquanto os tópicos explorados neste livro advêm dos Dez Mandamentos, chamei minha abordagem de "Os Dez Desafios" por algumas razões específicas. De acordo com muitos estudiosos, o termo hebraico original *Ahseret Ha-deebrot* significa literalmente "As Dez Palavras" ou "As Dez Coisas", porém foi traduzido equivocadamente para o grego e depois para o inglês como "Os Dez Mandamentos". Enquanto muitas pessoas preferem a palavra "mandamento", um número ainda maior de pessoas se disporia a apreciar a sabedoria dessas dez visões agudas se elas fossem apresentadas de um modo menos autoritário.

Com o correr dos anos, percebi que "desafio" é a palavra que descreve com mais acurácia de que modo essas dez orientações funcionam para a maioria das pessoas. A palavra "mandamento" implica que devemos obedecer às normas no capítulo 20 do Livro do Êxodo ou desobecê-las, ao passo que a palavra "desafio" descreve o *processo voluntário e em andamento* do que verdadeiramente ocorre quando você começa a usar esses princípios espirituais importantes no seu dia-a-dia. Esse *processo* de aceitar as Dez Palavras e de tentar viver de acordo com elas inclui os passos seguintes:

- Compreender os sentimentos mais profundos e as palavras hebraicas originais que compõem a raiz de cada uma dessas orientações espirituais. Em cada capítulo, explicarei o que as verdadeiras palavras em hebraico sugerem e de que modo algumas dessas palavras foram traduzidas e interpretadas erroneamente no decorrer dos séculos.

• Definir os obstáculos e as dificuldades que vêm à luz para a maioria das pessoas quando elas tentam ser fiéis às Dez Palavras. Para a grande maioria, não se trata da questão de obedecer ou desobedecer, mas de como fazer desses princípios úteis uma parte da vida, apesar de a vida moderna tornar isso difícil.

• Desenvolver a força interior bem como as fontes e o apoio exterior para seguir através de cada uma dessas orientações espirituais. Em cada capítulo, recomendarei etapas específicas por que você pode passar para ser mais capaz de viver à altura dessas metas espirituais.

• Ter a satisfação de saber que sua vida assumiu um novo sentido e um novo objetivo. *Os Dez Desafios* não é um livro téorico sobre a visão inatingível da perfeição, mas um exame psicológico e pragmático de como pôr em prática essas idéias úteis nas decisões do dia-a-dia e nos seus relacionamentos mais importantes.

PONDO À PROVA ESSES PRINCÍPIOS NOS ASPECTOS DE SUA VIDA QUE ENVOLVEM MAIS TENSÃO

Para exemplificar de que modo os dez desafios podem ser extremamente úteis para a cura e o desenvolvimento, vejamos um exemplo. Quando Jenny e Bill* me foram encaminhados para aconselhamento, eles me disseram que queriam parar com as brigas freqüentes. Precisavam de ajuda para restabelecer um casamento mais gratificante e que cada vez mais se consolidasse.

Espirituosa e inteligente, Jenny era advogada e trabalhava muito. Bill era diretor numa agência de propaganda — um homem criativo e determinado. Ambos pareciam comprometidos com melhorar o seu casamento, em parte porque estavam preocupados com suas filhas pequenas (de oito e cinco anos), que então haviam tido problemas na escola quase certamente ligados à tensão no lar.

"Bill e eu não podemos ter mais uma conversa sem que ela acabe em briga", disse Jenny, na primeira sessão deles. "Quanto mais a gente discute, mais as nossas filhas é que sofrem — isso tem que acabar."

Ainda que eu fosse capaz de melhorar a comunicação entre Jenny e Bill e de diminuir um pouco a tensão que havia entre eles durante as primeiras poucas sessões de aconselhamento, tornou-se claro que havia um tipo de dor mais profunda no casamento deles. Nas palavras de Jenny: "Há uma frustração que Bill e eu trazemos para casa todo dia voltando do trabalho. Eu odeio o meu emprego, independentemente de eu ter trabalhado a vida inteira para chegar onde cheguei. E Bill odeia a política do escritório e as pressões sem fim do trabalho dele."

---

* Os nomes e os pormenores de identificação mencionados nos casos em todo o livro foram trocados para garantir o caráter confidencial.

Bill acrescentou: "Os dois voltamos nervosos e exaustos para casa à noite. Toda vez nós despejamos a nossa frustração um no outro."

A essa altura, comecei a ver de que modo eu poderia usar os problemas levantados pelos Dez Desafios para descobrir por que Jenny e Bill haviam se tornado tão desiludidos com sua vida, bem como o que eles poderiam fazer para transmitir mais energia a sua convivência familiar.

A exemplo de muitas pessoas concentradas exclusivamente em sua carreira, Jenny e Bill tinham acreditado que, se dessem tudo de si ao trabalho, haveriam de se sentir felizes e realizados; mas quando pedi a Jenny que falasse sobre sua vida no trabalho e sobre o que essa vida significava para ela, Jenny disse: "Acho que lhe dei muita importância, mais do que a qualquer outra coisa neste mundo." Bill também acreditara que a sua carreira o faria se sentir completo, no entanto, sentia-se espiritualmente vazio. Ele explicou: "É frustrante eu dedicar a vida ao meu trabalho, e mesmo assim ela não parecer significar muito."

As descrições de Jenny e de Bill quanto à sua infelicidade são exatamente os problemas aludidos pelo Segundo Desafio, que, no Livro do Êxodo, está expresso da seguinte forma: "Não adorarás falsos deuses e ídolos." Refiro-me a ele como "Livrar-se de caminhos e hábitos indesejáveis".

A fim de diminuir a frustração, e de fazer com que parassem de descarregar sua infelicidade um no outro, Jenny e Bill precisavam descobrir um sentido mais profundo do que eles queriam que fosse a vida deles, e parar de olhar para a sua carreira como a única fonte de identidade e de realização. Durante as poucas sessões seguintes, discutimos diversos meios específicos de diminuir a ênfase excessiva que eles davam ao trabalho e de acrescentar à sua vida laboriosa um novo sentido e objetivo.

Primeiramente, Jenny e Bill compreenderam que, mesmo que fossem infelizes em sua carreira, nenhum dos dois achava que era o momento certo, no que diz respeito à economia, para iniciar uma nova carreira. Como disse Bill, "Nossa hipoteca e o mercado de trabalho estão dizendo para ficarmos um pouco mais onde estamos".

Mas isso não queria dizer que eles continuassem a *idolatrar* o trabalho deles. Em vez disso, precisavam ver sua carreira de modo mais realista pelo que ela podia fornecer — renda, certo sentido de apoio, e uma oportunidade de ser criativo — mas não como "a chave para a felicidade". Esse primeiro estágio tornou-se um exercício ao substituir a esperança falsa pelo realismo.

Em segundo lugar, Jenny e Bill resolveram que seria possível acrescentar um maior sentido à sua vida trabalhando como voluntários apenas uma tarde por mês junto a uma organização que dá seminários sobre estabelecimento de metas, projeto de carreira e técnicas de entrevista para adolescentes vindos de regiões de população de baixa renda.

Alguns meses depois de terem começado a trabalhar assim, Jenny relatou: "Todo mês que participamos desses pequenos seminários, há sempre alguns desses adolescentes que eu venho a conhecer pessoalmente e com quem mantenho contato por telefone. É bom saber que nós temos alguma importância na vida deles."

Bill acrescenta: "Ajudar esses jovens a desenvolver os seus talentos para se tornar auto-suficientes parece muito mais importante do que eu fazer apenas o meu trabalho de propaganda todos os dias."

Como uma medida a mais para a cura, Bill e Jenny começaram a pôr em prática algumas idéias criativas apresentadas no Quarto Desafio, que, no Livro do Êxodo, diz: "Lembra-te de santificar o dia de sábado." Descrevo-o como "A luta para livrar-se das pressões do dia-a-dia e ligar-se a algo de profunda alegria".

Nem Jenny nem Bill foram criados numa casa religiosa, e ambos admitiam que guardar o sábado não passava de um amontoado de restrições. Ambos se haviam tornado interessados, contudo, no momento em que comecei a discutir com eles sobre a tranqüilidade e o sentimento de união familiar que poderiam ocorrer se eles começassem a tirar um dia por semana para se livrar das atividades do trabalho. Esse dia seria dedicado a passar momentos especiais juntamente com as filhas, e também permitiriam horas de tranqüilidade para eles mesmos.

Jenny ficou entusiasmada desde o início. "A idéia de passar um dia por semana com Bill e com as meninas, de caminhar e conversar sobre nossa vida", disse ela, "é isso o que precisávamos para que nosso casamento e nossa vida familiar melhorassem."

A princípio, Bill foi um pouco mais céptico, afirmando: "Gosto da idéia de ter um sábado por semana, mas a realidade é que minha tendência é me afundar no sofá em frente da tevê; eu ia detestar ter de deixar de lado as minhas megadoses comuns de futebol, basquete, golfe e tênis."

Porém, depois de várias semanas de experiência com um sábado livre por semana, que incluía diversões para a família, conversas prolongadas e passeios coletivos, Bill comentou: "É uma delícia se 'soltar'. Ainda resmungo um pouco quando perco algum acontecimento esportivo na tevê, mas hoje em dia eu só gravo o programa para vê-lo depois, sem todos os comerciais. Ou limito os meus programas de esporte na tevê a apenas um jogo que eu não queira perder de jeito nenhum."

Bill concluiu: "Se eu tiver de escolher entre ter contato com minha mulher e com minhas filhas, ou passar todo o fim de semana assistindo à tevê e não fazendo nada importante, vou preferir ficar com a minha família. Por causa disso, nossa vida familiar é muito menos maluca."

AS PESSOAS QUE VOCÊ VAI ENCONTRAR

Em cada capítulo deste livro, serão apresentados a você muitos homens e mulheres de personalidade interessante, que estão se batendo com as mesmas dúvidas e preocupações que eu e você deparamos no nosso dia-a-dia. A história dessas pessoas dará a você idéias para a sua própria busca de sentido, e você descobrirá maneiras criativas de pôr em prática a sabedoria dos Dez Desafios com respeito a suas preocupações mais prementes.

Algumas das pessoas, cuja história você conhecerá, fizeram parte da minha prática de psicoterapia, em que os pacientes procuram meios de lidar com a depressão, a angústia, as decisões difíceis, a dor, a perda, o divórcio, a separação e os conflitos na família. Por trás desses problemas, há por vezes um questionamento mais profundo que envolve as perguntas "Para que é que serve a minha vida?" e "Para onde estou indo?", que permeiam a busca espiritual de sentido e objetivo.

Além das histórias oriundas de minha prática, muitas vêm de outros ambientes, em que tive a felicidade de poder discutir os Dez Desafios com casais e pessoas que estavam se debatendo com preocupações de ordem psicológica e espiritual importantes. Esses ambientes incluem:

- Durante sete anos, promovi programas de diálogo entre judeus e cristãos sobre problemas religiosos e pessoais. Com o apoio da Conferência Nacional de Cristãos e Judeus, essa série de diálogos não versava sobre converter ninguém, tampouco visava julgar o modo de a pessoa praticar (ou não praticar) a sua religião. Em vez disso, foram conversas fascinantes e incomuns entre homens e mulheres de formação variada para descobrir mais sobre o modo como cada um de nós procura sentido, comunhão e união com um poder superior de modos semelhantes e distintos. Nós nos encontrávamos uma vez por semana, durante um período de seis a dez semanas, e discutíamos preocupações muito pessoais sobre como lidamos com nossa vida espiritual e como tratamos dos problemas levantados pelos Dez Mandamentos e outras obras importantes de nossa herança comum.
- Por nove anos, fui membro do conselho para um seminário envolvendo muitas raças e etnias durante o verão chamado Brotherhood-Sisterhood USA, em que duzentos alunos do ensino secundário, vindos de várias partes do sul da Califórnia (variando desde garotos de bairros ricos e afastados até membros de gangues), se uniam em pequenos grupos ao longo da semana para uma série de discussões sobre sua vida. Examinávamos em profundidade a maneira de alimentar certo sentido de comunidade, de valor pessoal e de objetivo, a despeito de todas as pressões que esses adolescentes sofrem. Vi-me ouvindo mais do que falando a cada verão, à proporção que esses jovens apaixonados e cheios de vida iam descrevendo de que modo lidavam com os desafios em sua vida. Algumas de suas histórias sobre como reagiam aos problemas mencionados neste livro haverão de surpreender e inspirar o leitor.
- Durante mais de vinte anos, estive pesquisando sobre como diversas tradições religiosas e espirituais lidam com os tópicos levantados nos Dez Mandamentos. Em companhia de pessoas entrevistadas de diversos sistemas de crença, estudei sobre como elas descobrem o sentido e objetivo de sua vida, e, neste livro, você conhecerá algumas das agudas visões que obtive de pessoas agnósticas, atéias, bahai, budistas, católicas, protestantes, ortodoxas orientais, hindus,

judias (incluindo ortodoxos, conservadores, reconstrucionistas, protestantes, renovadores e seculares), muçulmanas, americanas nativas, cientistas religiosas, taoístas e unitárias. (Observação: se alguma palavra neste livro não lhe for familiar, peço que a procure no Glossário no final do livro. Lá também há uma seção de Referências que registra a procedência de diversas opiniões, a par de sugestões para outras leituras.)

UMA SÉRIE DE PONTOS DE VISTA

Você também encontrará em cada seção deste livro um grupo diverso de mentores espirituais e psicológicos, além de escritores que têm coisas singulares a dizer sobre os Dez Mandamentos. Dentre séculos de estudos eruditos e de ordem prática, selecionei as idéias e sugestões mais úteis para usar contra a tensão e os dilemas na nossa vida.

Por exemplo, no capítulo sobre o Décimo Desafio ("Não cobiçarás", ou "O modo de sentir-se bem sobre o que se possui"), você terá o depoimento de diversos peritos na área de psicologia sobre os problemas físicos e emocionais que podem aflorar quando, dia após dia, uma pessoa deseja o que os outros têm ou quer se parecer com alguém mais. Você também aprenderá coisas sobre os variados modos pelos quais o Judaísmo, o Cristianismo e o Budismo lidam com esse desafio importante, qual seja o de livrar-se do anseio doloroso pelo que não se tem. No final do Capítulo Dez, você terá instrumentos e técnicas específicas para a próxima vez que você desanimar por causa de alguém mais jovem, mais bem-apessoado, mais criativo ou mais bem-sucedido. Em vez de sentir-se impotente para mudar o hábito de querer ser como outra pessoa, você saberá exatamente como transformar esses sentimentos de inveja numa inspiração para reviver os aspectos mais gratificantes de sua própria vida.

Minha esperança é que, em cada capítulo de *Os Dez Desafios*, você reconheça uma parte de si mesmo e aprenda não só o que o mandamento significa intelectualmente, mas, o mais importante, como tornar sua vida mais proveitosa e satisfatória, dando os passos necessários rumo a viver à altura desse desafio particular. Evidentemente, não posso garantir que tudo correrá tranqüilamente desde o momento em que você começar a pôr em prática essas orientações espirituais em sua vida, mas posso assegurar que o modo como você lida com os altos e baixos na existência será muito aperfeiçoado. Com essas dez fontes de orientação em mente, você será capaz de abordar cada dia com um sentido muito maior de domínio e realização.

1

O PRIMEIRO DESAFIO

Descobrir a Vozinha Tranqüila Dentro de Você

Chegar a uma conclusão sobre sua crença em Deus e sobre como você quer praticar sua espiritualidade é, para a maioria das pessoas, um processo de toda uma vida de questionamento e descoberta. Muitas pessoas — inclusive seus parentes, mestres, amigos e até mesmo pregadores religiosos na tevê a cabo — podem tentar influenciar o seu pensamento ou forçá-lo quanto a como ser uma pessoa espiritualizada; contudo, em última análise, a decisão só cabe a você.

"EU SOU AQUELE QUE SE PREOCUPA"

Ao ler este capítulo sobre o Primeiro Mandamento, você terá a oportunidade de atentar para os seus sentimentos quanto às crenças que as outras pessoas têm tentado incutir em você, bem como às crenças com que você tem se debatido interiormente. Esse questionamento e essa busca no que concerne a uma experiência pessoal e imediata do apoio de Deus é exatamente aquilo sobre o qual versa a Primeira das Dez Palavras. De modo sucinto, o Primeiro Mandamento é uma solicitação de Deus para que cada um de nós decida se crê no Infinito e se quer ser um parceiro dele. As palavras hebraicas no Êxodo 20:1, que examinarei pormenorizadamente mais adiante, dizem, de modo essencial: "Sou Aquele que é e sempre será, o teu Deus, que ajudou-te no passado e que se preocupa com a tua liberdade."

A ESCOLHA ENTRE O CETICISMO E A CURIOSIDADE

Na condição de um psicólogo que analisou problemas espirituais com milhares de mulheres e homens, aprendi que pessoas decentes e inteligentes por vezes discordam umas das outras sobre se há um Deus que se preocupa conosco e que está envolvido em nossa vida cotidiana. Até entre os psicólogos, há muito desacordo e controvérsia sobre problemas espirituais. Por exemplo, mais de sessenta anos atrás, três dos mais destacados psicólogos que já houve (Sigmund Freud, Carl Jung e William James) procuraram definir a "verdade máxima" sobre Deus e o papel que a espiritualidade desempenha em nossa vida. Como se poderia esperar, os três peritos chegaram a três conclusões notadamente diferentes.

O médico austríaco e fundador da psicanálise, Sigmund Freud, escreveu, num livro chamado *O Futuro de uma Ilusão*: "A religião é uma neurose obsessiva... uma ilusão infantil para defender-se da esmagadóra superioridade da natureza." Sendo um descrente fervoroso, Freud acreditava que a espiritualidade e a religião seriam substituídas pelo que ele chamava "ciência objetiva e razão pura".

O psiquiatra suíço Carl Jung estava fascinado pelos símbolos e arquétipos religiosos, que ele considerava as chaves que revelam nossa profunda busca espiritual para nos unir ao Divino. Jung escreveu diversos livros sobre os benefícios e perigos da busca do homem pelo sentido religioso, e considerava a espiritualidade como uma parte da coragem do ser vivo.

O psicólogo americano e professor de Harvard, William James, foi autor de um estudo clássico chamado *The Varieties of Religious Experience*,* em que descreveu como uma parte pequena do cérebro se concentra nos problemas racionais, enquanto uma parte mais substancial da mente é capaz de experiências místicas, de reflexões espirituais e da busca da completude. Sendo um observador atento do comportamento humano, James descreveu muitas pessoas que mudaram sua existência de maneira dramática permitindo-se uma fé profunda em Deus ou seguindo uma prática espiritual. James afirmou que ignorar nossa necessidade espiritual de se ligar a uma forma superior de consciência é o equivalente de limitar a mente da pessoa a um pequeno percentual de sua capacidade total.

Se você tivesse de escolher entre o ceticismo de Sigmund Freud e a curiosidade de Carl Jung e William James, qual você escolheria? Na maior parte dos dias, você se pega com a sensação de estar um pouco distante ou de alimentar certo ceticismo com relação a Deus e à religião? Ou você às vezes sente vontade de aprender mais, de se tornar mais próximo da idéia que tem de Deus, ou se empenhar mais na sua espiritualidade?

---

* *As Variedades da Experiência Religiosa*, publicado pela Editora Cultrix, São Paulo, 1991.

A BUSCA DE VISÕES ESPIRITUAIS E DE PRÁTICAS QUE FAZEM SENTIDO PARA VOCÊ

À medida que você olha longe, para trás, no que diz respeito a sua vida espiritual, você diz que foi um caminho fácil ou difícil? Por exemplo, sentiu-se criticado ou posto à parte em virtude de seu modo de considerar problemas espirituais e religiosos? Ou será que encontrou livros, mestres, e um sentido positivo de comunidade para ajudá-lo a avançar rumo a uma compreensão mais profunda de suas preocupações espirituais? Já se sentiu às vezes culpado por questionar as coisas que os outros aceitavam facilmente, ou se sentiu apoiado pelas pessoas que queriam que você encontrasse seu caminho rumo a um sentido espiritual e a um objetivo?

Quase quinze anos atrás, participei de um seminário em que cristãos, judeus e muçulmanos conversavam todos acerca do que imaginavam em sua infância sobre Deus e acerca de suas dúvidas e crenças quando adultos. A necessidade de repensar as primeiras idéias que se tem de Deus não acontece apenas a pessoas de uma dada religião, mas a pessoas de todas as religiões. Mais cedo ou mais tarde, a maior parte das pessoas sente a necessidade de escolher para si mesma um ponto de vista maduro sobre Deus e sobre a espiritualidade.

Em algumas famílias e congregações, o questionamento religioso é estimulado e cuidadosamente orientado, mas, para as outras pessoas, ele é visto como algo vergonhoso ou ruim. Em minha prática de psicoterapia e a partir de conversas com amigos, percebi que com muita freqüência as pessoas trazem em si marcas profundas durante boa parte de sua vida porque certos parentes, amigos ou autoridades em religião rejeitaram-nas ou zombaram delas pelo fato de elas questionarem e repensarem o que a maioria aceitava como "verdade máxima". Por vezes, uma parte importante de nossa vida espiritual equivale a recuperar-se e a começar de novo depois de ser "frustrado psicologicamente" por pensar de maneira diferente do ponto de vista dos que nos cercam.

Por exemplo, eis como uma pessoa que participou de um seminário descreveu sua própria recuperação e sua busca de um Deus que fizesse sentido para ela quando adulta:

"Quando eu era criança, aceitava cegamente o que os mais velhos me diziam sobre Deus e religião; porém, no final da minha adolescência, eu não podia verdadeiramente rezar para a imagem de um homem velho, cruel, discriminador e rabugento, com barbas brancas. Cresci com essa imagem de Deus, e quando parei de acreditar nela, meus pais ficaram furiosos comigo. Por vários anos, continuei mantendo contato com pessoas dogmáticas que se sentiam ameaçadas com minhas dúvidas e com minha busca de um sentido diferente, menos patriarcal, de Deus. Então, afastei-me da religião por algum tempo, mas o anseio de entender meu lado espiritual continuava. Felizmente, travei contato com alguns mestres, livros e com uma congregação mais progressista, em que Deus é analisado de um modo mais complexo e inteligente. Fico feliz por ter achado meu caminho de volta a um sentido de Deus e de espiritualidade em que posso confiar de novo."

COM QUE IMAGEM DE DEUS VOCÊ CRESCEU?

Ainda que ninguém realmente saiba como é Deus, muitas das pessoas que entrevistei para escrever este livro me disseram que, quando eram mais jovens, acreditavam que Deus fosse um Ser masculino aparentado ao homem, vivendo no céu. Ainda que ninguém tentasse imediatamente dizer a que Deus se parece, você pode escolher a idéia de um "velho de barbas brancas" das histórias da Bíblia ilustrada ou das pinturas. Provavelmente, você tentou substituir essa imagem da infância de um Deus distante ou inacessível com um sentido diferente de espiritualidade, mas você pode ainda estar rezando a uma divindade como a retratada em muitas pinturas, sentada num trono no céu ou arremessando dardos que são raios, sobretudo quando a sua vida é difícil e você pede ajuda a Deus. Refletir sobre a idéia que você tem de Deus ou de um ser superior pode ajudá-lo a esclarecer seu ponto de vista sobre você mesmo, sua vida e seus objetivos.

COMPREENDER O QUE A PRIMEIRA PALAVRA ESTÁ DIZENDO

Ao voltar sua imaginação para outros pontos de vista do que Deus poderia ser, um bom lugar para começar é o Primeiro Mandamento. De acordo com a maior parte dos estudiosos e dos teólogos, o primeiro dos Dez Mandamentos nos dá uma oportunidade de sentir um Deus que não pode ser visto com os olhos, tampouco ouvido com os ouvidos. Esses estudiosos e membros do clero sugerem que o Deus que oferta o Decálogo a Moisés e à multidão reunida no deserto se assemelha mais a uma energia que habita entre nós, ou a um sentido interior de orientação.

Esse sentido da Presença Divina habitando entre nós ou se expressando através de nós corresponde a uma interpretação da recepção dos Dez Mandamentos, que diversas vezes ouvi, com os anos, de rabinos e estudiosos, como tendo vindo de Deus de um modo silencioso e intuitivo. Alguns dentre a multidão reunida ouviram essas palavras em seu coração, de maneira muito parecida a quando você tem certo sentido interior de conhecimento, ou quando alguém toma consciência de um sonho, de uma emoção ou de uma obra musical. A mente de Deus falou às pessoas do mais profundo da mente delas e do seu espírito.

Assim, quando você pensar sobre as palavras específicas do Primeiro Mandamento, imagine-se a si mesmo vagueando no deserto e captando uma idéia intuitiva — um momento silencioso de sabedoria que parece brotar do mais profundo de você mesmo. Imagine que a vozinha tranqüila de sua alma está-lhe dando uma mensagem importante.

De acordo com o Livro do Êxodo, capítulo vinte, versículo um, as verdadeiras palavras hebraicas que as pessoas ouviram em seu coração enquanto esperavam Moisés descer a montanha com a orientação de Deus foram, "*Anokhee* [Eu sou] *Yud-Hei-Vov-Hei* [o nome misterioso e incognoscível de Deus, mais bem traduzido como 'Aquele que é e será sempre'], *Eloheykha* [teu Deus], *Asheyr hohtseitikha mei-eretz mitzrayim* [que te fez sair do Egito], *me-veit avadeem* [da casa da servidão]."

Muitos rabinos e estudiosos do hebraico traduzem diferentemente esse Primeiro Mandamento, porque a palavra *mitzrayim* pode referir-se não apenas ao verdadeiro lugar, o Egito, mas também a algo que seja estreito, restritivo, ou limitador. A raiz de *mitzrayim* é a palavra *tsur*, como em *tsuris*, que significa problemas ou preocupações.

Assim, esses tradutores recomendam ouvir as palavras do Primeiro Mandamento não apenas como uma afirmação sobre Deus, que é Aquele que libertou os antigos hebreus da servidão no Egito. Em vez disso, ele sugere que o Primeiro Mandamento pode ser traduzido por "Eu sou Aquele que é e será sempre, teu Deus, que pode tirar-te do modo estreito de ver as coisas, de tua servidão e de teus aborrecimentos".

QUAL TERIA SIDO A SUA REAÇÃO NO DESERTO?

Para considerar o que essa Primeira Palavra significa a você pessoalmente, imaginemos por um momento que você foi um dos milhares de peregrinos no deserto do Sinai, deixando atrás a solidão, seguindo Moisés através do Mar Vermelho com soldados egípcios os perseguindo. Depois de um período de errâncias, vocês param ao pé de uma montanha coberta pelas nuvens, enquanto o líder de vocês afastou-se por quarenta dias, depois de ir procurar o que acreditava fosse um vínculo mais estreito com Deus.

Imagine que, durante um momento tranqüilo, ou bem no meio dos seus afazeres cotidianos, você percebesse no seu coração uma vozinha que lhe desse a impressão de ser Deus se aproximando de você e dizendo, basicamente: "Sei de seus aborrecimentos, e posso ajudá-lo a encontrar um modo de fugir a eles. Sou Aquele que ajudou antes."

Você provavelmente não tinha certeza de se alguém mais ouviu a mesma mensagem — nem estava certo de tê-la ouvido você mesmo. Podia ser uma alucinação, ou só o vento lhe pregando uma peça; porém, você conversou com vários peregrinos do seu grupo, e achou que eles, também, tinham pressentido algo sobre a intenção de Deus de ligar-se a nós, humanos.

Logo depois, Moisés desceu da montanha com essas mesmas idéias sobre as tábuas de pedra. Qual teria sido a sua reação? Se você estivesse lá, no deserto, debatendo-se para entender a mensagem que você sentiu no coração, qual destas alternativas você teria pensado como resposta (baseado em como você se encontra atualmente):

A. Ignoro quem você é ou o que quer de mim. Seria isso algum truque?

B. Está certo, talvez eu aceite que haja uma energia me chamando, mas não tenho tanto certeza de que Você realmente ajudou. É como se eu fizesse toda aquela viagem pelo deserto por mim mesmo, e tivesse havido muitas vezes em que eu o chamasse e Você não respondesse.

C. Sim, Você é uma força imensa e útil, mas tenho a impressão de que Você quer algo em troca, e não estou certo de que posso concordar com a maior parte dos termos que Você poderia exigir de mim.

D. Estou curioso por saber mais. Você parece se preocupar comigo, e quando aceito o seu apoio, eu me sinto muito melhor do que quando me mantenho preso à minha maneira de pensar estreita e angustiada.

Qual das opções acima quadra melhor ao modo como você é atualmente: a pessoa que se sente cética sobre se há uma voz que chama? A pessoa que a ouve, mas que não tem certeza sobre se Deus realmente ajuda porque com muita freqüencia Deus parece silencioso? A pessoa que aceita Deus como uma força imensa e útil, mas que não está certo quanto a concordar com o que Deus quer em troca? Ou a pessoa que está curiosa e disponível a explorar o que um relacionamento mais íntimo pode acarretar?

Compreendo que essas não são opções simples; mas espero que você reflita seriamente sobre essas ou quaisquer outras respostas com que você depare. Neste capítulo e em todo o livro, ofereço interpretações tradicionais e não tradicionais dos Mandamentos, que espero o ajudarão a formular uma visão nova, mais positiva, menos limitadora dos Dez Mandamentos e a orientação que eles oferecem.

O QUE DIZEM OS ESTUDIOSOS

Entre milhares de interpretações do Primeiro Mandamento, a maior parte dos estudiosos concorda em alguns pontos-chave que podem ajudar você a discernir seus próprios sentimentos sobre a existência de um Deus, de uma Presença Divina procurando uma ligação:

- O capítulo vinte do Êxodo não começa com Deus, a força divina dizendo, “Criei o universo, e posso destruí-lo também”, mas, em vez disso, com Deus, a fonte de desvelo e amparo, dizendo, fundamentalmente, “Preciso de uma parceria com você, baseada na história do amor que lhe tenho, e estou comprometido com trabalhar em conjunto para recuperar este mundo em ruínas. Não posso fazer isso sem você”.
- O Primeiro Mandamento é uma oferta de parceria ou uma proposta de casamento do espírito. A voz silenciosa e intuitiva do Sagrado está dizendo, “Preocupei-me com você e fiz o que era devido em seu favor, mas agora preciso de um compromisso que parta de você”. O estudioso da Bíblia Benno Jacob explica a ternura e o desvelo dessa afirmação como, “As palavras iniciais do Decálogo envolvem a Deus num pacto eterno de amor. ‘Eu sou teu’ é a contrapartida de ‘Serás meu’ ”.

• Deus procura se fazer entender a todas as gerações futuras, não apenas à multidão reunida ao pé do monte Sinai. Um estudioso do Talmude explicou que a razão dessas Dez Palavras no deserto, e não dentro dos limites das fronteiras de determinado país, é que elas foram propostas a todos os povos, não apenas a uma nação, e a todas as gerações, não só a que vivia durante o Êxodo do Egito.

COMO VOCÊ QUER RESPONDER?

Quer você seja um crente fervoroso, um descrente fervoroso, quer esteja numa posição intermediária, essas primeiras palavras do capítulo vinte do Êxodo apresentam um verdadeiro desafio. Há algo intrigante e assustador em torno da idéia de uma vozinha nos chamando para ajudar a completar a criação do mundo por meio do ato de unir-se a Deus para recuperá-lo; mas a idéia de ser parceiro de Deus ao fixar até mesmo o seu próprio cantinho no mundo pode dar a impressão de ser em grande parte um fardo. Ou você poderia estar dizendo com seus botões, "Que conversa é essa sobre Deus querer uma parceria com seres humanos? Onde é que Deus estava durante o Holocausto? Onde é que ele estava recentemente, quando eu chamei, sem ver ninguém nem ouvir nenhuma resposta?" Muitas pessoas se sentem relutantes em se envolver numa parceria com Deus porque recriminam Deus pela morte de muitos milhões de pessoas em todo o mundo, e por outras desgraças que nos acontecem ou que ocorrem a pessoas que amamos.

Lembro-me de eu mesmo ter esses sentimentos. Quando eu tinha dez anos, e o diagnóstico de um exame de minha mãe foi um câncer, comecei a rezar todas as noites para que Deus a ajudasse a se recuperar. Eu queria desesperadamente um sinal de Deus de que minhas preces estavam sendo ouvidas e de que minha mãe seria ajudada; mas, quando eu estava com catorze anos, minha mãe morreu dolorosamente aos 46 anos, e parei de rezar. Senti-me traído e por algum tempo mantive distância do mundo dos fiéis. Foram necessários vários anos de reflexão em torno do modo como eu encarava Deus antes que eu começasse a descobrir explicações que faziam sentido para mim — explicações sobre por que as coisas ruins acontecem a pessoas boas. Só depois de certo tempo foi que tive condições de rezar de novo e por mais tempo, antes que pudesse ter confiança com respeito Àquele a quem eu estava rezando.

Se você atualmente está se sentindo revoltado ou descrente de Deus pelo fato de ele deixar que coisas terríveis ocorram neste mundo, solicito a você que converse com amigos, com membros da igreja ou com um conselheiro, que o ajudem a determinar os seus sentimentos. Também recomendo diversos livros que podem desenvolver sua idéia do que Deus possa ser e do por que Deus não intervém toda vez que os seres humanos maltratam-se uns aos outros, que a natureza acarreta um desastre devastador, ou que o frágil corpo humano adoece.

Para os judeus ou para qualquer um que deseje compreender as muitas formas pelas quais o judaísmo encara a Deus, há um livro surpreendente chamado

Finding God, escrito em 1986 por Rifat Sonsino e Daniel Syme. Ele descreve dez modos diferentes e muito perspicazes de compreender Deus quando a pessoa chama a si mesma de religiosa. Se você julgou que a única maneira de imaginar Deus foi aquela incutida em você mesmo nos tempos da escola, esse livro pode ajudá-lo a descobrir de que modo Deus é descrito de maneira diversa pelas escrituras bíblicas, pela tradição rabínica oral de tempos posteriores, pelos ensinamentos do século XI deixados por Moisés Maimônides, pelo misticismo do século XVI de Isaac Luria, e pelos escritores cabalísticos, bem como pelos pontos de vista do século XX de Martin Buber, Erich Fromm e outros.

Para os católicos, há pelo menos dois livros que ajudaram muitos crentes e muitas pessoas sem fé a entender por que Deus nem sempre intervém ou responde às nossas orações do modo como gostaríamos. Um livro que é um guia para o catolicismo tradicional chama-se *Christ Among Us: A Modern Presentation of the Catholic Faith for Adults*, de Anthony Wilhelm. O outro é um guia de caráter sobretudo místico e contemplativo para a fé, da autoria de Henri Nouwen intitulado *The Way of the Heart*.

Para os protestantes, há um livro excelente para repensar o que você aprendeu quando criança e para chegar a uma compreensão madura da fé e das práticas cristãs. Intitulado *To Begin at the Beginning*, da autoria do pastor Martin Copenhaver, de Phoenix, Arizona, esse livro examina em profundidade muitos problemas da fé sem lançar mão da terminologia teológica que torna a maior parte dos livros religiosos tão difíceis de ler.

Para os muçulmanos, uma das interpretações modernas mais interessantes da visão islâmica do modo pelo qual Deus se liga aos seres humanos figura em *Reading the Muslim Mind*, do dr. Hassan Hathout do Los Angeles Islamic Center, e em dois livros da autoria de Anne-Marie Schimmel: *Islam: An Introduction* e *Mystical Dimensions of Islam*.

Por fim, se você quiser aprender mais acerca de como as várias tradições se ligam a Deus e tratam do mistério de um Deus cujos caminhos aos seres humanos nem sempre é dado perceber, recomendo com insistência o clássico sobre o assunto, *The Illustrated World's Religions*, de Huston Smith. Nesse livro muito claro, você perceberá as semelhanças e diferenças no modo como o Judaísmo, a Cristandade, o Islã, o Hinduísmo, o Budismo, o Taoísmo, o Confucionismo e outras tradições vivem a experiência de um sentido do Infinito.

"OS SERES HUMANOS SÃO A LÍNGUA DE DEUS"

Ainda para responder às perguntas propostas anteriormente — "Onde é que Deus estava durante o Holocausto?" e "Onde ele estava quando eu chamei e quando um ente querido meu ainda sofria?" — há dois outros livros. Recomendei os dois a pessoas de tipos de fé diferentes, inclusive a quem se sentiu afastado de Deus ou da religião, e esses livros são as melhores fontes que encontrei para examinar a possibilidade de acreditar num Deus que se preocupa conosco — até mesmo quando há tanta crueldade entre os homens e tanto sofrimento inexplicado no mundo.

O primeiro livro, intitulado *When Bad Things Happen to Good People*, foi escrito em 1981 por Harold Kushner, cuja formação foi a de conselheiro religioso, mas que passou pela experiência de ter sua fé posta à prova quando foi diagnosticado que seu filho Aaron, de três anos, tinha uma doença rara chamada progéria, que levou ao rápido aumento de traços senis na criança e à morte com a idade de catorze anos. Em seu livro, Harold Kushner descreve como ele chegou a um acordo com a doença terminal do filho e descobriu um novo sentido de fé e de objetivo. Várias passagens são particularmente úteis a muitas pessoas que estão se sentindo confusas ou que estão revoltadas no que concerne à sua própria espiritualidade, como conseqüência da morte ou do assassinato de alguém inocente. Kushner escreve,

"Acredito em Deus. Mas não acredito nas mesmas coisas sobre Deus que acreditava anos atrás, quando eu estava crescendo, ou quando era estudante de teologia. Deus não é a causa de nossa infelicidade. Parte dela dá-se em virtude da má sorte, parte em função de pessoas ruins, e parte ainda em decorrência da conseqüência inevitável de ser humano e mortal, vivendo num mundo de leis naturais inflexíveis. As coisas tristes que nos acontecem não são castigos em função de nosso comportamento errôneo, tampouco são, de qualquer forma, parte de algum grande desígnio de Deus.

"Pelo fato de a tragédia não ser a vontade de Deus, não precisamos nos sentir magoados nem traídos por ele quando essa tragédia se abate sobre nós. Podemos recorrer a Deus em busca de ajuda quanto a superá-la, exatamente porque podemos dizer a nós mesmos que Deus sente-se tão ultrajado por ela quanto nós.

"Qual é a importância de Deus em nossa vida se ele não mata nem cura? Deus inspira as pessoas a ajudar as outras pessoas que foram magoadas pela vida, e, ao fazer isso, a protegê-las do perigo de se sentirem sozinhas, abandonadas ou julgadas. Deus, que nem causa nem evita as tragédias, ajuda inspirando as pessoas a serem úteis às outras. Como expressou certa vez um rabino hassídico do século XIX, '*Os seres humanos são a língua de Deus*'. Deus se opõe ao câncer e aos defeitos de nascença não eliminando-os, tampouco fazendo como que aconteçam apenas a pessoas ruins (Deus não pode fazer isso), mas convocando amigos e pessoas próximas para aliviar o fardo e preencher o vazio. Deus não pode impedir a calamidade, mas ele nos dá a força e a perseverança para superá-la."

ENCONTRAR UMA PRESENÇA INTERIOR

Outro livro que me agrada recomendar aos pacientes e amigos que estão se debatendo com problemas espirituais é *She Who Dwells Within*, do rabino Lynn Gottlieb. Publicado em 1995, esse livro iluminador e instigante para pessoas de qualquer tipo de crença apresenta pontos de vista tradicionais e modernos de Deus, os quais você mesmo pode ter, sem que saiba como descrevê-los. Por exemplo, Gottlieb explica de que modo um aspecto de Deus envolve nosso sentido de ansiar pela completude. Um outro modo de sentir a Presença de Deus é na forma do Ser que liga toda a vida. No entanto, outra maneira de sentir o Espírito de Deus está no sentido profundamente intuitivo da justiça e da compaixão que sentimos em nosso coração.

Por outras palavras, em vez de pensar em Deus como estando "fora" ou "no céu", você partilha as idéias da Presença de Deus que muitos estudiosos e que diversas doutrinas têm conservado e descrito por séculos. Em hebraico, chama-se de *Shekhinah* essa Presença de Deus que habita interiormente, a qual pode ser encontrada em nosso coração e em nossa acentuada inclinação para a cura, a justiça e a atenção pelos outros.

Procurar um sentido de Deus *no fundo do seu ser* pode parecer algo controvertido a algumas pessoas; porém, na verdade, as tradições místicas e contemplativas do Judaísmo, da Cristandade e do Islã exploraram esse sentido interior de Deus durante muitos séculos, e ofereceram uma orientação importante sobre como encontrar um vínculo profundamente intuitivo com a Presença Divina.

Por exemplo, se você ler o guia baseado na tradição e chamado de *Jewish Meditation*, da autoria de Aryeh Kaplan, você descobrirá técnicas para se ligar ao aspecto de Deus que existe na parte mais profunda da sua mente subconsciente. Ou, se você ler o livro recente de Rodger Kamenetz, *The Jew in the Lotus*, ouvirá os judeus ortodoxos, conservadores, reconstrucionistas, protestantes e renovadores debatendo os vários caminhos judaicos para a meditação com vistas a encontrar Deus. *The Jew in the Lotus* é a verdadeira história de uma série de diálogos em 1990 entre o Dalai Lama e vários rabinos americanos sobre como manter a espiritualidade viva enquanto se está exilado da terra natal. Tanto os mestres judeus como os monges budistas examinam de que maneira a pessoa tem um sentido profundo de unidade com o Eterno por meio de práticas espirituais.

Muitos padres, sacerdotes e teólogos cristãos exploraram também modos semelhantes de encontrar o Espírito de Deus no fundo do coração da pessoa. Um desses téologos é Henri Nouwen, que deu aulas durante muitos anos na Yale Divinity School. Escreve ele: "Oração é ficar na presença de Deus com a mente no coração; ou seja, naquele lugarzinho de nosso ser em que não há divisões nem distinções, e onde somos únicos. Lá, o Espírito de Deus habita, e lá o grande encontro ocorre. Ali, o coração fala ao coração, porque nos encontramos diante do rosto do Senhor, que a tudo vê, dentro de nós."

Por volta do século XIV, um padre alemão e um mestre influente chamado Meister Eckhart falaram de modo semelhante, ao afirmar: "Enquanto uma pessoa se apegar a Deus, você receberá o influxo divino. De que modo a alma recebe de Deus? Ela recebe de Deus não como algo estranho, como ocorre quando o ar recebe a luz do sol. A alma recebe de Deus como a luz recebe da luz, onde nada é estranho nem distante."

Na tradição mística islâmica, chamada de sufismo, o brilhante estudioso do século XIII e escritor Jalad ad-Din Rumi escreveu uma poesia amorosa para Deus que durante séculos tem inspirado diversos tipos de fé. Em um de seus poemas, Rumi descreve o sentido interior da Presença de Deus como:

Danças em meu peito,
onde ninguém te vê,
mas às vezes te vejo,
e essa visão se muda em arte.

QUAIS PODERIAM SER AS SUAS MANEIRAS DE SENTIR A PRESENÇA DE DEUS?

Amiúde, quando estou numa sessão de aconselhamento com alguém, faço uma pergunta deste tipo: "Você já teve alguma sensação da Presença de Deus orientando-o ou apoiando?" Descubro que a maior parte das pessoas já teve experiências assim, mas que essas pessoas relutam em chamar essas experiências de orientação espiritual. Muitas pessoas têm medo de ser ridicularizadas ou criticadas se admitirem experiências espirituais. Outras pessoas subestimam sua própria capacidade de espiritualidade. Felizmente, os ensinamentos de muitas tradições podem ajudar a diminuir esse sentimento de insegurança. Esses ensinamentos de apoio nos dizem que há um Deus, mas muitas experiências pessoais para sentir um vínculo com esse Deus único.

Como exemplo disso, o Amidah ou Prece Constante [*Standing Prayer*] no Judaísmo, que é recitada diversas vezes a cada dia da semana e no Sabbath, começa com a afirmação, "Abençoado és tu, Eterno, Deus de nossos ancestrais, Deus de Abraão, Deus de Isaac, Deus de Jacó, Deus de Sara, Deus de Rebeca, Deus de Raquel, e Deus de Lia".* Na literatura rabínica que estuda essa oração, um estudioso pergunta, "Por que repetimos as palavras 'Deus dessa pessoa' e 'Deus daquela pessoa' tantas vezes? Não seria mais simples e mais apropriado ao uso gramatical dizer de uma vez: Deus de Abraão, Isaac e Jacó?"

Depois de muita discussão, o comentário rabínico responde que até mesmo com um Deus, cada ser humano tem uma experiência pessoal diferente de Deus, e um modo distinto de expressar o seu sentido da Presença de Deus. Assim, o Deus de Abraão poderia ser uma experiência diferente do Deus de Jacó ou do Deus de Raquel, ainda que haja apenas um Deus. Em outras palavras, cada um de nós tem de descobrir seu próprio caminho individual de dispor-se à nossa centelha particular da Presença Divina.

De acordo com o teólogo católico Anthony Wilhelm, "Muitos procuram Deus e encontram Deus no fundo de seu ser sem perceber isso. Alguns por meio de sua busca incansável da verdade e da justiça, ou do bem da comunidade, ou de

* A versão igualitária da oração de Amidah que uso aqui, a qual inclui as matriarcas Sara, Rebeca, Raquel e Lia, pode ser encontrada em algumas congregações conservadoras e na maioria das protestantes, renovadoras e reconstrucionistas.

um outro ideal humanitário. E muitos por meio de sua sede insaciável de amor. Pelo compromisso total dessas pessoas com uma idéia transcendente, elas estão alcançando o absoluto a que chamamos Deus".

A variedade das práticas espirituais em cada religião também sugere que há muitas formas de sentir o Infinito, e que cada um de nós deve escolher nossos modos particulares de sentir a Presença de Deus. Por exemplo, algumas pessoas se sentem em êxtase e ligadas a Deus durante momentos de meditação profunda, de oração, ou de cantoria, ao passo que outras afirmam que se aborrecem ou que são indiferentes durante essas atividades. Algumas têm momentos de transcendência pacífica quando jejuam, quando caminham em contato com a natureza enquanto meditam, ou vão para um retiro religioso ou espiritual, enquanto outras pessoas fariam tudo menos jejuar, estar em contato com a natureza, ou se isolar num retiro.

O que estou sugerindo é que, se pararmos de julgar a nós mesmos e as outras pessoas por nossos modos diferentes de cultivar nossa espiritualidade, descobriremos que há um grande número de caminhos possíveis para o Divino. Como diz a expressão budista, "Há uma só lua e muitos reflexos".

À proporção que você pensa no seu estilo pessoal de prática da espiritualidade, gostaria que atentasse para os modos pelos quais você teve com mais freqüência a experiência de momentos profundos de ligação com Deus ou com o Espírito. Por alguns momentos, peço que veja a seguinte lista de possibilidades, ainda que ela seja reduzida e muito incompleta. Atente para quais experiências lhe parecem familiares, se parecem com algo que você evitaria ou que poderia ser alguma coisa que você gostaria de tentar no futuro. Meu objetivo não é dizer-lhe como praticar a sua espiritualidade, mas ajudá-lo a despertar de novo as lembranças iluminadoras e também oferecer a você a possibilidade de novas experiências que lhe pareçam adequadas.

Peço ao leitor que reserve um momento para ponderar sobre que maneiras de ter um sentido de ligação com Deus ele conhece ou gostaria de conhecer:

- Um momento profundo de oração, de meditação, ou uma canção em que você verdadeiramente se libertou dos ruídos perturbadores da mente para encontrar um sentido mais preciso da paz interior e da unidade com Deus ou com o universo.
- Uma reunião calorosa e importante de amigos ou familiar, a fim de celebrar um feriado religioso ou um acontecimento importante no ciclo da vida.
- Um sermão, um livro, uma aula, ou os ensinamentos sobre um tema espiritual que não apenas estimulou a sua mente como também melhorou-lhe a vida.
- Um retiro espiritual ou religioso que o tirou da rotina do dia-a-dia e lhe deu idéias sobre os seus objetivos mais importantes na vida.
- Uma experiência rápida ou em andamento, envolvendo sua atuação como voluntário, ou sua atuação num trabalho remunerado, em que você sentiu que ajudou um outro ser humano e realizou um pouco da "obra de Deus".

- Um ritual ou uma cerimônia espiritual que o tocou emocionalmente e o fez sentir-se ligado a uma consciência superior.
- Uma visita que você fez a um lugar que considera sagrado ou que o inspire.
- Observar durante a doença e a morte de um ente amado se você foi capaz de sentir um forte vínculo com o amor de Deus e com o apoio de pessoas amáveis.
- Um momento em que você tratou um estranho ou uma pessoa desfavorecida com dignidade e respeito, ou quando você percebeu a extrema bondade de alguém, e isso foi importante no modo como vocês se relacionaram mutuamente.
- Momentos em que o nascer do Sol, uma caminhada em contato com a natureza, uma música, o nascimento de um filho, ou uma ligação profunda com alguém que você ama fizeram com que você se sentisse voltada para a Presença Divina.

SERÁ QUE ALGUMA COISA O ESTÁ IMPEDINDO DE AVANÇAR?

À medida que você corre os olhos por essa pequena lista de possibilidades espirituais e religiosas, o que você acha que o impede de ter mais dessas experiências-de-pico em sua vida? Seria a falta de tempo, a falta de interesse, alguma solicitação premente ou uma prioridade de que, parece, você não consegue se livrar? Teria você algum tipo de hesitação sobre a crença religiosa, pelo fato de ter amadurecido, enquanto para muitas pessoas não era moda sequer dar atenção a Deus e à espiritualidade? Ou será que você traz alguma bagagem emocional do passado porque alguém o traiu, o subestimou ou magoou no que concerne a problemas espirituais ou religiosos?

Como psicoterapeuta, notei diversas vezes que, quando as pessoas descobrem e começam a resolver problemas que estiveram impedindo que sua vida espiritual e religiosa se desenvolvesse, isso pode levar a uma fase muito positiva de desenvolvimento e cura pessoal. Espero que você reserve algum tempo, por sua própria conta ou em companhia de um amigo ou conselheiro, para determinar seus sentimentos positivos e negativos sobre esse aspecto importante da vida. Energizar seu eu espiritual novamente, ligando-se mais uma vez a um sentido e objetivo, pode ser uma das medidas de maior afirmação em sua vida que você pôs em prática.

TOMAR ATITUDES SOBRE SUAS CRENÇAS ESPIRITUAIS

Para muitas pessoas, ter uma vida espiritual ou religiosa por força acarreta muito mais do que tão-somente esclarecer suas crenças sobre Deus e sobre como o universo funciona. Muitos ensinamentos no Judaísmo, na Cristandade e no Islã, bem como os de outras religiões, sugerem que ser espiritual abrange o modo como você trata outras pessoas, como trata a natureza, e como lida com as tensões e responsabilidades diárias de sua vida.

Assim, num sentido bem prático, o Primeiro Mandamento não versa apenas sobre resolver seus sentimentos com respeito a Deus e à religião. Ele também nos desafia a tomarmos uma decisão com base diária, "Como quero conduzir minha vida de modo que ela seja coerente com minhas crenças espirituais?"

Se todos nós acordássemos um dia e nos lembrássemos da Primeira Declaração do capítulo vinte do Livro do Êxodo, "Eu sou Aquele que é e sempre será, teu Deus, que te afastou de um modo estreito de ver as coisas, de teus aborrecimentos e de tua servidão", de que modo isso mudaria nosso tipo de vida? Será que nos faria sentir mais em parceria com Deus? Isso nos daria maior consciência da responsabilidade de ser "a língua de Deus" realizando obras de valor aqui na Terra? Será que isso nos lembraria quanto a sermos amáveis para com nossos filhos, zelosos pela natureza, a tratar os outros com dignidade e a fazer o possível para reparar esse mundo esfacelado?

Ao estudar muitas das principais religiões do mundo, descobri que o tema de conduzir a vida para que ela torne esse mundo um lugar melhor é uma parte importante de toda tradição espiritual. Por exemplo, na tradição mística do Judaísmo, do modo como foi descrito pelo kabalista rabino Isaac Luria, do século XVI, Deus recuou de levar a cabo a criação do mundo a fim de deixar que os homens fossem livres e tomassem suas próprias decisões. Luria explica que, durante esse processo doloroso envolvendo o recuo de Deus, a luz divina irrompeu em milhões de fragmentos minúsculos a partir da intensidade do limite de Deus. Cada indivíduo traz em si um pouco dos fragmentos de luz que devem ser reunidos se se quiser reparar o mundo.

Esse conceito de Tikkun Olam, qual seja o de reparar o mundo e tornar-se mais próximo de Deus por meio das boas ações, está na base da Cristandade, sobretudo no sentido da missão ou do chamado para prestar serviços à humanidade em nome da fé. Quando um cristão procura emular os caminhos de Jesus, de Maria, dos discípulos ou dos santos, diz-se que um aspecto de Deus está sendo expresso por meio de suas boas ações. Em conformidade com o Livro de Tiago (2:14), Jesus ensinou: "De que vale um homem que afirma ter fé sem nada fazer? Pode semelhante fé salvá-lo? Imaginai um irmão ou uma irmã sem roupas nem comida. Se um de vós disser-lhe, 'Vai, que te quero bem; agasalha-te e conserva-te bem alimentado', e se não fizer nada sobre as necessidades físicas dessa pessoa, de que adiantará? Da mesma forma, a fé, por si mesma, se não é acompanhada da ação, está morta."

O Islã também se concentra na ação moral como uma coluna fundamental da fé. O Corão afirma que dar esmolas ou fazer caridade, trabalhar em favor da justiça e ajudar os outros, são tão importantes quanto a oração e os outros rituais. De modo semelhante, no Budismo, no Hinduísmo, no Taoísmo e no Zen, há os conceitos do Modo de Vida Correto e Karma-Yoga, os quais podem ser definidos como a união de todas as coisas, sendo expressas por meio da realização de boas obras ou do serviço útil de um modo compenetrado. De acordo com a tradição budista, quando perguntaram ao Buda de que modo uma pessoa pode entrar no domínio celeste de Brahma, o Buda explicou: "As portas para o domínio de Brahma estão bem aqui na Terra, e são quatro: por meio da gentileza amável (*metta*), por meio da compaixão (*karuna*), da partilha de alegria (*muditha*), e da equanimidade (*upekha*). É por meio do serviço neste mundo, não do seu abandono, que nós chegamos aos domínios celestiais ou à realização espiritual."

VOCÊ PODE SER VOLTADO ÀS COISAS DO ESPÍRITO POR SI MESMO, OU TEM NECESSIDADE DE CERTO SENTIDO DE COMUNIDADE?

A decisão mais importante com que a maioria das pessoas se debate quando está tentando descobrir seu sentimento sobre Deus e religião é atuar ou não na comunidade espiritual ou religiosa. Para muitas pessoas que tiveram experiências dolorosas ou aborrecidas num ambiente religioso, isso pode ser um problema particularmente difícil. Por um lado, você compreende que é difícil aprofundar sua espiritualidade e consertar o mundo por si mesmo. Por outro lado, você pode ter tido frustrações, embates ou certo sentimento de vazio em lugares em que foi buscar ajuda ou a que se uniu como membro.

Qual é a sua posição atual com respeito a juntar-se ou não a uma comunidade espiritual ou religiosa, e no que tange a atuar nela? Durante séculos, os não-adeptos acusaram os adeptos de "usar a religião organizada como uma muleta". Os adeptos responderam, dizendo, "Não se trata de uma muleta, mas de um modo mais positivo e menos isolado de viver".

Conquanto tenha encontrado boas pessoas e ouvido pontos de vista razoáveis de ambos os lados nesse debate, na condição de cientista social tenho de participar ao leitor que diversas pesquisas recentes parecem tomar partido dos adeptos nessa questão controvertida. Conquanto não esteja dizendo de maneira nenhuma que toda pessoa que atue verdadeiramente no que diz respeito à religião tenha emoções saudáveis ou seja moralmente correta, tampouco que toda pessoa não envolvida se sinta isolada ou falta de espiritualidade, descobri que há algumas evidências científicas interessantes que sugerem uma *correlação moderadamente positiva* (mas não necessariamente uma relação de causa e efeito) entre o envolvimento das pessoas numa comunidade espiritual ou religiosa e diversos fatores específicos de saúde.

No que diz respeito à saúde psicológica, num estudo de 1.650 homens e mulheres, os pesquisadores descobriram que o envolvimento religioso se relacionava positivamente com o bem-estar como um todo, com um sentido mais forte de comunidade e com uma maior satisfação conjugal para homens e mulheres. Um segundo estudo descobriu que o envolvimento religioso das pessoas tinha uma relação estatisticamente significativa com certa idéia de sentido e objetivo, ao passo que o comparecimento a serviços religiosos se ligava a níveis de angústia menores. Diversos outros estudos mostraram que o comparecimento a serviços religiosos se vinculava positivamente à duração do casamento, à satisfação com a vida familiar e à felicidade como um todo.

No que concerne à saúde física, os pesquisadores descobriram uma relação ligeiramente mais positiva entre atuar numa comunidade religiosa e ter uma taxa reduzida de certas doenças físicas, bem como certa capacidade aumentada para fazer face a enfermidades graves e a tragédias familiares. Os pesquisadores sugeriram que isso necessariamente *não* se devia à religião em si evitando ou curando doenças, mas de preferência ao fato de que o envolvimento ativo da pessoa numa comunidade de apoio religioso ou espiritual pode proporcionar:

- um sentido mais forte de identidade étnica ou cultural
- uma idéia mais forte de sentido e objetivo
- meios de controlar o sentimento de desamparo e de isolamento
- sistemas de apoio e ajuda mútua
- rituais importantes e apoio do grupo para fazer a pessoa enfrentar as dificuldades, os desastres e os triunfos, e se consolar.

Infelizmente, muitas pessoas acham que nem todos os ambientes religiosos parecem acolhedores e úteis, e alguns indivíduos não se sentem bem unindo-se a comunidades religiosas nem atuando nelas. Ao observar de que modo as pessoas se relacionam com as igrejas, com a sinagogas, com os templos, com as mesquitas e com outros grupos espirituais, notei que essas comunidades tendem a trazer à tona o que as pessoas têm de melhor *e* de pior. Vez ou outra, uma comunidade espiritual pode ser o lugar mais confortador e iluminador em que se pode estar para acontecimentos religiosos, atividades da comunidade, projetos de ação social, grupos de estudou ou *havurot* (uma palavra hebraica que designa os amigos que se encontram regularmente para orar, para estudar ou para encontros em feriados). Outras vezes, uma comunidade espiritual pode ser lamentavelmente restritiva, crítica ou conformista; no entanto, encontrar o único grupo que lhe parece certo e que o ajuda a aprofundar a espiritualidade é um dos projetos de pesquisa da sua maturidade mais importantes que você realizará.

Alguns anos atrás, aconselhei uma mulher um tanto tímida chamada Gabriela. Ela descreveu-se a si mesma como alguém que "nunca se adapta satisfatoriamente a grupos grandes". Ao buscar um lugar para sentir-se ligada espiritualmente, Gabriela continuou se sentindo isolada ou diferente demais das pessoas em torno dela. Às vezes, era o padre que a deixava de lado. Amiúde, a idéia de exclusividade ou a hipocrisia entre os membros é que a fazia sentir-se indesejada e à parte; mas estimulei-a a continuar procurando. Lembro que disse para Gabriela, "Quando você finalmente encontrar uma congregação que lhe pareça familiar ou que não a faça se sentir um tanto à margem, terão valido a pena toda a sua procura e desapontamento".

Para Gabriela, foram necessários diversos meses envolvendo experiências em congregações diferentes, para que ela finalmente encontrasse uma que lhe parecesse mais familiar. Ela me disse, "Mesmo que nessa congregação haja pessoas com quem eu não concordo e coisas que às vezes me assustam um pouco, acho que encontrei muito do que estava procurando. Comumente, as pessoas, os serviços e as atividades são iluminadores. Volto para casa me sentindo muito mais segura sobre minha vida e muito mais motivada a seguir em frente rumo a meus objetivos mais caros. Mesmo que eu não esteja me sentindo totalmente à vontade nos grupos, pelo menos lá encontrei um lugar em que as pessoas são inteligentes, acolhedoras e calorosas".

SEUS PRÓXIMOS PASSOS

Depois de ler este capítulo, você provavelmente identificou alguns dos lugares em que sua vida espiritual se prendeu ou tomou outro rumo. Por exemplo, o problema poderia ser:

A. Você gostaria de desenvolver um relacionamento mais profundo com Deus ou com um sentido mais forte de espiritualidade, mas você ainda parece ser presa do medo ou da revolta com relação a visões pueris de Deus. Se assim é, seus passos seguintes poderiam ser começar a ler e a conversar com pessoas que dão apoio acerca de outras abordagens, mais adultas, de Deus e da espiritualidade.

B. Você gostaria de desenvolver uma idéia mais forte do sentido e do objetivo na sua vida diária, mas isso não é fácil em função das prioridades, da tensão e das pressões de tempo que você depara a cada dia. Se assim for, seus passos seguintes poderiam ser encontrar modos de reservar um pouco mais de tempo toda semana para desenvolver e alimentar certa perspectiva mais voltada às coisas do espírito em sua vida. Você poderia começar com apenas algumas horas por semana, para recuar e avaliar de novo as suas prioridades e o seu sentido na vida, porém, até mesmo um pequeno começo pode ajudá-lo a desenvolver uma idéia muito mais forte de sentido e de objetivo se você se detiver nele semanas ou meses.

C. Você gostaria de encontrar uma comunidade que o ajudasse a aprofundar sua vida espiritual e seus esforços para viver apaixonadamente e com um objetivo, mas você não foi capaz de encontrar ainda o lugar certo. Se assim for, então os seus passos seguintes poderiam ser se informar e tentar outras congregações, ou fazer um esforço renovado para encontrar bons mestres, projetos e amigos na congregação em que você está atualmente.

Como mencionei anteriormente, chegar a uma conclusão sobre sua crença em Deus e sobre como você quer praticar ou não a sua espiritualidade é um processo de questionamento e descoberta de toda uma vida. Devido ao fato de o Primeiro Mandamento oferecer-lhe um desafio de determinar que você quer ser um parceiro do Ser Divino misterioso que pode ser encontrado no fundo de você mesmo, há um momento de silêncio no qual o mundo aguarda a sua resposta. Escolha cuidadosamente — a centelha da luz divina que você traz dentro de si mesmo necessita ser partilhada para que o mundo melhore.

2

O SEGUNDO DESAFIO

Romper com Caminhos e Hábitos Improdutivos

Quando a maior parte das pessoas lê o Segundo Mandamento do Livro do Êxodo, o vê como uma advertência antiquada sobre adorar os ídolos. O mandamento nos diz para não criarmos ídolos nem nos curvarmos a imagens ou a falsos profetas. A reação imediata da maioria das pessoas atualmente seria, "Por que isso diz respeito a mim? Com certeza, eu não construo estátuas de outros deuses, e não me curvo a nenhum falso profeta desta época, que promete a santidade instantânea em troca de um cheque como donativo". A maioria das pessoas hoje em dia não se considera idólatra e, desse modo, tende a pensar que o Segundo Mandamento é uma relíquia sem importância.

Felizmente, a sabedoria e utilidade do Segundo Mandamento são muito mais importantes. Chamo esse Segundo Desafio de "Romper com caminhos e hábitos improdutivos", e ele é um problema central no desenvolvimento espiritual da pessoa. Primeiramente, ele ajuda a determinar os vários sentidos da frase bíblica "Não te prostrarás diante dos ídolos".

"QUANDO NOS ESQUECERMOS DE QUEM SOMOS"

Muitos estudiosos e mentores espirituais séculos afora interpretaram o Segundo Mandamento segundo maneiras que podemos usar em nossa vida cotidiana atualmente. À proporção que você atentar para cada um destes pontos de vista, observe com qual você concorda e qual considera diferente do seu próprio sentido de espiritualidade:

No Judaísmo tradicional, a advertência sobre prostrar-se diante dos ídolos implica essencialmente que você é capaz de ter um *relacionamento* direto e pessoal com a Presença Divina no fundo da sua consciência; sendo assim, não procure uma imitação visível, exterior. A idéia sutil mas invisível do amor de Deus é transgredida pelas boas relações, porque na Bíblia, no Talmude e em muitos outros escritos judaicos, o vínculo especial entre Deus e nós, homens, é como uma parceria conjugal. Depositar a sua fé em imagens rígidas de Deus implica trair o matrimônio, não levar o seu parceiro a sério, limitando a total expressão do relacionamento.

Além disso, um grande número de estudiosos e mestres judeus desenvolveram essa definição envolvendo prostrar-se diante dos ídolos para incluir várias outras maneiras pelas quais nos desviamos de nossa essência espiritual. No século XII, um filósofo judeu da Espanha muçulmana, Bahya ben Joseph ibn Paguda, escreveu um livro fascinante sobre os passos rumo à realização espiritual intitulado *Deveres do Coração*, em que ele advertia contra distrair-se espiritualmente e ver-se presa de apetites corporais descontrolados e da excessiva busca de bens materiais. Bahya ben Joseph comentou que "as pessoas moldam suas crenças em seus deuses, suas roupas em sua lei, e a conservação de seu lar em sua ética". Em seu livro *Psicanálise e Religião*, Erich Fromm, judeu humanista do século XX, escreveu: "As palavras e as máquinas podem se tornar ídolos. Depositar demasiada fé na ciência e na opinião dos outros pode vir a ser algo típico de idólatra."

Um dos meus rabinos modernos favoritos, o contador de história místico Ted Falcon, de Seattle, explica a idolatria como "os momentos em que nos esquecemos de quem de fatos somos, e, em vez de lembrar que somos centelhas do Divino, começamos a desistir de nosso poder em favor de um guru, de uma ideologia, de uma obsessão romântica, de um emprego estressante que começa a nos desafiar, ou de um hábito nocivo sem o qual julgamos não poder viver. Ainda que não criemos nem reverenciemos ídolos físicos como em antigos tempos, temos vícios e pressões modernos que nos fazem esquecer que nosso objetivo aqui é ser um veículo para as energias divinas".

"A COISA A QUE NOS APEGAMOS TORNA-SE UMA ILUSÃO"

Na Cristandade, discussões semelhantes no decorrer dos séculos dizem respeito a como as pessoas perdem contato com sua bússula interior e se tornam distraídas por sucedâneos idólatras. Por exemplo, no Livro de Mateus, capítulo 6, versículo 24, Jesus é citado como ensinando: "Ninguém pode servir a dois senhores, a Deus e às riquezas." No século XIX, o arcebispo católico Ullathorne escreveu, "Tudo o que o homem procura, honra ou exalta mais do que a Deus — eis o deus de sua idolatria".

Uma pastora protestante dos dias de hoje me explicou recentemente numa conferência envolvendo pessoas de vários tipos de crença uma outra visão semelhante sobre como funciona a idolatria. Ela propôs, "Se pensarmos que algo vai fazer com que nos sintamos melhores de maneira mais rápida do que Deus pode fazer, então seremos tentados a nos apegar a esse algo. Pode ser uma droga, um plano para ficar rico, ou algum grupo que pareça ter um atalho para a salvação; porém, mais cedo ou mais tarde, aquilo a que nos tivermos apegado se tornará uma ilusão, e precisaremos abrandar a marcha de novo para encontrarmos nosso caminho de volta a Deus".

No Corão do Islã, dedicar-se fundamentalmente à busca de bens materiais ou depositar por inteiro a fé em algo que não seja Deus é considerado *shirk*, ou idolatria, o maior pecado em que pode incorrer um muçulmano. Na tradição do Zen Budismo, ídolos e ilusões de toda sorte devem ser sobrepujados — quer incluam a dependência de alguém quanto ao ego, as ambições pessoais, o apego demasiado a uma doutrina inflexível, quer incluam até mesmo confiança excessiva no próprio Buda. No século IX, um mestre budista chamado Tan-hsia T'ien-jan estava tão atento sobre libertar-se de qualquer ídolo, que, como diz a história, numa noite fria ele aqueceu o traseiro desguarnecido numa fogueira que fez valendo-se da imagem de madeira do Buda. Essa história foi repetida por séculos para lembrar às pessoas que não são os objetos exteriores mas a sinceridade da prática espiritual da pessoa que traz a realização.

A DIFICULDADE DE DIZER NÃO A SOLUÇÕES FÁCEIS

Ainda que várias das principais religiões combatam eloqüentemente a idolatria, é muito comum a tendência humana de se distrair do seu objetivo superior ou caminho espiritual, desviar-se e se entregar a formas de fuga, as mais freqüentes parecendo ocorrer quando as pessoas se sentem angustiadas ou impacientes, momento em que tendem a ser mais suscetíveis a promessas falsas de uma solução rápida ou de um modo de se sentir melhor de imediato.

Essa tendência normal de se afastar das crenças, dos valores e da prática espiritual é descrita claramente no relato bíblico que a maioria das pessoas associa ao Segundo Mandamento, a conhecida história do Bezerro de Ouro. Para muitos, ela parece uma história antiga, mas você pode interpretar o incidente como se fizesse parte dele, vagueando no deserto depois de fugir à escravidão no Egito, procurando mas ainda não encontrando a terra prometida da verdadeira liberdade.

A multidão amalgamada de hebreus e de pessoas de outras raças viajou pelo deserto depois de fugir do Egito. Essa multidão sentiu fortemente a Presença de Deus por vezes, sobretudo quando cruzaram o Mar dos Juncos, e viram os soldados egípcios tragados minutos depois por ventos e correntes mutáveis; porém, depois de muitos recuos e triunfos, os andarilhos chegaram aos pés do Monte Sinai, onde aguardaram dia após dia por Moisés, que subira a montanha para ter uma idéia mais clara de Deus.

De acordo com vários estudiosos, a ligação misteriosa de Moisés com o Deus invisível deve ter sido uma fonte de discussão contínua e de dúvidas entre muitas das pessoas. Como milhares de homens e mulheres aguardavam ao pé da montanha sem nenhuma palavra de seu líder, algumas se tornaram angustiadas e intranqüilas. Os dias se passaram. Tempestades de vento e o duro sol da tarde, a par das noites geladas do deserto, tornaram difícil a sobrevivência no dia-a-dia. Semanas se passaram. Rumores começaram a circular: talvez Moisés esteja morto. Talvez ele nos tenha abandonado ou traído. Talvez nos tenhamos enganado ao acreditar no Deus invisível que Moisés sentia com tanta força.

Essa sensação de incerteza entre muitos dos que esperavam no deserto é descrita pelo filósofo e estudioso da religião Martin Buber, que escreveu, "O cúmulo é que, agora, o homem Moisés desapareceu completamente. Disse que ia se retirar para encontrar o Deus lá em cima, quando precisamos do Deus aqui embaixo, onde estamos; mas Moisés não voltou, e deve-se supor que esse Deus que ele venera desapareceu com ele já que alguma coisa ou outra entre eles obviamente não foi como deveria ter sido. O que devemos fazer agora? Temos de tomar nós mesmos as decisões. É preciso fazer uma imagem; então, o poder de Deus penetrará a imagem e haverá uma orientação apropriada".

Alguns dos membros da multidão, dotados de mais voz, insistiram que precisavam criar uma imagem tangível de Deus, uma imagem que fosse mais animadora e concreta do que a simples crença numa fonte misteriosa e invisível de apoio. Em pouco tempo, construíram uma estátua de um Bezerro de Ouro com argolas, colares e outros objetos preciosos que haviam levado consigo quando fugiram às pressas do Egito. Essa nova escultura não só apresentava os bens terrenos mais valiosos dessa gente, mas também trazia a promessa de dar ao povo a força e o amparo por que ansiaram desde que partiram para uma nova vida numa terra que Deus prometera a Abraão, ancestral desse povo.

Do modo como foi descrito no Livro do Êxodo, capítulo 32, enquanto muitas pessoas veneravam o Bezerro de Ouro e dançavam ao redor dele, no alto da montanha Deus e Moisés falavam sobre a capacidade que os homens têm de ser fiéis e confiáveis. Deus disse que causava ira acreditar num grupo de homens angustiados que poderia esquecer tão depressa a divisão do Mar dos Juncos e todos os outros modos pelos quais Deus havia demonstrado zelo e amparo. Moisés tentou tranqüilizar Deus dizendo-lhe que as pessoas mereciam mais uma oportunidade, que elas estavam descontentes e impacientes, sendo, porém, ainda capazes de realizar a obra de Deus sobre a Terra. Deus e Moisés discutiram calorosamente, até que este convenceu Deus de que as pessoas mereciam mais uma oportunidade de ser fiéis. O perdão de Deus com respeito àquela gente nos diz que, quando nós, também, erramos e perdemos a fé, ou a depositamos em algo não apropriado, nós, também, temos uma outra oportunidade.

FAZER AS PERGUNTAS DIFÍCEIS

Duas perguntas importantes vêm à tona dessa história. Em primeiro lugar, se você estivesse esperando no deserto e não houvesse nenhum sinal visível de Moisés durante quarenta dias, será que você ficaria impaciente e começaria a duvidar de sua fé num Deus de amor e amparo, que você sentiu de maneira tão forte há pouco tempo? Quando você quer algo importante na sua vida, e isso escapa-lhe às mãos dia após dia, mês após mês, você consegue preservar a determinação e a fé? Ou desiste de tudo e diz, "Isso nunca vai acontecer", e se volta para a primeira boa oferta que depara e que lhe parece uma saída fácil? Se é assim, você poderia ser atraído ao Bezerro de Ouro, esse sucedâneo imenso e surpreendente que as pessoas inteligentes e bem falantes diziam poderia diminuir a sua pena de esperar por uma nova vida de liberdade, que começara a parecer impossível e fora do seu alcance. Por outras palavras, baseado no que você sabe sobre si mesmo, qual é o grau de desenvolvimento da sua tolerância quanto à frustração? Você é capaz de dizer "não" às fraquezas em conseqüência de um caráter impulsivo quando os tempos são difíceis?

A segunda pergunta é sobre se você sente, a exemplo de Moisés, que é importante e admissível discutir com Deus e expor sua verdade com força e paixão. Ou será que você, como muitas pessoas, se sente tão mal discutindo ou se opondo, que fica em silêncio e espera por uma boa desculpa para acabar com o relacionamento, e se afastar seguindo pela primeira via espiritual ou por um novo rumo que possa achar?

Discutir e debater com Deus é uma tradição que remonta ao Livro do Gênesis; no entanto, a maior parte das pessoas atualmente, que se sente desapontada ou revoltada com Deus ou com a religião, simplesmente recua e debanda. Ou então equivocadamente se sentem culpadas por discutir com Deus porque alguém lhes disse que isso é pecado, quando, na verdade, a própria palavra *israelita* significa "aquele que debate e luta com Deus".

De acordo com o rabino conservador e teólogo Harold M. Schulweis, "A tradição religiosa confere validade ao direito do crente quanto a desafiar a autoridade em bases morais. A Deus não causa ira a defesa que Moisés faz das pessoas contra o juízo inicial de Deus. Longe de serem considerados atos de insubordinação, essas atitudes de discordância testificam a condição elevada conferida à consciência humana".

A história do Bezerro de Ouro nos lembra que desenvolver um sentido mais profundo de espiritualidade *não* é um exercício de polidez e de amabilidade. Com efeito, os altos e baixos do cotidiano, que envolvem bater-se com dúvidas e libertar-se de ídolos e desvios sedutores, requer enorme perseverança e resignação. O Segundo Mandamento é mais do que um sermão ultrapassado contra a idolatria. Ele é uma advertência piedosa e útil que diz, à proporção que você busca aprofundar a sua espiritualidade, que você *terá* diversos momentos para desistir, desviar-se, ou sentir-se atraído a ilusões e a caminhos que deixam em você uma sensação de vazio.

ESCOLHER ENTRE DOIS TIPOS DE VIDA

O Segundo Mandamento e a história do Bezerro de Ouro também ensinam uma lição espiritual importante embora difícil, a saber, que amiúde perdemos a paciência esperando por Deus ou esperando que nossa prática espiritual dê resultados. Durante esses momentos de angústia, de solidão ou impaciência, somos muito suscetíveis a ídolos ou coisas sedutoras que nos distraem de nosso verdadeiro objetivo e sentido na vida.

Se você não quiser ver-se seduzido ou atraído pelas coisas que causam em você certa sensação de vazio, você poderá precisar encontrar um meio de acalmar a sua mente e de ajudá-la a retomar um caminho que possa verdadeiramente levar à satisfação. De acordo com muitos estudiosos e intérpretes, o Segundo Mandamento versa sobre despertar sua alma todos os dias para que você se ligue à sua verdadeira essência espiritual e não seja facilmente levado por certas coisas e atividades que o desvie do seu caminho. A mensagem fundamental na advertência "Não te prostrarás diante de ídolos e de falsos caminhos" é a afirmação estimulante "Encontra modos de despertar teu verdadeiro eu a cada dia, para que possas permanecer em viagem rumo à tua meta essencial na vida".

Esse impulso de despertar e de realizar o seu verdadeiro potencial a cada dia está no cerne de muitas tradições sagradas. O Judaísmo, o Cristianismo, o Islã, o Budismo e muitas outras religiões ensinam que há dois modos contrastantes de viver a vida. No caminho único, você se torna totalmente consciente, animado e em contato com a verdade oculta de que você traz em si uma centelha da Luz Divina ou da unidade universal na sua alma. No caminho já trilhado, você se desvia, se aborrece ou fica por assim dizer dormente no que diz respeito às coisas do espírito à medida que atravessa o vaivém da vida dia após dia.

Se você perguntasse à maioria das pessoas o que elas haveriam de preferir, a maior parte diria que escolheria o caminho da vida e do conhecimento. Mas esse modo constitui um extremo desafio no que diz respeito à vida e, como salientaram muitos mentores espirituais de um sem-número de tradições, mal realizamos uma pequena porcentagem de nosso potencial de consciência e vigília. Do modo como foi descrito pelo mentor espiritual do começo do século XX, G. I. Gurdjieff, "Os momentos da consciência são bem rápidos e se acham separados por longos intervalos de vida completamente inconsciente e mecânica... você pode pensar, sentir, agir, falar e trabalhar sem consciência disso".

Se você sinceramente quer assumir o desafio do Segundo Mandamento para despertar e tornar-se alerta espiritualmente, você precisa desenvolver alguns métodos específicos para ativar sua consciência mais profunda todos os dias, e diminuir sua suscetibilidade a caminhos falsos e a ambições vazias. Cada uma das principais tradições espirituais aborda essa tendência humana ao insensível, complacente ou mecânico no modo como vivemos nossa vida, e cada uma oferece abordagens muito úteis embora um tanto diversas para nos ajudar a despertar. Por exemplo, no Judaísmo, nos dias sagrados de cada ano, Rosh Hashanah e Yom Kippur, o clangor do shofar, ou o chifre de ram, ajuda a despertar as pessoas e a darlhes a lucidez da mente necessária para empreender o profundo exame de si mesmo e o desenvolvimento pessoal essenciais a esses feriados. De um modo mais silencioso, a prece diária visa também despertar nossa alma e nos ajudar a nos concentrar de novo no que é importante em nossa vida; o leitor pode lê-la cuidadosa e lentamente: "*Elohai neshamah shenatatah beeh, tehorah heeh* — Ó Deus, a alma que Tu me deste é pura. Tu a criaste e formaste, insuflaste-a em mim, e dentro em mim Tu a preservas. Enquanto eu tiver alento, te darei graças."

No Cristianismo, várias igrejas católicas, protestantes e ortodoxas orientais fazem mudanças para estimular a oração e despertar as congregações à alegria de viver uma vida espiritual. De fato, a palavra entusiasmo tem por raiz *theos*, ou "Deus". Muitos estudiosos e religiosos cristãos ressaltaram que despertar a energia divina nas pessoas parece o verdadeiro sentido de estar vivo e alegre.

Numerosos membros da igreja também discutem a dificuldade de despertar e de não se desviar do caminho em função de nossas tendências à angústia e à neurose. Por exemplo, num capítulo que ele escreveu explicando o Segundo Mandamento, o famoso romancista, cientista social e padre católico Andrew Greeley, de Chicago, ofereceu a seguinte descrição do desafio de despertar e de dizer não aos desvios e aos falsos caminhos.

Padre Greeley explicou, "Cada um de nós tem inclinações de personalidade, genéticas para a raça humana e específicas para nossa própria experiência, que nos deixam hesitantes sobre o salto da fé e o compromisso necessários para nos entregarmos à ternura amável de um Deus passional. Nossa luta contra essas tendências não termina quando nos comprometemos intelectualmente com esse Deus. Pelo contrário, a luta [contra essas formas de hesitação e de inclinação ao desvio] acaba de começar".

De acordo com as tradições espirituais do Budismo, do Hinduísmo, do Taoísmo e do Zen, um dos principais caminhos falsos ou obstáculos que nos impede de estarmos totalmente despertos e conscientes é algo denominado "mente de macaco". Em seu livro *The Heart of Stillness: The Elements of Spiritual Discipline*, o mestre de meditação David Cooper nos fornece um relato excelente de como a "mente do macaco" pode interromper nossa ligação com Deus ou com nosso verdadeiro sentido na vida. Cooper explica: "Quando começamos a orar ou a meditar, rapidamente compreendemos o quanto a mente é ruidosa. Todos já passamos pela experiência da grande atividade mental, do nervosismo, momentos em que nossos pensamentos parecem passar rapidamente de um ramo a outro, assim como os macacos que vemos num jardim zoológico. Felizmente, há um remédio. A mente do macaco exerce poder sobre nós só na medida em que acreditamos que ela é o fluxo normal do processo de nossa vida. Ela não é. Muitos mentores espirituais nos transmitiram a idéia de que vivemos muito abaixo de nosso potencial, de que nos escapa grande parte do que sucede à nossa volta, e de que nossa existência se dá no mundo da ilusão. Ensinam que a paz de espírito é nosso legado natural, e que podemos despertar esse potencial em nós em qualquer época."

PROVIDÊNCIAS PARA LIBERTAR-SE

Não é tarefa fácil esquecer os hábitos que nos conservam insensíveis, distraídos, ou distantes de realizar nosso verdadeiro potencial na vida, mas há medidas de caráter espiritual que podemos tomar para nos tornar mais sintonizados com a senda de nossa alma e menos distantes do caminho em função dos ídolos e das ilusões que deparamos. Independentemente de você se considerar pouco voltado às coisas do espírito, um tanto voltado a elas, ou muito ocupado com elas, você provavelmente tem dias em que sua mente se acelera em virtude de coisas por fazer ou de sentimentos não resolvidos. É possível que você tenha querido que houvesse algum modo de aquietar a sua mente agitada para se concentrar no que é verdadeiramente importante.

Arrolamos abaixo diversas formas de despertar espiritualmente a cada dia e viver as coisas mais plenamente. Examine-as e determine qual pode ser a mais útil para dar a sua vida um sentido e um objetivo maiores, bem como para criar a sua imunidade psicológica a falsos caminhos e a hábitos destrutivos que podem desviá-lo do seu real objetivo.

Procedimento nº 1: Encontre um modo de reconhecer ou de enfrentar aquilo que o esteve desviando do caminho ou retardando-lhe o passo

Uma das maiores contribuições de muitas tradições espirituais foi elaborar rituais de confissão que nos permitem ser *completamente honestos* diante de nossos hábitos ruins, para que possamos buscar o desenvolvimento pessoal *sem sermos apartados* do amor divino e do apoio de que precisaremos para levar a cabo essas mudanças. No Judaísmo, por meio de preces diárias, preces de Sabbath e preces em feriados santos importantes, você pode ter uma conversa em detalhes com Deus sobre em que ponto você errou recentemente. Ao se confessar ou ao revelar sua alma a um Deus que compreende, não há nenhum sentido de distância nem de separação. De fato, uma das palavras hebraicas que designa a piedade amável de Deus que você encontrará em muitas orações é *rakhaman*. Esta palavra significa piedade, mas também pode ter o sentido de "útero" ou "semelhante ao útero". Assim, em essência, quando você revela sua alma a Deus, você se acha cercado de calor e carinho, do tipo semelhante ao que encontra no útero.

Na maior parte das igrejas católicas e em algumas protestantes, esse mesmo sentido que envolve receber o amor de Deus quando você se envolve na confissão dá-se num procedimento formal de confissão ritual. Em outras congregações, a prática de confessar os modos pelos quais você fracassou em seus objetivos espirituais é um ritual mais pessoal. Pedir perdão a Deus ou a Jesus implica um processo íntimo. Um dos meus amigos próximos, criado numa congregação católica em que a confissão era extremamente importante, diz, "Descobri que, quando eu era garoto, não gostava de que me dissessem que eu tinha de ir para a confissão; porém, homem feito, considero isso como uma tradição notável que dá a impressão de purificação e de motivação. Lá vou eu, expressando os meus sentimentos e revelando as minhas falhas a um Deus que está torcendo para que eu fique bem. É muito emocionante sentir esse apoio e esse amor".

Algumas tradições americanas nativas também apresentam rituais de limpeza e purificação para mudar ou melhorar uma parte de nós mesmos. Um tipo é descrito pelo curador americano nativo e mestre Coração de Urso, de Albuquerque, Novo México, em seu livro recente *The Wind is my Mother*: "Se quisermos de fato conhecer a nós mesmos, a certa altura vamos ter de nos render a uma Sabedoria Superior que tudo sabe acerca de nós — nossas fraquezas, nossos enganos e nosso potencial. Muitas tribos americanas nativas fazem isso por meio da meditação por nós conhecida como 'Busca da Visão' — o deixar de lado o tempo e o espaço, estando sozinho e em contato com a natureza, para se comunicar com um Ser Superior e explorar aquilo que está dentro de nós. Uma Busca da Visão requer muitas horas de meditação e jejum, e passar sem comodidades no dia-a-dia, de vez que os que buscam a visão se esvaziam dos apegos a fim de se tornar prontos para receber. Em algum lugar naquele espaço do tempo, à proporção que estamos buscando, as respostas nos chegam. Trata-se de uma oportunidade de conhecer mais acerca de nós mesmos e das opções que temos de fazer na vida."

Em vez de tentar se esconder de Deus...

Se alguém, durante a sua formação, transmitiu-lhe a idéia de que Deus o abandonaria ou se recusaria a tomar conta de você se você mesmo admitisse que fracassou na realização do seu potencial, então talvez precise conversar com outros membros da igreja e com estudiosos que fazem parte de sua tradição espiritual para encontrar um sentido que envolva mais amor e perdão no que diz respeito a Deus. Em vez de tentar se esconder de Deus ou ignorar o seu lado espiritual quando você está passando por um período difícil ou fazendo coisas que sabe que não são corretas, a maior parte das tradições espirituais sugere que *esses são precisamente os momentos em que você precisa se abrir e deixar que um sentido superior de orientação e de amparo lhe dê força e lucidez.*

Abrir-se e ser completamente honesto sobre algum aspecto imperfeito da vida é tarefa bem difícil. Propendemos mais a negar, a minimizar ou a racionalizar. Uma das minhas falas prediletas no filme de 1983 *The Big Chill*, escrito por Lawrence Kasdan e Barbara Benedek, ocorre quando uma pessoa de um grupo de amigos pergunta, "O que é mais importante — sexo ou racionalizações?" Uma outra personagem responde, "Quando foi a última vez que você passou uma semana sem fazer nenhuma racionalização?"

Na maioria das tradições, a primeira medida espiritual para libertar-se de um hábito ou de uma situação que o está impedindo de realizar o seu potencial é sentar-se e conversar com Deus, ou ouvir a vozinha tranqüila dentro de você. A depender de suas crenças espirituais e práticas, você poderia fazer isso sozinho no seu quarto; ou numa igreja, numa sinagoga, num templo ou numa mesquita; num encontro ou num seminário de desenvolvimento pessoal da Etapa Doze; ao ar livre, em contato com a natureza, ou particularmente num lugar santo em que você se veja inclinado a sentir a presença de Deus. Independentemente de como você faz isso, opte por ocupar-se pelo menos de um caminho falso ou de um desvio que você quer começar a mudar. Em minha prática de terapia, descobri que a maior parte das pessoas se sente muito mais motivada e comprometida com suas metas para o aperfeiçoamento de si mesmas quando fez um voto sagrado a Deus, e se sente responsável com relação a uma sabedoria superior que não pode ser burlada nem enganada.

HÁ ALGUM ÍDOLO OU ALGUMA FORMA DE DESVIO DO CAMINHO DE QUE VOCÊ GOSTARIA DE SE LIVRAR?

A fim de ajudá-lo a abordar alguns problemas relacionados ao Segundo Mandamento, elaborei uma pequena lista de perguntas sobre alguns dos ídolos e desvios mais comuns que fazem muitas pessoas hoje em dia recuarem de viver à altura de seu potencial e que, por isso, lhes diminuem a alegria de viver. À proporção que você examina cada uma das seguintes possibilidades, atente para quais lhe parecem mais familiares ou que são comuns a pessoas que você conhece. Depois, resolva-se por alguma que deseje discutir com Deus na forma de primeiro passo rumo a mudar o hábito que o tem retardado no caminho.

- Você tem problemas para realizar alguns dos seus sonhos e objetivos mais caros por causa de certa aspiração de "perfeição", ou em função do medo de que tudo o que fizer não será "muito bom"?
- Sua concentração constante no que concerne a ganhar a vida por vezes lhe dita a conduta e o impede de dedicar tempo ou atenção às outras pessoas e às prioridades que lhe são caras?
- Você já se rendeu aos poderes de uma pessoa encantadora e sedutora, de um guru, ou de um colega de trabalho que posteriormente se revelaram uma fraude?
- Já se viu tão enamorado de uma idéia, de uma causa política ou de um grupo espiritual, que começou a sentir desprezo por qualquer um que não partilhasse o seu ponto de vista?
- Já esteve tão seguro de que estava cumprindo a vontade de Deus, que infelizmente acabou fazendo algo desumano ou insensível, que feriu alguém e que, portanto, provavelmente não era a vontade de Deus?
- Você às vezes idolatra pessoas pela sua aparência, *status*, intelecto ou capacidade de expressão?
- Você às vezes incorre no hábito de ser tão cético e de fazer "o papel do advogado do diabo", que é incapaz de se entregar a coisas impalpáveis como o amor, a satisfação ou a fé em Deus?
- Você tende a perder a motivação ou a deixar de alcançar metas importantes porque às vezes se entorpece com as drogas, com o álcool ou com comida em excesso?
- Ao cabo de um dia difícil e tenso, você perde a sintonia com as pessoas que se preocupam com você, ou que precisam de você, porque prefere ficar vendo televisão, jogando videogame ou navegando durante horas na internet?

"Uma parte de mim estava dizendo, 'Por que não ficar em casa para não se desapontar com os outros?' "

O caso de Anita é um exemplo do que pode acontecer quando você conversa com Deus sobre como você se desviou do seu caminho ou perdeu o seu sentido na vida. Sendo uma jornalista premiada com quase cinqüenta anos e escrevendo sobre temas científicos para um grande jornal, Anita sempre se manteve longe da religião organizada porque, conforme suas palavras, "Na condição de jornalista, minha tendência é ser um pouco cética e inquisitiva sobre tudo. Quando eu era menina, minha família e a congregação a que ela pertencia não se mostraram abertos às minhas perguntas. Especialmente por eu ver-me inclinada a me concentrar numa visão científica e racional das coisas, tenho tido pouca tolerância com relação a alguns dos saltos da fé difícieis de provar, e tão comuns na religião. Dessa forma, nunca me considerei uma pessoa voltada à espiritualidade ou à religião".

Recentemente, porém, Anita passou por uma série de acontecimentos difíceis. A melhor amiga dela morreu de câncer no ovário. O relacionamento de cinco anos de Anita com um homem com quem ela esperava se casar se desfez. Mais recentemente, foi diagnosticada como sofrendo da síndrome do túnel carpal, uma enfermidade que causa dor nas mãos e nos pulsos e que aflige muitas pessoas que passam grande parte de seu tempo trabalhando no teclado do computador. Além disso, Anita começou a se empanturrar de petiscos todas as noites, e a ver mais televisão do que o habitual.

Como Anita me explicou, "No começo, me permiti cometer alguns excessos em termos de comida e assistir programas estúpidos de tevê, já que eu imaginava que estava deprimida e que merecia me alienar do mundo um pouquinho; só que, depois de alguns meses de isolamento, cada noite em frente à tevê com um monte de petiscos que fazem mal à saúde está começando a virar um hábito que exige mais de mim. Na semana passada, pensei em jantar fora e bater um papo agradável com uma grande amiga, mas eu podia ouvir uma parte de mim dizendo, 'Por que sair? Por que não ficar em casa para não se desapontar com os outros?' "

Quando Anita veio pela primeira vez à terapia, foi para tratar da depressão e do sentimento de perda que ela tinha com relação à morte de sua amiga, à ruptura de seu relacionamento e à frustração de ter a síndrome do túnel carpal; porém, durante sua primeira sessão, tornou-se claro que Anita estava também às voltas com uma crise espiritual. Quando perguntei a ela, "O que você realmente queria no caso de essas sessões de aconselhamento serem bem-sucedidas?", Anita respondeu, "Quero recuperar a esperança antiga e o estímulo que me foram arrancados nesses últimos meses. Há uma parte de mim que quer que eu sinta algum apoio de Deus ou que eu faça orações para que minha saúde melhore. Há dias em que fico muito mal e tenho vontade de me voltar a um sentido de amor e amparo que haveria de me inspirar a continuar em frente. Mas meu lado cético não vai deixar que isso aconteça".

Perguntei a Anita, "Será que o seu lado cético está cem por cento convencido de que não há nada como um Deus que nos ama e nos ampara?" Nesse momento, a expressão de Anita passou do ar compenetrado de jornalista, que ela apresentava a maior parte do tempo, para a de aceitação e vulnerabilidade. Ela admitiu então o que eu ouvira de muitos homens e mulheres inteligentes que a princípio parecem fortemente contrários a idéias espirituais mas que, de fato, trazem em si um profundo anseio. Anita disse, "Se você quer saber a verdade, às vezes eu choro à noite pelo sentimento de solidão, por não ter nenhuma pessoa em minha vida que esteja ao meu lado para cuidar de mim, e por não ter nenhum sentimento de um Deus que olhe por mim. É-me conveniente ser cética durante o dia, mas à noite, quando estou sozinha, mais do que tudo eu gostaria de poder confiar em que há algo em que eu possa me apoiar".

Para ajudá-la a examinar esse anseio por "algo em que se apoiar", recomendei a ela que lesse alguns livros e conversasse com membros da igreja da tradição religiosa em que ela cresceu sobre como uma pessoa cética pode conversar com Deus e confessar suas dúvidas e preocupações. Foram necessárias algumas semanas para que Anita estivesse pronta, mas, posteriormente, ela teve uma conversa a sós com um Deus que ela não podia ver nem ouvir, mas a quem confiou seus anseios e esperanças mais profundos.

Durante sua sessão de aconselhamento seguinte, Anita disse-me, "Foi uma experiência muito incomum para mim. Lá estava eu, chorando e revelando os meus sentimentos a um Ser invisível que eu não compreendia e no qual não confiava inteiramente. Mas o simples ato de revelar os meus segredos daquela forma me transmitiu uma grande sensação de cura. Não fez de mim uma devota nem uma fanática ou coisa que o valha, mas sinto uma disposição para aceitar e uma curiosidade que, desde então, sempre têm-me acompanhado".

Nesse momento, perguntei a Anita, "Qual era a sua idéia da reação de Deus a suas dúvidas e ao seu ceticismo?" Anita sorriu ao me dizer, "Essa foi a parte mais interessante. Na minha infância, era comum que eu ficasse com medo, provavelmente por causa da visão que meus pais tinham de Deus, de que eu fosse punida ou rejeitada por exprimir as minhas dúvidas; só que, durante a conversa que tive com Deus algumas noites atrás, tive certa idéia de alguma Sabedoria Divina enxergando através de mim e dizendo, 'Não fique aborrecida, Anita. Você ganha a vida sendo cética e racional. Não precisamos mudar nada, e isso não me assusta nem um pouco, porque nós dois sabemos que, para você, há um outro lado, um lado que você não mostra em público, mas que nós dois sempre soubemos que está lá, nos seus momentos a sós'. Parecia-me um modo de amar e de aceitar Deus que eu nunca conhecera na infância, mas a que eu queria continuar ligada já adulta".

Depois da conversa inicial com Deus, Anita aos poucos começou a deixar de lado os salgadinhos à noite e a tevê. Começou a procurar os amigos e também se inscreveu num curso sobre espiritualidade, em que conheceu uma mulher com quem passou a se encontrar regularmente. Como Anita me disse recentemente, "Assusta um pouco estar aberta às coisas e pensar de maneira otimista, mas isso é muito melhor do que viver tendo aquela atitude frustrante do 'Não acredite em ninguém' que adotei em períodos difíceis na minha vida. Acho que nunca vou ser uma 'líder da turma' que toma a iniciativa, nem uma pessoa que não tem momentos de dúvida e ceticismo, mas espero que eu nunca fique tão estafada e infeliz quanto eu fui naqueles vários meses, voltando as costas ao mundo, presa em frente da televisão, com pacotes de comida pronta".

Procedimento nº 2: Lembretes para o dia-a-dia e frases de afirmação que o ajudem a viver de acordo com o seu potencial

Mesmo que você seja bem-sucedido em mudar um hábito ruim no momento em que confessa as suas faltas a Deus, você, ainda assim, muito provavelmente tenderá de novo a cair em breve num estado menos consciente e a repetir aspectos desse hábito. Cada um de nós precisa de uma disciplina diária e de uma voz que nos faça despertar periodicamente, a fim de que continuemos em qualquer caminho, sobretudo o caminho intangível do desenvolvimento de nossa espiritualidade e de nossos objetivos na vida. Assim como alguns dos peregrinos do deserto que fizeram o Bezerro de Ouro se esqueceram da ajuda que Deus lhes dera anteriormente, ao mudar a direção dos ventos e ao partir ao meio o Mar dos Juncos, assim também nós tendemos a nos angustiar e nos tornar suscetíveis a ídolos e a falsos caminhos quando passamos alguns meses, semanas ou mesmo alguns dias, sem algo que nos lembre vivamente da Presença de Deus.

Eis por que quase toda tradição espiritual oferece fontes de apoio todos os dias e semanas. À medida que você pensa sobre sua prática espiritual e sobre os modos pelos quais você se dá a si mesmo doses periódicas de energia positiva, considere se você quer realmente acrescentar o que segue ao seu cotidiano:

- Você tem algum ritual ou hábito pela manhã que o inspire a ter um comportamento melhor todos os dias? Ou você se sente tão agitado e com sono pela manhã, que com freqüência o seu dia vai embora sem que você tenha condições de refletir com o seu ser superior?
- Você é capaz de parar por um momento antes de cada refeição a fim de relaxar e se lembrar da fonte de alimento e nutrição que você está ingerindo? Ou você acha embaraçoso, desnecessário, uma perda de tempo, fazer uma oração ou reservar um momento de meditação silenciosa antes de cada refeição?
- Há livros, frases e citações iluminadoras de que você dispõe e que lhe dão apoio e equilíbrio quando a sua vida lhe parece estafante ou desanimadora? Ou será que você tenta enfrentar a adversidade sem a ajuda de nenhuma fonte de inspiração?
- Há serviços religiosos, atividades como voluntário, aulas ou grupos de estudo que podem lhe dar a idéia do que realmente importa em sua vida pelo menos uma vez por semana? Ou você se pega tentando conservar o seu centro espiritual inteiramente por si mesmo?
- Você segue um ritual ou tem um hábito que o ajuda a libertar-se e a ter certo sentimento de gratidão ao final de cada dia? Ou se sente tão desgastado, que simplesmente desmaia e tem uma vaga ou nenhuma idéia do seu avanço dia a dia?

Variedades da inspiração pela manhã

Enquanto cada um dos lembretes diários arrolados acima pode ajudá-lo a diminuir sua suscetibilidade a falsos ídolos e caminhos, descobri que, para muitos de meus pacientes na área de terapia, bem como para amigos íntimos e para mim mesmo, o ritual pela manhã parece o fator mais importante para tornar cada dia mais positivo e satisfatório. Toda tradição espiritual parece ter seus próprios rituais e práticas criativas para despertar a alma a cada manhã e para ajudar a pessoa a se concentrar no que lhe é importante.

Por exemplo, se você visitar a China ou se assistir aos rituais matinais na maior parte das vizinhanças sino-americanas, você verá um grande número de exercícios taoístas de movimento físico, os quais despertam não só o corpo mas também o Chi, ou a energia vital e o sopro da vida que existe em cada um de nós. No hebraico, as palavras que apresentam certa equivalência para a energia Chi são *Yah* (o sopro divino da vida) ou *Ruakh* (o alento ou Espírito de Deus). Na Cristandade, seu nome é Espírito Santo.

Independentemente do nome que se dê a essa energia de força vital, você pode percebê-la em movimento e vindo a ser no momento em que você observa o Tai Chi Chuan, ou se envolve com ele, que é uma série de movimentos suaves e fluentes, que mudam a energia no corpo e que o coordenam, junto com a mente e com a respiração, num estado harmonioso. O Tai Chi Chuan é um antigo ritual de movimento do corpo ainda praticado em larga medida em muitas partes do mundo atualmente. O Tai Chi, o aikidô, e outras técnicas de energia espiritual apresentam certa energia delicada para ligar o alento interior da vida com a energia vital à nossa volta. Não são disciplinas fáceis de dominar, mas você pode aprender movimentos que lhe despertam facilmente o espírito a cada manhã, infundindo-lhe a sensação de grande vitalidade e concentração.

A yoga é um outro recurso espiritual para despertar a alma todas as manhãs. Mais do que só espichar o corpo e os músculos enferrujados à medida que acordamos aos poucos de manhã, a yoga, em seu sentido espiritual, é um sistema eficaz para equilibrar as energias divinas e pessoais da vida. No Hinduísmo, a palavra yoga literalmente significa ligar-se a Deus, em busca da união com o Divino.

No Judaísmo tradicional, certo sentido semelhante de ligação com Deus dá-se diariamente no ato de dizer as preces matinais e de usar um *tefillin* trançado (duas caixinhas pretas com correias pretas atadas a elas, uma para o braço e outra para a cabeça). A prática deriva da passagem do Livro do Deuteronômio, capítulo 6, versículos 5-9, em que somos solicitados a amar a Deus com todo nosso coração, nossa alma e nossa mente e a "Atá-los-ás à tua mão como sinal, e os levarás como uma faixa frontal diante dos teus olhos".

Muitos judeus não tradicionais têm uma variedade de outras formas pelas quais despertam a alma e concentram as energias todas as manhãs. Quando entrevistei para este livro diversas pessoas perguntando-lhes sobre seus rituais matutinos, descobri o seguinte:

- Uma mulher que faz as orações tradicionais em inglês usando o livro de orações da sua congregação a cada manhã no pátio de sua casa, voltada para leste, rumo a Jerusalém.
- Um homem que se senta para meditar silenciosamente com as palavras *Baruch Yah* ("Abençoado o Sopro da Vida") como seu mantra, enquanto aguarda um esclarecimento e uma orientação sobre como ter um bom desempenho durante o dia.
- Um adolescente com pais não-religiosos que faz diversas orações tradicionais pela manhã em inglês, e em hebraico antes de se vestir e ir para a escola.
- Um homem que relaxa todas as manhãs e diz, "Deus amado, ajude-me a crescer e a aprender hoje como ser útil e não prejudicial a mim mesmo nem a ninguém mais".
- Uma mulher que escreve em seu diário todas as manhãs o que, segundo ela, é seu melhor método para entrar em contato com seus objetivos do dia-a-dia e com sua energia espiritual.
- Um homem que entoa um *niggun*, uma melodia hassídica sem palavras que se afasta da mente verbal e desperta a alma para objetivos superiores.
- Um pai ocupado que me disse, "Só tenho tempo para algumas frases de manhã, antes de o meu filho de dez meses começar a chorar. Assim, tomo fôlego e digo rapidamente a oração de *Shehekhiyanu*, que dá graças a Deus pela novidade de cada momento, dizendo "Abençoado és Tu, Eterno, que nos ampara, que nos guarda na vida, e que nos leva neste momento para o bem. Amém".
- Uma mulher que recentemente se recuperou de um distúrbio gastrintestinal que quase lhe causou a morte, a qual descobriu um novo sentido na oração matinal que diz "Abençoado o Deus Eterno, criador do universo, que formou nosso corpo com sabedoria, combinando veias, artérias e órgãos vitais numa rede de pleno equilíbrio. Se só uma das aberturas e cavidades do corpo se rompesse ou fosse bloqueada, seria impossível sobreviver e estar diante de Ti. Abençoado és Tu, Eterno, fonte de nossa saúde e de nossa força".

No Islã, um muçulmano observante entoa o chamado matinal para a oração num tom melódico repetitivo com as palavras "*Allahu akbar*, Deus é superior [repete-se quatro vezes], *Ashhadu an ilaha illa Allah*, testifico-lhe que não há nenhum deus exceto Deus [repete-se duas vezes], *Ashhadu anna Muhammadan rasul Allah*, testifico que Maomé é o Mensageiro de Deus [repete-se duas vezes], *Hayya 'ala al-salat*, Apressa-te para rezar [repete-se duas vezes], *Hayya 'ala al-falah*, Apressa-te para a melhoria [repete-se duas vezes], *Allahu akbar*, Deus é superior [repete-se duas vezes], *La ilaha illa Allah*, testifico que não há nenhum deus exceto Deus".

Uma oração diária que desperta o muçulmano para fazer com que se liberte dos caminhos falsos é a Oração de Abertura, ou *Fatihah*, que foi chamada de a real essência do Corão: "Em nome de Deus, o Senhor misericordioso de piedade, louvado seja Deus, o Senhor de todo ser, o Senhor misericordioso de piedade, Senhor do Dia do Juízo Final. Só a Ti servimos e só a Ti recorremos. Orienta-nos no caminho reto, o caminho dos que abençoaste, não daqueles com respeito a quem há descontentamento, nem daqueles que se desviaram."

A maior parte dos muçulmanos americanos que entrevistei enquanto escrevia este livro me disseram que tinham a forte impressão de que essas duas orações eram uma parte essencial de sua rotina pela manhã. Muitos muçulmanos também lêem diversos trechos do Corão todas as manhãs a fim de achar orientação no que concerne a tornar o dia santo e cheio de realizações. Também descobri uma mulher que pratica a dança sufi com base na tradição mística islâmica todas as manhãs, e um homem que medita em silêncio como parte de uma crença sufi para ir além das palavras ilusórias rumo ao elo divino abaixo. Uma outra mulher lê trechos de poemas de amor a Deus de Rumi, e alguns dos outros grandes escritores da tradição sufi a cada manhã.

A Cristandade tem diversas preces iluminadoras e vários rituais que ajudam as pessoas a se concentrar para ter um bom desempenho diário. Por exemplo, enquanto fazia pesquisas para este livro, descobri o seguinte:

- Uma executiva de uma corporação que se senta meia hora toda manhã, segurando e contando as contas de um rosário enquanto faz as orações para várias pessoas que conhece.
- Diversas pessoas que freqüentemente entoam a prece atribuída a São Francisco, que diz "Senhor, fazei-me um instrumento da Vossa paz. Onde houver ódio, que eu leve o amor. Onde houver ofensa, que eu leve o perdão. Onde houver discórdia, que eu leve a união. Onde houver dúvida, que eu leve a fé. Onde houver erro, que eu leve a verdade. Onde houver desespero, que eu leve a esperança. Onde houver tristeza, que eu leve a alegria. Onde houver trevas, que eu leve a luz".
- Um homem que faz caminhadas em contato com a natureza todos os dias e diz a Jesus, "Guia-me hoje a fim de que eu veja a bondade nas pessoas e seja útil".
- Um adolescente que vive num bairro pobre e reza todas as manhãs, "Deus, cerca-me hoje com Teu amor para que ninguém tente me molestar".
- Uma mulher que sai de casa para fazer exercícios andando de bicicleta todas as manhãs e que pensa sobre como seguir o exemplo de um ou mais dos Discípulos.
- Um homem que grava na igreja um sermão dominical que lhe parece iluminador a cada semana e então escuta-o em seu carro a caminho do trabalho durante os vários dias seguintes.
- Uma mulher que lê todos os dias uma página de um livro de 365 meditações, como uma forma de dar um sentido a cada dia.
- Um homem que toca cantos gregorianos no aparelho de som e medita em sua sala de estar.
- Uma mulher que olha para os dois filhos todas as manhãs e agradece a Deus por estarem vivos e com saúde.

- Algumas pessoas que começam o dia com a oração famosa do pastor protestante Reinhold Niebuhr, também conhecida como a Prece da Serenidade, que diz, "Deus, dá-nos a graça para aceitar com serenidade as coisas que não podem ser mudadas, coragem para mudar as coisas que deveriam ser mudadas, e a sabedoria de distinguir uma coisa da outra".

Que tipo de toque de despertar você gostaria de incluir no seu ritual matutino? Embora você possa ter dificuldade em fazer algo pela manhã além de se vestir e sair de casa, provavelmente com tempo apenas para "engolir" algo rápido, um período extra de dez a trinta minutos pela manhã todos os dias pode mudar muito o seu modo de viver, impedindo-o de se desviar da sua essência espiritual.

O homem que não conhecia as palavras

Se você já se viu impedido de fazer uma oração matinal ou de cumprir sua prática de meditação porque se aborrece quanto a "fazer isso de maneira errada", ou pelo fato de as suas orações talvez não serem profundas nem suficientes, eu gostaria de contar-lhe uma antiga história hassídica que pode lhe dar uma nova perspectiva. De acordo com a lenda, era uma vez um homem que não fora a um serviço religioso durante muitos anos, e que tinha medo de que não pudesse orar de modo satisfatório a Deus porque não sabia como ler as palavras em hebraico; o coração desse homem, porém, estava repleto de coisas sobre as quais queria conversar com Deus — orações para a saúde e o bem-estar de seus entes queridos, as preocupações em torno de como anda o mundo, e os aborrecimentos acerca de seus próprios problemas no dia-a-dia.

O homem entrou numa sinagoga próxima certa manhã, e ficou com medo de falar. Ouviu os outros devotos entoando as preces tradicionais, mas tudo o que ele sabia dizer era "Amém". Por fim, o homem tomou coragem e resolveu falar franca e diretamente para Deus, dizendo "Amém" ao final das orações entoadas pelos outros. Aguardou um momento apropriado, e disse, a calma e a sinceridade na voz, "Amém".

Diz a lenda que não só as orações desse homem foram recebidas com amor por Deus, mas também suas palavras foram ditas com tal veracidade, que tocaram profundamente a Presença Divina. Estou admitindo que você será capaz de dizer muito mais do que "Amém" durante o seu ritual matutino, para que isso o ajude a concentrar-se e ter um bom desempenho. No entanto, mesmo que você diga apenas um "Amém" do fundo do seu coração, creio que você terá uma impressão forte de ligação e de despertar a cada dia.

Procedimento nº 3: Dispor-se a maneiras pelas quais você pode partilhar seus dons e viver com uma idéia mais clara de objetivo

A maioria das pessoas quer muito viver com um objetivo, mas muitas pessoas não têm uma visão clara sobre qual é esse objetivo ou como alcançá-lo. Com bastante freqüência, outras pessoas tentam impor a você o que *elas* pensam deva ser o objetivo que você tem na vida. Desde o dia em que você nasceu as pessoas estão tentando desviá-lo do seu objetivo interior e determinar-lhe, a partir dos próprios valores e necessidades delas, o que fazer com a sua vida. Infelizmente, muitas pessoas despendem tanta energia se revoltando ou sendo desviadas do seu caminho pelas expectativas dos outros, que não seguem o seu verdadeiro objetivo na vida.

Ora, é um bom momento para lançar um novo olhar ao que poderia ser o seu objetivo e o seu sentido na vida. O Segundo Mandamento não apenas adverte sobre caminhos falsos, porém, implicitamente, diz a cada um de nós, "Tenha a certeza de que você encontrou e está seguindo a sua estrada única na vida". Quanto mais você entende acerca de seus dons pessoais e suas oportunidades diárias de ter uma vida repleta de sentido, mais possibilidades você tem de perceber que está no caminho certo. Eis aqui algumas técnicas a considerar:

A. Faça uma pergunta mais incomum. Há muitos modos criativos de revelar um sentido e uma direção mais fortes para a sua própria vida. Um modo, sugerido pelo psicoterapeuta e escritor Viktor Frankl, é simplesmente se perguntar a si mesmo, "Por que eu não cometi suicídio?"; mesmo que a pergunta pareça mórbida ou absurda, ao pensar sobre ela seriamente você descobre que há razões específicas pelas quais você estar aqui é importante e digno de nota.

Talvez a razão pela qual você não põe um fim a tudo é o seu amor pelos seus filhos, seu trabalho, sua criatividade, seu sentido de descoberta ou seu compromisso com alguma causa ou com alguma atividade a que se entrega como voluntário. É possível que você só tenha a sensação de querer avançar no duro trabalho que tem feito para se tornar uma pessoa com capacidade de amar e de partilhar seus dons individuais de introvisão e de compaixão. Provavelmente, você está esperando ser usado com um objetivo superior, e o seu momento ainda não chegou. Possivelmente, você sabe que há maneiras pelas quais você ajuda determinadas pessoas, mesmo que esses esforços não sejam por vezes reconhecidos nem apreciados.

B. Trabalhe imaginando que olha para o passado de um "ponto de vista futuro". Um outro método criativo para reconhecer o sentido mais profundo de sua vida é escrever o seu próprio obituário, avaliando o passado de um ponto distante no futuro. Tente descobrir os elementos importantes de sua vida que, percebidos posteriormente, ajudarão você e os outros a dizer, "Essa foi uma pessoa de valor. Essa pessoa tinha algo para partilhar. Vai fazer falta". Com muita freqüência, quando você faz esse exercício, ele estimula idéias sobre como tornar a sua vida mais cheia de sentido enquanto há muito tempo de sobra. Se você não estiver satisfeito com a contribuição que deu até então, ainda terá a oportunidade de criar uma vida que exerce uma influência benéfica no seu cantinho do mundo.

C. Procure momentos de paixão e de determinação que continuam se manifestando na sua vida; no entanto, uma outra forma de explorar o seu sentido na vida é tomar nota dos diferentes modos pelos quais você foi intimado a ajudar os outros. Eis aqui algumas perguntas que podem ajudá-lo quanto a se concentrar de novo no verdadeiro sentido de sua vida:

Quais são os momentos em sua vida em que alguém veio pedir sua ajuda e você deu a esse alguém algo de valor? Que oportunidades recentes ocorreram para que você se envolvesse de alguma forma?

Quais são os tipos de apoio, as lições de vida e as experiências que você teve no correr dos anos e que talvez pudessem ser úteis aos outros caso você encontrasse um modo de repartir as suas visões agudas com eles? Quais os dons particulares e os talentos que você desenvolveu e que agora é capaz de pôr a serviço dos outros, quer tendo isso para sua renda pessoal, quer trabalhando como voluntário?

Quais as injustiças e os graves problemas que deparou e que precisam de suas idéias e de sua energia? Que situações você poderia ajudar a melhorar para que os outros não fossem obrigados a sofrer do modo como você, seus entes queridos ou seus ancestrais tiveram de sofrer?

Essa técnica de se perguntar a si mesmo, "De que maneira posso ser útil?" poderia ser a fonte de muitas idéias compensadoras e de muitos projetos importantes. Obviamente, você vai ter de certificar-se de que não está se sobrecarregando nem se tornando improdutivo; no entanto, nunca lhe faltará um sentido e um objetivo para as coisas se você se lembrar de enfrentar todas as situações difíceis em sua vida com a atitude do "Como posso transformar isso em algo útil aos outros?"

Por exemplo, Nina é uma mulher divorciada com quase cinqüenta anos e com dois filhos adolescentes. Ela trabalha como gerente de um escritório para uma grande companhia. Recentemente, Nina ouviu várias vezes de outros pais e dos filhos dela, na escola que estes freqüentavam, que havia falta de bons computadores com que os estudantes pudessem aprender. Normalmente, Nina não se considera política nem ativista. De fato, ela me disse, "Sou uma daquelas pessoas que se acham tão ocupadas com o trabalho, e com os filhos e com outras responsabilidades em sua vida, que raramente têm tempo de ler o jornal ou de estar a par do que está acontecendo".

No entanto, a idéia de que seus filhos e muitas outras crianças estavam em desvantagem em função de a escola deles não poder oferecer computadores de boa qualidade causou a ela um aborrecimento suficiente para que ela resolvesse se envolver. A princípio, ela simplesmente convocou alguns executivos em sua própria companhia e discutiu se eles estavam ou não interessados em conseguir um abatimento nos impostos para a firma se ela doasse alguns dos seus computadores mais velhos que não usava mais. Esses computadores só tinham de dois a cinco anos de uso, o que significava que a firma os considerava ultrapassados, ainda que as escolas gostassem de tê-los.

Trabalhando apenas meia hora por dia nesse projeto como voluntária, Nina começou a examinar outras companhias que não estivessem usando os computadores já um tanto ultrapassados. Em pouco, ela conseguiu mais de vinte e cinco computadores doados para a escola dos filhos. Pensou em parar por ali, mas, quando o diretor de uma escola próxima pediu a sua ajuda, Nina continuou dedicando meia hora por dia em suas pesquisas por telefone junto a diversas companhias.

Em um ano, conseguiu arranjar mais de duzentos computadores para serem doados a escolas que não dispunham de verbas.

A história de Anthony é um outro exemplo de como recuar de uma situação frustrante e se perguntar a si mesmo, "Como posso transformar essa experiência em algo que ajudará os outros e tornará mais claro o meu objetivo?" Por ser um homem sensível e inteligente perto dos quarenta, e por ter trabalhado em diversas áreas, Anthony então recentemente pensou que havia por fim encontrado o sentido de sua carreira. Na condição de executivo de conta de uma agência de propaganda, Anthony sentia que finalmente tinha um emprego com futuro e certa segurança. Então, um colapso, que se estendeu pela indústria em geral, no ramo da propaganda levou à falência a firma em que Anthony trabalhava. Ele ficou arrasado. Por várias semanas, ele ficou se recriminando e dizendo que isso era mais uma vez uma prova da sua irresponsabilidade, que estava perdido, que nunca encontraria um caminho digno na vida.

Entretanto, quando Anthony transformou sua contrariedade na pergunta "Como posso usar essa experiência a fim de ser útil aos outros?", diversas idéias construtivas lhe ocorreram. Ele pensou sobre criar um departamento de consultoria para ajudar num novo treinamento de pessoas que tivessem perdido o emprego. Considerou a possibilidade de escrever um livro sobre como cuidarmos de nossas dúvidas e de nosso senso crítico demasiado severo quando estamos sem trabalho. Anthony também procurou informações sobre atividades em que pudesse atuar como voluntário e que lhe dariam certa sensação de determinação e contentamento, enquanto estivesse à pocura de um emprego. Depois de escolher criteriosamente uma dentre as oportunidades quanto ao serviço voluntário, Anthony resolveu trabalhar gratuitamente enquanto enviava o currículo e aguardava a resposta dos empregadores.

Anthony trabalhou duas tardes por semana num hospital da região como voluntário, e descobriu de novo o seu valor pessoal, sensação que não tivera mais desde que perdera o emprego. Ele diz: "Mesmo que tenha sido frustrante me candidatar a um emprego em agências de propaganda sem ser aceito, quando ia trabalhar como voluntário toda semana eu me sentia um ser humano útil uma vez mais. Trabalhar com pessoas que se interessam pelo que estão fazendo e ajudar pessoas que realmente dão valor a alguém solícito pode ser muito importante. Deixei de ficar me rebaixando e comecei a sentir de novo que eu estava aqui por alguma razão."

Depois de seis meses como voluntário, Anthony foi convidado para assumir o cargo de coordenador de serviços voluntários. Ainda que acreditasse que seu futuro estava na propaganda, ele descobriu que a sua satisfação vinha mesmo do trabalho de ajuda às pessoas. O que começou como um entrave em sua carreira acabou se transformando numa oportunidade compensadora. Anthony admite: "Não sei se isso vai durar para sempre, mas sei que aprendi muito sobre mim mesmo e sobre o que sou capaz de realizar quando confio em meu instinto e me mantenho concentrado nas coisas que parecem dignas."

Em sua própria vida, quais são as idéias criativas não expressas, as paixões não realizadas e os dons ou talentos ocultos sobre os quais você gostaria de começar a pensar? Proponha temas de debate a um amigo, a um parente ou a um conselheiro acerca das diversas opções que você tem e que dariam à sua vida mais sentido e realização. Você não precisa desenvolver um projeto de imediato. Vez ou outra, é possível que você reaja a uma situação comum que precisa da sua ajuda; outras vezes, você pode se lembrar de um grande interesse que teve de adiar ou de ignorar no passado mas que agora você pode renovar de modo bem-sucedido. Não há satisfação maior do que ser usado com um objetivo superior. Não há caminho mais proveitoso para viver do que saber que você está sendo útil aos outros. Todos nós sabemos da necessidade de levar a efeito mudanças no mundo moderno; encontrar um caminho determinado para fazer tudo o que estiver ao seu alcance no seu cantinho do mundo é importante e motivo de respeito.

3

O TERCEIRO DESAFIO

Aprender a Controlar a Raiva, a Insegurança e a Hipocrisia

Alguns anos atrás, um mentor espiritual dinâmico e imaginativo em Los Angeles chamado rabino Mordecai Finley disse à sua congregação, "Se vocês quiserem descobrir se estão vivendo de acordo com seus valores espirituais e seus princípios mais elevados, prestem muita atenção ao modo como se comportam no meio de um debate ou de um momento de tensão envolvendo alguém com quem você vive, trabalha ou tem um relacionamento amoroso".

Finley e muitos outros mentores espirituais de crenças diferentes sugeriram que a ação recíproca nos relacionamentos é o desafio mais freqüente e comum que deparamos. Em quase todo relacionamento importante, há momentos em que o que você quer e o que a outra pessoa quer parecem em conflito imediato. Nesses momentos de tensão ou conflito, você descobrirá o quanto avançou na sua senda espiritual. Descobrirá se é demasiado severo, hipócrita ou predisposto ao nervosismo. Ou, por outro lado, perceberá se é por demais flexível, ansioso por agradar, ou facilmente dominado pela agressividade ou raiva de alguém mais.

À proporção que você pensar sobre sua vida, pergunte-se sobre quando foi a última vez em que você se sentiu tenso ou frustrado acerca de um relacionamento importante. Este poderia ser um casamento ou um relacionamento de longo prazo que tem os seus momentos de tensão e de discórdia, ou uma parceria criativa ou de trabalho em que você e a outra pessoa vêem as coisas de modo diferente. Até o seu relacionamento com Deus tem momentos de tensão e de discórdia, sobretudo quando você começa a se sentir separado de Deus ou em conflito sobre atender às solicitações do cotidiano e ainda assim seguir suas crenças espirituais.

UMA FONTE IMPREVISTA DE SABEDORIA PARA OS RELACIONAMENTOS

O Terceiro Mandamento do Livro do Êxodo oferece alguns meios extremamente úteis e práticos de superar os obstáculos para agir com piedade e integridade em qualquer relacionamento. Se você perguntar para a maior parte das pessoas o que elas entendem das palavras do Terceiro Mandamento — "Não usarás o nome de Deus em vão" — elas responderão dizendo o que muitos de nós aprendemos quando crianças: que o mandamento nos diz para não jurar nem amaldiçoar. De fato, essa é só uma pequena parte do real significado dele.

Neste capítulo, examinarei as diversas interpretações do Terceiro Mandamento como uma chave para lidar com um dos desafios mais importantes que deparamos em nossa vida: como criar e conservar bons relacionamentos, dia a dia, num mundo em que a maior parte das pessoas estão de guarda e na defensiva, e a maior parte das parcerias entre colegas de trabalho e dos relacionamentos amorosos não duram.

Há quatro interpretações fundamentais do Terceiro Mandamento que podem ajudá-lo no seus relacionamentos mais importantes com seus entes queridos, colegas de trabalho, pacientes ou fregueses, bem como com sua relação com Deus. À medida que você for lendo cada uma dessas quatro perspectivas do sentido de "Não tome o nome de Deus em vão", observe quais lhe falam diretamente no que concerne a problemas no relacionamento, os quais tem deparado em sua vida.

Interpretação nº 1: O Terceiro Mandamento pode ser visto como um lembrete útil para não fazer promessas que não se pode cumprir, sobretudo promessas em que a pessoa diz "Juro por Deus que vou fazer isso" e não faz.

Para a maioria dos exegetas da Bíblia, incluindo o grande mestre e comentador franco-judeu do século XI Rashi, a essência do Terceiro Mandamento não versa sobre amaldiçoar, mas, de preferência, sobre não fazer falsas promessas nem afirmações extravagantes do tipo "Juro por Deus" quando realmente não temos essa intenção. Esses comentários tradicionais explicam que, quando as pessoas insistem, de maneira hipócrita, "Juro por Deus que estou falando a verdade" e então não são coerentes com o que disseram, há um uso impróprio do nome de Deus.

Por exemplo, é difícil conservar um relacionamento amoroso quando um ou ambos os parceiros estão prometendo coisas ou dizendo o tempo todo "Juro por Deus que vou fazer isso para você" sem cumprir. Uma parceria nos negócios não pode sobreviver se um parceiro sempre diz, "Vou cuidar dessa tarefa, que é importante, juro, deixa isso comigo", e então não cuida. De modo semelhante, é muito doloroso para uma criança desapontar-se com uma promessa que o pai não cumpriu, como a de dizer que vai estar presente no recital da criança, no seu jogo de futebol ou na sua festa de aniversário.

Moshe ibn Ezra, um estudioso judeu do século XII, descreveu essa tendência humana comum de fazer promessas duvidosas quando escreveu, "São tantas as pessoas que não compreendem que usam promessas vazias como 'Juro por Deus' inúmeras vezes todos os dias, até que o hábito se torne inconsciente, e tantas as vezes que nem mesmo sabem por que alguém as repreende com as palavras 'Por que você jura tanto pelo santo nome de Deus?'... Então, essas pessoas juram que não fizeram nenhuma promessa, e não percebem que estão fazendo outra..."

Para entender como as promessas não cumpridas podem afetar negativamente os relacionamentos do dia-a-dia, reserve alguns momentos para pensar sobre a sua vida. Quando você era jovem, lembra de um de seus pais ou de ambos prometendo-lhe algo que nunca cumpriram? Você já perdeu a confiança quando uma pessoa amada prometeu ser mais atenciosa mas diversas vezes teve uma atitude de desprezo ou quebrou essa promessa? Já trabalhou com alguém que declarou, de maneira hipócrita, "Juro por Deus que cuidei do assunto a tempo" ou disse, confiante, "Tudo certo", "Pode confiar" ou "Não precisa se preocupar com coisa nenhuma", e o decepcionou?

Como psicólogo, sugiro que você *não julgue nem condene* ninguém por dizer coisas como "Prometo" ou "Juro por Deus". Em vez disso, descubra o que leva alguém a fazer promessas falsas usando o nome de Deus. Quando você mesmo faz promessas, você sabe, do fundo do seu coração, que você provavelmente não está sendo sincero sobre manter a palavra? Quais são as razões mais profundas pelas quais as pessoas se sentem levadas a garantir algo que provavelmente não podem realizar? Temos de perguntar a nós mesmos e às pessoas que nos desapontam, "O que estava pensando quando disse 'Juro por Deus que vou fazer'?"; precisamos ser pacientes e discernir a psicologia que está por trás do porquê de as pessoas dizerem uma coisa e agirem de outra maneira.

A necessidade de superestimar o que você pode fazer

Com o correr dos anos, observei que as pessoas que prometem mais do que podem fazer não raro são inseguras e têm medo de ser consideradas inconvenientes, incompetentes ou não dignas de ser amadas. Por exemplo, certa vez aconselhei um homem chamado Jim, que a maioria das pessoas considerava bonito e bem-sucedido no ramo de vendas. Sempre que Jim estava namorando, contudo, ele superestimava as suas capacidades e fazia promessas vazias, tais como "Juro que você nunca vai encontrar alguém que será tão bom para você quanto eu serei". Ainda que muitas mulheres se sentissem atraídas por Jim a princípio, os relacionamentos raramente duravam, porque, mais cedo ou mais tarde, elas descobriam que Jim freqüentemente prometia coisas que não podia realizar. O declínio da relação era prolongado e doloroso, já que Jim fazia ainda mais promessas a fim de reconquistar a mulher, até que, posteriormente, ela não agüentava mais aquilo e ia embora.

Uma tarde, durante uma sessão de aconselhamento, perguntei a Jim, "Sabe por que você sente tanta necessidade de superestimar o que você faz e de prometer coisas que não será capaz de cumprir?" Sua resposta refletia os sentimentos inseguros que a maioria de nós traz dentro de si. Jim explicou, "Se eu não esticasse um pouquinho a verdade, ninguém ia querer saber de mim".

Você já sentiu essa mesma insegurança envolvendo o fato de que, a não ser que fingisse ser um pouco mais do que você é, ninguém se importaria com você? Numa entrevista para um emprego, num primeiro contato, numa negociação de trabalho, ou até mesmo quando você está sentado, rezando ou meditando, já sentiu algo que pode ser expresso em "Simplesmente não vou ser levado a sério do modo como eu sou. Talvez eu tenha de falsificar um pouco as coisas e prometer mais do que provavelmente poderia cumprir".

Foram necessários vários meses de aconselhamento para mudar a maneira como Jim se via a si mesmo e como se apresentava aos outros. A exemplo de muitas pessoas, Jim fora criado por pais duros e severos; queixava-se de que ninguém o amaria verdadeiramente como ele era. Em conseqüência disso, ele se habituou a tentar influenciar as pessoas com promessas excessivas. Só quando passou a aceitar que alguém pudesse amá-lo pelo simples fato de ser decente e trabalhador é que parou de forçar a situação. Se você encontrasse Jim atualmente, você não ouviria mais nenhuma bravata nem afirmações com vistas a manipular as coisas. Sua visão equilibrada sobre o seu valor pessoal também permitiu-lhe encontrar uma esposa a quem não faz promessas falsas. Até hoje, Jim se bate com a insegurança herdada de sua infância dolorosa, mas, na maior parte das vezes, controla esses sentimentos e aprendeu a ser mais cuidadoso sobre não agir de maneira hipócrita nem fazer promessas impossíveis. Ele e a mulher dele têm um dos relacionamentos mais responsáveis e honestos que já vi.

"Eu queria que houvesse mais horas no dia"

O caso de Bernice apresenta uma versão diferente do impulso que muitos de nós sentimos quanto a fazer promessas que não temos certeza se vamos cumprir. Quando Bernice veio me procurar pela primeira vez com vistas ao aconselhamento, ela se achava extremamente cansada em função das exigências estressantes de sua vida. O trabalho causava nela muita tensão, ela tinha três filhos com idade entre nove e dezessete anos, o marido estava desempregado e se recuperava de um grave problema nas costas mais lentamente do que haviam esperado.

Como a maioria de nós, Bernice diz que amiúde sente uma tensão forte por causa de todas as pessoas que dela dependem. Em conseqüência disso, por vezes ela se pega fazendo mais promessas do que pode cumprir e se sentindo esgotada em virtude das exigências de sua época.

Bernice explicou, "Recentemente, observei que, quando meu chefe ou quando um cliente importante me pede para correr e terminar um projeto que de fato precisa de mais tempo para poder ser elaborado corretamente, parece que não sou capaz de tomar o partido do que eu sei que é melhor. Às vezes, me pego dizendo 'Prometo que vou acabar a tempo' e então começa a corrida frenética par cumprir o prazo de entrega absurdo e por vezes desnecessário".

Bernice também me disse, "Sei que tenho problemas, tentando seguir o que eu sei que é melhor quando isso pode desapontar alguém. Por exemplo, eu disse vezes demais aos meus filhos, 'Vou estar em casa às seis da tarde; então vou ajudar vocês com a sua lição de casa'; porém, assim como estou dizendo isso, sei, no fundo do coração, que há uma boa probabilidade de eu ter de trabalhar até tarde. Por que eu nunca falo francamente e digo ao meu marido para que ele e as crianças preparem o jantar sem mim e comecem a lição de casa antes de eu chegar? Eu queria que houvesse mais horas no dia para que eu pudesse realizar todas as coisas que as pessoas esperam que eu faça".

Se observar que você ou alguém que conhece se parece muito com Bernice, se empenhando em fazer face a todas as exigências da sua época, então é também importante para você levar a sério as palavras do Terceiro Mandamento. Não faça promessas desarrazoadas quando o seu instinto lhe diz para avaliar as suas limitações ou admitir que você precisa de mais tempo ou ajuda.

Estimulo os meus pacientes de terapia a fazer um exercício que você pode tentar por si mesmo a fim de acabar com o hábito de se sentir inseguro e de fazer promessas fantasiosas a pessoas que você estima. Registre numa caderneta de uso diário ou na agenda do computador as suas promessas e acordos verbais por toda uma semana. Observe quando está se sentindo pressionado ou superestimando o que pode fazer. Esteja alerta no que concerne a quando você diz sim a alguma coisa a que deveria ter dito não, ou a quando você é mais realista e oferece um sim qualificado. Um sim qualificado é quando você diz, "Sim, posso fazer isso, mas vou precisar de mais tempo e ajuda, o que levará a um melhor resultado".

Se você simplesmente começar a tomar nota de cada vez em que a sua insegurança o impele a fingir coisas que estão além da sua capacidade de amar, de trabalhar, ou de sua força, então você dará o primeiro passo rumo a evitar as promessas falsas e não realistas. Você se tornará uma pessoa de palavra.

Quando Bernice fez uso desse exercício, sua lista incluía diversas promessas não realistas a princípio. Ela prometeu ao marido e aos filhos que poderia fazer as compras na mercearia uma noite depois do trabalho, mas em seu íntimo ela sabia que podia ser impedida de fazer isso por um encontro de última hora que ameaçava invadir a noite. Ela também fizera infelizmente uma promessa a um cliente importante quanto a ter uma oferta pronta mais cedo do que ela sabia ser possível.

Foram necessários diversos dias tomando nota dessas promessas fantasiosas em sua caderneta para que Bernice começasse a diminuir o passo e perguntasse cada vez, "O que exatamente é realista nessa situação e o que será estressante e desnecessário?" Bernice precisou de algumas semanas de aconselhamento para melhorar sua capacidade de não se deixar controlar pelos outros, porém, posteriormente, ela aprendeu como dizer ao seu chefe e aos seus clientes com um tom de voz calmo, cálido, típico de um chefe, "Eu adoraria fazer o que o senhor está pedindo, mas vai ser preciso um pouco mais de tempo e condições. Mas tenho certeza de que valerá o tempo extra e o cuidado dispensado". Sobre as noites em que parecia fantasioso fazer promessas de estar em casa às seis, Bernice começou a dizer aos filhos e ao marido, "Amo vocês e vou chegar em casa tarde da noite.

Assim, se virem com as sobras congeladas que eu guardei desde o fim de semana passado e vejo vocês quando chegar aí".

Como Bernice me disse no dia em que completou seu aconselhamento, "Falar francamente em favor das minhas necessidades nunca foi algo agradável para mim. Eu estava acostumada a agir como uma mártir hipócrita e a tentar fazer tudo sem deixar ninguém perceber como eu estava me tornando tensa. Dessa maneira, eu iria ficar doente ou ficar triste, mas eu nunca parava e nunca dizia a ninguém claramente, 'É isso o que eu posso fazer, e isso é o que vai requerer mais tempo e mais ajuda por parte dos outros'".

"Depois de anos pulando sempre que alguém dizia para pular", Bernice comentou, "estou começando aos poucos a compreender que as pessoas não vão me odiar nem me pôr na rua pelo fato de eu dar a elas uma idéia realista dos meus limites como ser humano. Até aqui, mesmo com alguns resmungos do meu chefe, do meu marido e dos meus filhos, está claro que ainda sabem que podem contar comigo e que eu realmente não os desapontei. De fato, acho que estou fazendo algo muito melhor agora que não faço promessas demais nem fico estressada como fiquei por tantos anos."

Enquanto você pensa sobre sua própria vida, há vezes em que se sentiu levada a prometer coisas ou a impressionar alguém, mesmo que uma voz sábia dentro de você esteja dizendo, "Quem você está enganando?" Considero essa primeira interpretação do Terceiro Mandamento como um guia saudável para tornar a sua palavra, as suas promessas e as suas certezas mais conscientes e confiáveis. Em vez de ser levado a dizer automaticamente, "Juro que vou fazer isso", você terá a liberdade de dizer, "Me dê um minuto para pensar realisticamente sobre o que eu posso fazer e aquilo para que posso precisar de ajuda".

Interpretação nº 2: O Terceiro Mandamento pode ser considerado um lembrete para não se tornar severo nem hipócrita ao discordar de alguém.

Alguns anos atrás, quando comecei a explorar os diversos escritos eruditos sobre a frase "Não tomarás o nome de Deus em vão", veio à luz um segundo tema útil. Não só o mandamento nos ensina a evitar fazer falsas promessas (como foi examinado acima), mas ele também diz à pessoas que se elas querem que os seus relacionamentos pessoais e no trabalho sejam bem-sucedidos, elas precisam atentar para a tendência humana comum de se tornar severo, hipócrita e inflexível durante um debate ou uma discussão. Você precisa parar de pensar que Deus ou a lógica *só está do seu lado* e compreender, em vez disso, que na maioria dos casos a pessoa de quem você discorda também pode ser íntegra, ter algum valor e um sentimento de humanidade como a base do seu ponto de vista.

Essa advertência sobre a hipocrisia figura em várias interpretações eruditas do Terceiro Mandamento. Por exemplo, o mestre hassídico marroquino do século XVIII, Hayyim ben Moisés Attar, cujo livro *Ohr Hahayyim* [A Luz da Vida] é um comentário cabalístico altamente recomendado sobre os Cinco Livros de Moisés, disse que a essência que envolve tomar o nome de Deus em vão é fingir que se é mais correto, mais franco e mais santo do que de fato se é. Hoje em dia, as pessoas chamariam a isso de "viver de aparência" ou o que muitos chamariam de "fazer papel de bom moço".

Pense sobre as diversas formas pelas quais a gravidade hipócrita ocorre na sua vida diária. Enquanto você lê a seguinte lista de exemplos, envolvendo um comportamento hipócrita, veja se pode lembrar alguma pessoa que faz julgamentos ou que faz papel de "bom moço", que você conheceu no decorrer dos anos, bem como as situações em que você *poderia ter sido um pouco severo ou hipócrita* durante uma discussão ou uma divergência de pontos de vista com um parceiro, um amigo, um colega de trabalho ou um parente. Por alguns momentos, leve em conta o seguinte:

- Já conheceu uma pessoa religiosa e voltada às coisas do espírito, que falasse sobre amar pessoas de modo incondicional mas que de fato fosse muito inflexível, tacanha, ou agressiva sobre o "modo certo" ou o "modo errado" de praticar a religião ou a espiritualidade?
- Já teve uma discussão com alguém que não só achava que você estava "errado" por ver as coisas a seu modo, mas que também dizia ou sugeria que você era "mau", "imoral" ou que "ia para o inferno" por ter um ponto de vista diferente?
- Já esteve num ambiente envolvendo criação, negócios em geral ou o mundo acadêmico, em que as pessoas com um ponto de vista chamavam as outras, com um ponto de vista diferente, de "cretinos", "idiotas" ou de "burros"?
- Já esteve num debate político (por exemplo, sobre o aborto, o meio ambiente, o controle das armas, a Previdência Social, os direitos dos homossexuais, ou discriminação de sexo ou raça) em que um lado atuasse desprezando as outras pessoas ou considerando-as ruins por terem um ponto de vista diferente?
- Já participou de uma discussão em família em que alguns membros menosprezaram ou acusaram algum parente que estava fazendo as coisas de modo diferente?
- Já teve uma divergência com o seu parceiro, seu namorado ou com um amigo íntimo em que um ou os dois agiram como se a outra pessoa fosse sua "inimiga" porque via as coisas diferentemente de você?

Na psicologia, esse processo de acreditar que se está cem por cento certo e que a outra pessoa deve ser má ou ruim é chamado de "identificação excessiva". Especificamente, nós, seres humanos, nos identificamos muito com nossas idéias e pontos de vista. Em conseqüência disso, pode ser extremamente perigoso e frustrante quando alguém mais, sobretudo alguém de quem você gosta, tem um ponto de vista diferente do seu.

Ao mesmo tempo, isso é o que faz a vida tão desafiadora e fascinante — o modo como você encontra uma maneira de viver em paz com uma pessoa que considera um problema importante de maneira diversa da sua! Será que os dois podem ter uma idéia de um modo saudável de respeitar as suas diferenças e trabalhar juntos, com vistas a soluções criativas e satisfatórias para ambos? Ou será que vão, como a maioria das pessoas, apelar aos palavrões, magoando-se um ao outro e se separando?

Conservar a consciência da humanidade da outra pessoa

O Terceiro Mandamento é fundamental no nosso dia-a-dia, porque *a maior parte dos relacionamentos malogram* quando um ou ambos os parceiros não conseguem superar a tendência natural humana de transformar num objeto quem quer que tenha um ponto de vista contrário, e, por vezes, de converter essa pessoa num demônio. Diversas vezes, descobri com meus pacientes de terapia e em minha própria vida que é necessário um esforço consciente e deliberado para escapar da armadilha da hipocrisia e ver com mais profundidade a humanidade da outra pessoa. Requer uma boa vontade fora do comum aceitar um ponto de vista diferente quando o nosso instinto "natural" é se apegar à idéia hipócrita de que se está cem por cento certo e de que a outra pessoa ou é estúpida, não nos compreende ou está "sendo difícil".

Duas pessoas apaixonadas num minuto podem vir a se odiar no outro se começarem uma discussão em que qualquer um aja de maneira hipócrita ou visando a imagem de "bom moço". Dois colegas de trabalho às voltas com um projeto importante podem de repente se sentir como inimigos se qualquer um deles se torna inflexível sobre uma decisão importante. O mesmo é verdadeiro quando grupos políticos, étnicos ou religiosos divergem veementemente e não conseguem ver a humanidade criada por Deus nas pessoas que estão do lado oposto. É muito mais "normal" para os seres humanos agir de maneira hipócrita do que imaginar que a outra pessoa tem algum motivo para adotar um ponto de vista diverso do nosso.

Enquanto você pensa sobre os seus conflitos conjugais, divergências no trabalho e debates políticos ou religiosos, consegue se lembrar de ter-se sentido hipócrita e cem por cento correto? Se assim é, não se sinta embaraçado. É uma reação humana comum. Felizmente, à proporção que você for lendo, descobrirá modos de "livrar-se da armadilha da hipocrisia". Eis um exemplo:

Trabalhei como voluntário no verão por nove vezes num seminário de uma semana para duzentos alunos de ensino secundário em Los Angeles. Parte do programa solicitava a afro-americanos, a asiático-americanos, latinos e brancos que se envolvessem em debates sem censura uns com os outros acerca de suas diferenças raciais e culturais. Invariavelmente, a cada verão, as conversas começavam com um tom hipócrita e acusatório, mas depois havia certa predisposição no lugar quanto a achar algum caminho rumo à cura.

Certo verão, houve um impasse terrível entre os grupos afro-americano e coreano-americano no seminário. Um membro deste último grupo insistiu, "Eu não sei por que o seu povo age de maneira tão rude e desrespeitosa quando entra na mercearia do meu pai. Em minha cultura, o respeito é muito importante".

Numa resposta a isso, um membro do grupo afro-americano disse, "Por que eu deveria tratá-los com respeito? Vocês olham para mim como se eu fosse um animal e não dão a mínima para a minha cultura, os meus valores, nem respeitam quem eu sou".

E assim deu-se uma troca de acusações por quase uma hora. Então, um dos adolescentes afro-americanos pôs-se de pé e disse, "Não creio que possamos trabalhar juntos a não ser que enxerguemos um objetivo superior para tudo isso. Agora há pouco, estava me perguntando sobre o que significa o fato de a maioria de nós neste recinto, negros e coreanos, sermos cristãos. Não creio que Jesus quisesse que nos encontrássemos dessa forma uns diante dos outros".

Depois de alguns minutos de conflito, um dos membros da comitiva, uma pessoa que atuava como pastora durante uma parte do dia, ofereceu a seguinte sugestão: "Em vez de nos arrasarmos assim ou de tentarmos competir para ver quem sofre mais, gostaria que passássemos alguns momentos pensando sobre o que Deus quis dizer com a frase, 'Não julgueis para não serdes julgados'."

Pela primeira vez naquela tarde, houve silêncio no recinto. Dezenas de adolescentes, alguns deles membros de gangues e outros que haviam crescido com medo de nunca serem aceitos pela outra raça, sentaram-se em silêncio por vários minutos e depois começaram a discutir sobre o que entendiam pelas palavras "Não julgueis para não serdes julgados".

Esses momentos de profunda busca interior desfizeram o impasse, e os dois grupos começaram a se tratar mutuamente com muito mais respeito e interesse quanto a conhecer seres humanos. Isso não resolveu todos os grandes conflitos entre os dois grupos, porém, para os adolescentes naquele recinto, uma grande mudança ocorrera.

Um outro exemplo de como é difícil e importante para as pessoas se livrarem de sua hipocrisia ocorreu em meu consultório de terapia numa tarde, quando uma mãe com o filho adolescente estavam se esforçando para achar um modo de viverem juntos. Tinham ambos se tornado tão inflexíveis e armados um com relação ao outro, que nenhum deles sentia esperança pelo seu relacionamento.

Bem no meio da sessão, a mãe perguntou ao filho pela milésima vez quando ele iria arrumar o seu quarto. O menino de catorze anos se levantou e disse "Aí está! Eu vou me mandar!"

Porém, antes que ele partisse, fiz-lhe um oferta. Disse-lhe que, se ele passasse cinco minutos tentando imaginar que ocupava o lugar da sua mãe, que entrasse no quarto dele e visse a bagunça, e então nos dissesse como se sentiria, ele estaria livre para sair da sessão.

Assim, o filho, dotado de grande capacidade dramática e imaginação, passou os cinco minutos seguintes imitando com pormenores a mãe, dizendo-nos exatamente o que sentia ao entrar no quarto bagunçado do filho e como era frustrante o fato de o filho não querer arrumá-lo. Depois dos cinco minutos, a mãe fez um elogio, e o filho, em seu comportamento inflexível, começou a ceder. Pela primeira vez, ele fora capaz de avaliar a frustração que a mãe sentia, e pela primeira vez ela notara e elogiara algo nele. Esse foi o começo da melhoria no relacionamento dos dois. Uma vez mais, isso não pôs um fim a toda tensão e conflito típico entre pais e filhos, mas criou a possibilidade de que eles pudessem se ver sob uma nova luz.

Numa das cenas finais de *Gandhi*, o filme premiado de Richard Attenborough, protagonizado por Ben Kingsley, as facções hindu e muçulmana estão perto da guerra civil, e Gandhi, próximo da morte, se acha num jejum prolongado para chamar a atenção para a necessidade de paz.

Um hindu aborda Gandhi e pergunta, "O que posso fazer para que você deixe de jejuar?" Gandhi responde, "Se você, como hindu, estiver disposto a adotar um órfão muçulmano e criar essa criança como um muçulmano, pararei de jejuar e poderá haver paz".

Esse salto da consciência, pensar cuidadosamente sobre o sofrimento e a humanidade de alguém que consideramos um inimigo, é um modo de dominar a hipocrisia que o Terceiro Mandamento sugere como sendo uma violação da santidade de Deus. Na vida de cada um, quer discordemos de um parceiro, de um membro da família, de um colega, de um amigo ou de um estranho, sempre haverá momentos em que teremos de nos propor reconhecer a humanidade da outra pessoa.

Interpretação nº 3: O Terceiro Mandamento pode ser considerado uma advertência sobre o uso de palavras ofensivas, sobre a tendência humana comum de usar o nome de Deus como uma arma para se vingar de alguém, sobretudo dos entes queridos, quando se está aborrecido ou nervoso.

Quando estamos nos sentindo incompreendidos ou sem valor, vemo-nos tentados a dar vazão à ira. Esses rompantes são ainda mais instintivos e automáticos em alguns casos do que a reação hipócrita descrita anteriormente.

Quando os seres humanos se sentem ameaçados, criticados ou menosprezados, uma atitude típica do "enfrentar ou fugir" se desencadeia em nosso hipotálamo, em nossas glândulas supra-renais, em nosso sistema respiratório, em nosso sistema nervoso autônomo e nos músculos. Sentimo-nos intranqüilos e impacientes, prontos para dizer coisas como "Vá para o inferno!", sobretudo às pessoas de quem gostamos mais e cujo amor temos medo de perder.

Quando um casal, colegas de trabalho e membros da família dizem "Você merece o castigo de Deus" uns aos outros durante uma discussão, eles fazem picadinho da relação íntima e da confiança que se instaurara. Esses rompantes envolvendo a raiva e as palavras ofensivas podem deixar uma cicatriz nas outras pessoas e prejudicar relacionamentos importantes. Com muita freqüência, as pessoas amadas se distanciam umas das outras, ou se sentem como estranhos quando ouviram as palavras "Dane-se" muitas vezes.

No Judaísmo tradicional, o Terceiro Mandamento não é a única advertência sobre usar o nome de Deus como uma arma e se exceder na raiva com relação às outras pessoas. O Livro do Levítico (capítulo 19, versículo 14) diz, "Não amaldiçoarás um surdo", a que, posteriormente, os rabinos atribuíram a explicação de que o dom da fala visa abençoar e elevar nossa vida, não a nos degradar a nós mesmos, tampouco às outras pessoas. Ainda que um surdo não possa ouvir as palavras que ferem, o *uso equivocado de nossos dons* é uma coisa errada. Deveríamos usar nossa mente e nossa língua não para magoar mas para curar os outros e nos ligar a eles.

Há mais de oitocentos anos, Maimônides, que era tanto um médico como um grande estudioso da Torá, levou mais longe essa explicação, afirmando, "A maldição é proibida não pelo que possa fazer à vítima, mas por causa do efeito que exerce sobre a pessoa que faz isso. A lei judaica procura impedir a pessoa de adquirir o hábito nocivo de descarregar a raiva e a frustração nos outros".

A VERDADE SOBRE A RAIVA

Infelizmente, uma das maiores fontes modernas de estímulo ao hábito de jurar e de descarregar a raiva nas outras pessoas adveio nas últimas décadas da psicologia, área em que sou profissional. Milhares de terapeutas estimulam os pacientes a extravasar a raiva, dizendo "Você tem de pôr isso para fora. Diga para as pessoas exatamente o que você está sentindo. Deixe que elas saibam que você está com raiva".

Essa crença de que "descarregar a raiva em alguém deve ser uma boa catarse", advém da antiga teoria freudiana, que alegava que a raiva reprimida é a raiz de muitas doenças, ao passo que a raiva expressa de modo pleno pode minorar a tensão acumulada num tipo de ruptura típica de catarse. Essa idéia passou a ser extremamente conhecida durante os anos de 1960 e 1970, quando grupos que se encontravam, fins de semana envolvendo maratonas, a terapia do grito original e outras abordagens sugeriam que o "único caminho" para se curar plenamente das mágoas era berrar, fazer barulho e bater.

Felizmente, uma grande quantidade de pesquisas científicas e de opiniões mais sensatas vieram à luz nos últimos anos. No seu livro percuciente *Anger: the Misunderstood Emotion*, Carol Tavris denuncia o mito de que despejar a raiva nas pessoas que amamos é coisa saudável. Ela oferece muitos outros modos criativos de você resolver os conflitos e expressar positivamente suas necessidades e sua raiva *sem* recorrer a palavrões, a falsas promessas ou a palavras ofensivas que prolongam a guerra entre os casais, os parentes, os colegas de trabalho ou os rivais.

Além disso, o dr. Murray Mittleman, da Harvard Medical School, dispõe de uma pesquisa documentada que mostra que os acessos de raiva se acrescentam de fato às tensões psicológicas do sistema cardiovascular, e que "extravasar" a raiva nas pessoas pode aumentar o risco de ataque cardíaco em algumas pessoas.

Esses e outros estudos sugerem que os defensores da abordagem do "extravasar a raiva" podem ter estado errados. Gritar com os seus entes queridos comumente contribui para os problemas em casa, ao passo que gritar com colegas destacados e fregueses no trabalho pode ser algo eficaz, de vez em quando, mas terá conseqüências negativas a longo prazo na sua carreira e na sua saúde física. Por motivos fisiológicos e psicológicos, há muita sabedoria em cumprir o desafio bíblico de não usar o nome de Deus para amaldiçoar ou menosprezar os filhos, os parceiros, os membros da família ou quem quer que o aborreça. Observe-se que eu *não* estou sugerindo que a pessoa deva guardar a sua raiva ou torná-la inteiramente racional. A idéia é buscar modos saudáveis de desabafar e de resolver conflitos no relacionamento pessoal e de trabalho. Essas outras soluções podem incluir a terapia, a meditação e o aconselhamento.

Você pode aprender mais sobre os usos saudáveis da raiva lendo livros sobre o assunto (ver a seção de Referências no final deste livro) ou trabalhando com um conselheiro especializado em lidar com a raiva. O exercício seguinte talvez o ajude a ter uma boa comunicação e uma liberação de raiva equilibrada. São estes os estágios:

1. Preste atenção aos sinais do seu corpo. Passe a observar os primeiros sinais de advertência de que seu sangue está começando a ficar "quente". A maioria das pessoas não tem consciência de que está acumulando tensão ou raiva, e por isso não tem controle sobre o processo que envolve "enfrentar ou fugir". Preste atenção ao momento em que os seus pensamentos se tornam hostis ou negativos, ao momento em que suas mãos, seus ombros, seu pescoço ou seu estômago começam a se enrijecer, ou a quando a sua adrenalina lhe causa a sensação de "algo que foi estimulado". Atentando às mensagens enviadas pelo seu corpo, você garantirá a si mesmo mais tempo para não "explodir" numa altercação.

2. Lentamente, inale e exale o ar. Concentre-se em sua respiração. Com calma, diga coisas a si mesmo. Pare de "criar um caso" com respeito à outra pessoa em que você está pensando. Por alguns momentos, respire lenta e harmoniosamente, inalando e exalando o ar da mesma forma. Conte até dez ou vinte se isso ajudar. Lembre-se de que essa pessoa diante de você *não* é sua inimiga. Ainda que ela esteja sendo grosseira, esteja na defensiva ou seja contumaz, concentre-se na sua própria respiração e faça a si mesmo estas duas perguntas: "De que será que eu preciso para acabar com toda essa raiva?" e "Será que posso pedir algo de que necessito sem ter de acusar, atacar ou menosprezar essa pessoa?"

3. Faça uma pausa breve. Se achar que a sua mente está alimentando pensamentos hostis e continua a "fazer caso" com respeito à outra pessoa, você definitivamente deve fazer uma pausa de dez minutos. Ao pedir essa pausa, não se esqueça de dizer para a outra pessoa que você não está fugindo da situação, mas que, em vez disso, precisa de dez minutos para se acalmar e ser capaz de abordar a situação de um ponto de vista mais positivo e construtivo.

4. Trabalhem como parceiros, não como adversários. Depois que a técnica de respiração ou o intervalo o fizeram relaxar um pouco, veja se está calmo o bastante para aceitar uma resolução sensata para o conflito. Se não, faça outro intervalo de dez minutos. Então, quando estiver um pouco menos agitado, diga à outra pessoa, "Vamos trabalhar juntos para descobrir o que é que nos magoa e o que podemos fazer no futuro para ter certeza que isso não continuará acontecendo".

"Parece que eu não consigo me controlar"

O caso de Jerry e Gwen é um bom exemplo de como pode ser doloroso o momento em que duas pessoas que se amam começam a se arrasar com imprecações e comentários sarcásticos. Jerry é roteirista e Gwen é atriz. Eles vieram em busca de conselho porque suas brigas conjugais tinham-se tornado mais freqüentes e violentas.

Gwen descreveu o problema deles: "Jerry e eu costumávamos discutir às vezes por causa de dinheiro, por causa das crianças e de outros problemas, mas nunca desse jeito. Há pouco tempo, Jerry não conseguiu vender seus roteiros e eu tenho tido uma série de recusas toda vez que vou fazer um teste. Assim, os dois estamos muito tensos. Quando ele começa a falar de modo arrogante comigo, ou quando está tentando ter o controle da conversa, parece que eu não sou capaz de me controlar. Sempre tive um temperamento explosivo e digo coisas para Jerry de que depois me arrependo."

Jerry acrescenta: "Não é só o fato de que temos estado nos magoando com essa competição espetacular. Para mim, o que mais me preocupa é que nossos filhos se aborrecem e quase chegam a ficar deprimidos quando nos vêem brigando. Cresci numa casa em que meus pais tinham de fato algumas brigas terríveis, portanto, sei bem o que eles devem estar passando."

À proporção que trabalhamos com o aconselhamento durante algumas sessões, tornou-se claro que não só Jerry e Gwen estavam proferindo ofensas um ao outro durante algumas de suas brigas — eles também haviam caído no hábito comum de dizer coisas cruéis e difíceis de ouvir. Gwen admitiu, "Sempre que tenho mais um desapontamento na minha carreira, ou quando as coisas estão indo mal com Jerry ou com os meninos, sou capaz de ser cruel. Não são apenas os palavrões que eu digo, mas também as frases com intuito de desestimular. Pego-me dizendo coisas como, 'Você nunca vai achar outro emprego. Ninguém quer saber de você. De qualquer jeito, nada do que você faz dá certo'. Depois de ouvir essa lenga-lenga todo santo dia, Jerry só diz algo condescendente e eu me afasto dele rapidamente".

A exemplo de muitos que passam por situações difíceis, Gwen e Jerry estavam se sentindo muito menos pacientes e esperançosos do que talvez tivessem sido em tempos de mais dinheiro. Foram necessárias várias semanas de aconselhamento para que ambos pudessem começar a fazer o exercício em quatro etapas para resolver os conflitos causados pela raiva, sem ter de recorrer a palavrões. Jerry confessou, "A princípio, eu nem ao menos quis passar pelas etapas do exercício porque, no meio da discussão não tinha vontade de dizer coisas para mim mesmo como 'Gwen *não* é minha inimiga' e pedir a ela para que 'trabalhássemos juntos para descobrir o que nos magoa e o que podemos fazer no futuro para ter certeza de que isso não vai continuar acontecendo'. Havia esse outro impulso, muito mais forte dentro de mim, de recriminá-la, de fazer com que se sentisse culpada e de despejar minhas frustrações nela porque, no passado, ela costumava aceitar isso, pelo menos por algum tempo".

Como descobri com muitos casais, foram necessárias algumas semanas de prática dessas quatro etapas para o controle da raiva a fim de que Gwen e Jerry começassem a deixar de lado o seu hábito arraigado de descarregar as frustrações um no outro; porém, quando começaram com êxito a tirar intervalos de dez minutos e a trabalhar juntos de um modo menos agressivo, isso foi muito importante não só para eles como também para seus filhos.

Gwen explicou o processo durante a sessão final deles. "Quando aprendemos a nos acalmar e a falar sobre os problemas como companheiros, em vez de berrarmos um para o outro, toda a minha atitude acerca das coisas começou a mudar. Os filhos parecem muito menos aborrecidos agora que Jerry e eu mal discutimos, e, mesmo quando temos uma divergência, temos condição de preservar a atitude de companheiros, sem nos atacarmos. A melhoria em meu relacionamento com Jerry também se traduziu no fato de eu ser muito mais criativa e positiva quando estou fora, fazendo os meus testes. Consegui dois grandes papéis nos últimos meses, em parte porque não estou andando por aí com a raiva e a revolta que eu sentia meses atrás."

Essa técnica para controlar a raiva permite às pessoas que expressem as mágoas, trabalhando como companheiros em vez de como inimigos. Sem se tornar pudico nem rabugento, você pode adquirir certo controle sobre seu hábito de xingar e sobre suas reações com relação a seus filhos, a seu parceiro, a seu colega de trabalho ou a quem quer que cause raiva em você. Em vez de usar o nome de Deus como uma arma, você terá meios mais apropriados de se comunicar.

Interpretação nº 4: O Terceiro Mandamento nos diz para não deixar de dar valor aos outros.

Alguns relacionamentos são tão especiais e importantes, que seria horrível se não lhes déssemos valor. Na sua vida, quem foi o amigo, o mestre, o mentor, o parente ou o ente querido que lhe proporcionou uma alegria imensa, ajuda ou sabedoria? Você tem um vínculo profundo com um em particular ou com mais de um filho, um vínculo cuja falta você ia sentir muito? Você tem um vínculo espiritual com Deus ou com algum membro da igreja, algum mestre, autor ou ritual sagrado que transmitiu a sua vida muito sentido e calor? Todos gostaríamos de cultivar esses relacionamentos tanto quanto possível.

Infelizmente, o cérebro humano é uma máquina voltada aos problemas que tende a se concentrar mais no que não temos do que no que temos. Nossa mente se apraz em buscar metas por vezes além de nossas possibilidades, mais do que dar valor a um relacionamento que fez parte de nossa vida por muitos anos. Sempre deixamos de dar valor a algumas pessoas.

O que, pois, podemos usar para que despertemos e nos lembremos de não menosprezar os vínculos do coração, tão importantes em nossa vida? O que podemos usar a fim de nos lembrar de que nossos relacionamentos mais importantes só precisam do tempo, da energia e da criatividade que despendemos nos outros objetivos pelos quais estamos nos empenhando?

Recuperar certo sentido de singularidade

No livro judaico cabalista chamado *Zohar*, o Terceiro Mandamento, "Não tomarás o nome de Deus em vão", é examinado como um lembrete para a pessoa despertar e dar conta da intimidade sagrada de nossa relação com Deus e com as pessoas em nossa vida as quais, em virtude de sua singularidade e de seu calor humano, nos ajudam a estimar a profundidade de amor que somos capazes de sentir.

O *Zohar* diz que, já que a Presença de Deus é essa bênção admirável e repleta de amor, precisamos ter muito cuidado para não pronunciar o nome de Deus em frases irrefletidas ou vazias. Em sua essência, o *Zohar* está dizendo que, a menos que prestemos atenção ao caráter sagrado de nossos relacionamentos, sobretudo à nossa relação com Deus, rapidamente incorreremos no erro de não atribuir-lhes o seu devido valor e de não perceber-lhes a singularidade.

Durante um dia, atente para o modo como você mesmo e as outras pessoas usam o assombroso nome de Deus nas formas mais negativas e triviais. Não só usamos freqüentemente a palavra "Deus" na expressão "castigo de Deus"; também usamos dezenas de frases feitas desse tipo. Pense, por exemplo, em como você reage quando alguém entra na sala com uma roupa extravagante ou com um penteado exótico. É comum a pessoa que vê isso dizer com seus botões, "Meu Deus!" ou quando nos sentimos aborrecidos com alguma coisa, ou impacientes diante da incompetência de alguém, é quase um impulso dizer "Pelo amor de Deus".

Goethe, o grande poeta do século XIX, descreveu vividamente esse desafio humano de usar ou não o nome de Deus de modo irrefletido. Ele disse, "As pessoas tratam o nome de Deus como se esse Ser incompreensível e soberano, além do alcance do pensamento, fosse uma outra coisa trivial. De outra forma, as pessoas não diriam 'Ó Deus', 'Pelo amor de Deus', 'Meu bom Deus' e frases semelhantes. Essas expressões se tornam vazias para a maioria das pessoas, um nome sem sentido a que não se liga nenhum pensamento. Se as pessoas se espantassem com a grandeza sublime de Deus, sua atitude seria o silêncio; com certeza a reverência as impediria de mencionar o nome de Deus".

Assim, da próxima vez que ouvir a si mesmo ou alguém mais dizendo "Santo Deus" ou "Ó meu Deus" de um modo irrefletido, você talvez queira perguntar-se a si mesmo, "É dessa forma que eu gostaria de me relacionar com a Fonte Divina? Será que eu quero continuar a agir de maneira irrefletida e vulgar sobre algo tão profundo e delicado quanto o Infinito?"

Conferir nova sinceridade às palavras

O problema que envolve dizer o nome de Deus de maneira impensada não ocorre apenas em ambientes seculares; alguns afirmariam que ele acontece nas sinagogas e também nas igrejas. Por exemplo, o rabino e fundador do movimento hassídico do século XVIII, Israel Baal Shem Tov (cujo nome é traduzido para o inglês como Master of the Good Name [Mestre do Bom Nome]), certa vez visitou uma comunidade em que foi solicitado a entrar numa sinagoga nova e bela. Todos falavam acerca de sua arquitetura majestosa, de sua belíssima Torá e da escultura surpreendente dos Dez Mandamentos.

Assim, finalmente, o Baal Shem Tov resolveu visitar a sinagoga, porém, quando a porta se abriu, ele olhou o interior dela e, sem dizer palavra, deu meia-volta e se dirigiu à hospedaria em que estava.

"Rabino", disseram, em tom de lamento, os líderes da congregação, "por que não quis entrar nessa bela sinagoga, da qual todos nos orgulhamos?"

"Não há espaço", o Baal Shem Tov explicou.

"Não há espaço? Há um grande número de bancos vagos. É uma sinagoga enorme, a maior que existe por centenas de milhas", eles insistiram.

"Não há espaço para mim," disse o grande rabino.

"Todas as palavras imponderadas a impregnaram. Todas as orações que as pessoas fazem sem pensar e sem sentir são como palavras mortas, sem coração nem alma. Essas palavras não alçam vôo para o céu, mas ali permanecem, como as folhas secas de uma árvore. Elas enchem a sinagoga ao ponto do transbordamento, e não resta espaço para as palavras sinceras nessa construção."

Essa história conhecida acerca de Baal Shem Tov sempre me comoveu muito, porque, por muitos anos, tive certa sensação semelhante de ignorar como ter uma experiência profunda, sincera, em muitos serviços religiosos que pareciam realizados mecanicamente e com demasiada formalidade. Vários anos atrás, contudo, comecei a estudar o verdadeiro sentido das orações e da paixão com que foram primeiramente escritas. Tive a sorte de encontrar diversos grupos e alguns mestres excelentes que mudaram profundamente o modo como vejo as preces formais atualmente.

Por exemplo, uma das orações mais repetidas no Judaísmo é a Sh'ma, que em hebraico é entoada como "*Sh'ma Yisroel Adonai Eloheynu Adonai Ekhad*". Entoei-a milhares de vezes, porém, nem os versículos hebraicos nem a tradução — "Ouve Ó Israel, o Senhor nosso Deus o Senhor é Único" — causaram a impressão de uma oração profundamente sincera. Então, determinado rabino ensinou uma tradução mais inspirada das palavras hebraicas, e passei a sentir um vínculo mais pessoal com essa oração comumente repetida:

Sh'ma: Ouça, ou desperte. *Yisroel*: Você que procura entender e se ligar a Deus. *Adonai*: O Eterno que tem estado presente desde o começo do tempo e que expressa amor e sabedoria entrando em nosso coração e em nosso mundo como *Eloheynu*: Nosso Deus. *Adonai Ekhad*: essa energia eterna é a unidade nas coisas e entre elas.

Na vez seguinte em que eu disse a oração, tive uma sensação muito mais forte de curiosidade e de ligação com essa energia de amor que se expressa por meio de nossa vida e que une todos os seres. Quase toda vez que eu entoei a oração de Sh'ma desde então foi para mim um momento de sinceridade muito maior. A exemplo de muitas outras pessoas, compreendi que não me sinto bem orando de um modo irrefletido ou segundo um comportamento formal, o que me parece algo como tomar o nome de Deus em vão; contudo, eu diria de preferência algumas coisas para Deus do fundo do coração, e isso quer dizer que amiúde preciso voltar e encontrar mestres, grupos ou livros que possam me ajudar a chegar à paixão e à profundidade de sentido que estão por trás da maior parte dos salmos, das bênçãos e das orações formais.

Esse processo que envolve aprender e aprofundar o modo como orar em ambientes formais e informais é uma parte em desenvolvimento da minha vida espiritual que eu espero seja uma jornada de desafio enquanto eu viver. Assim como aprendi com a experiência que preciso dedicar tempo e energia para não deixar de dar valor ao meu casamento e aos meus amigos íntimos, aprendi também a ter a necessidade de despender tempo e energia no meu relacionamento com Deus para que esse relacionamento não se torne inflexível nem destituído de vida.

Teresa, uma colega minha que é cristã, me contou uma história semelhante de sua luta para encontrar a emoção nas palavras da oração que ela repetira maquinalmente tantas vezes. Teresa recentemente descobriu que Janet, antiga amiga sua, estava no hospital, recuperando-se de uma operação.

Teresa explicou, "Tive esses sentimentos confusos acerca de visitar ou não Janet. Fomos amigas por muitos anos, até seis anos atrás, quando o marido dela e o meu se desentenderam por causa de uma transação comercial que não ia bem. Assim, Janet e eu nos separamos, mas ainda gosto muito dela, e queria estar ao seu lado no hospital".

Teresa estava na igreja naquela semana, quando ouviu o padre dizer as palavras tradicionais "Vá em nome do Pai, do Filho e do Espírito Santo", e ele não estava falando conscientemente acerca da decisão de Teresa sobre visitar ou não Janet no hospital. Teresa recorda, "Ouvi essas palavras milhares de vezes e elas sempre pareceram distantes, formais e um tanto orientadas para um público masculino do meu ponto de vista; porém, mais tarde naquele dia, fui ver Janet no hospital e, enquanto estava sentada ao seu lado, segurando-lhe a mão, tive a forte impressão do Espírito que lá estava conosco. Meus olhos se encheram de lágrimas e eu disse uma oração de graças por Deus estar lá conosco — não só pela saúde física de Janet mas também pelo restabelecimento de nossa amizade. Desde então, sempre que ouço as palavras 'O Pai, o Filho e o Espírito Santo' lembro-me daquela sensação de estar cercada pelo amor de Deus enquanto eu estava sentada perto de minha amiga Janet no seu quarto de hospital. Essas palavras têm um sentido muito maior para mim hoje".

Como você renova um relacionamento cujo valor não tem sido reconhecido?

Se é comum que você se sinta afastado de um amigo íntimo, de um parceiro, dos seus filhos, de um parente de temperamento difícil, de um sócio no trabalho ou de Deus, nunca é tarde para parar de menosprezar esses relacionamentos importantes. Se você pensar seriamente acerca dessa quarta interpretação do Terceiro Mandamento, ela poderá ajudá-lo a concentrar-se em sua vida num sem-número de maneiras úteis:

- Lembrar diariamente de não tomar o nome de Deus em vão pode ajudá-lo a se abrir à possibilidade de criar um relacionamento mais sincero com Deus ou com sua espiritualidade, em vez de buscar palavras vazias e frases banais. Há algumas orações ou rituais que você esteve realizando mecanicamente por anos, sobre as quais você gostaria de conhecer ainda mais coisas, entender melhor para que possa ter uma reação mais sincera com relação a elas? Está disposto a se tornar mais consciente e respeitoso na maneira com que pronuncia o nome misterioso e santo de Deus? Está interessado em descobrir qual a sensação de ter um relacionamento mais profundo com a Presença Divina?

• Lembrar-se de não deixar de reconhecer o valor de qualquer coisa sagrada ou especial pode ajudá-lo a aceitar a possibilidade de energizar de novo os seus relacionamentos de amor ou de amizade que lhe são mais caros, em vez de buscar o distanciamento ou a rotina sem significado em que caem a maioria das pessoas. Há alguns momentos especiais que você quer criar para si mesmo e para essa outra pessoa? Há algumas coisas sobre as quais tem necessidade de falar e esclarecer quanto ao passado? Você está interessado em descobrir a sensação de ter um relacionamento novo e mais gratificante com essa pessoa que você conhece há tanto tempo?

• Lembrar-se de tratar o nome de Deus com ternura e carinho pode também fazer com que você se lembre de que os relacionamentos importantes, quer sejam com Deus ou com uma pessoa querida, requerem atenção e persistência. Se você simplesmente cair na rotina irrelevante ou não der valor a essas relações sinceras, em pouco você descobrirá que diminuiu a singularidade e a profundidade dessas coisas.

Ainda que as palavras do Terceiro Mandamento pareçam simples — "Não tomarás o nome de Deus em vão" — a observação e a prática dos quatro sentidos possíveis podem fazer muita diferença na qualidade dos seus relacionamentos. O terceiro desafio é, na verdade, um desafio em quatro partes: parar de fazer falsas promessas, aprender a controlar a hipocrisia, refrear a raiva e reservar tempo para energizar de novo nossos relacionamentos mais importantes.

Recentemente, falei com um casal num seminário, e os dois me disseram que tinham estado juntos por vinte e sete anos e em pouco estariam celebrando o seu aniversário. Imaginei que eles provavelmente pretendessem sair para jantar ou comprar um cartão um para o outro como a maioria dos casais faz; mas eles me disseram, "Temos um ritual que fazemos todo ano perto de nosso aniversário. Reservamos um dia em que um de nós planeja uma surpresa, de que a outra pessoa provavelmente vai gostar muito. Todo ano, revezamo-nos no posto de quem é que faz a surpresa e quem a recebe. A cada ano, ela é mais divertida e criativa".

Se cada um de nós tratasse a pessoa que nos é mais importante, a ocupação e os relacionamentos familiares com o mesmo tipo de criatividade e de cuidado desse casal, você pode imaginar como a nossa vida seria mais alegre? Independentemente do tempo que você conhece um amigo, que tem um sócio no trabalho ou que convive com um familiar que estima muito, certifique-se de que você não está tratando esse ser humano de modo irrefletido e negligente, porque, quanto mais você valoriza e alimenta o relacionamento, mais ele se desenvolve.

4

O QUARTO DESAFIO

A Luta para Livrar-se das Pressões do seu Dia-a-dia e Ligar-se a Algo de Profundo Contentamento

Imagine por um momento que alguém que gosta de você enviou-lhe um cupom que lhe dá o direito de passar um dia dedicando-se inteiramente às necessidades de seu espírito. Nesse dia, você não tem de trabalhar. Pode dar um passeio ou ter uma conversa amena com amigos ou com pessoas queridas sobre as coisas que realmente importam. É-lhe dado meditar, rezar e ler os livros que lhe falam ao coração. Você pode optar por tirar uma soneca e dar um descanso à mente, ou pode dançar e cantar a fim de que seu espírito alce vôo. Por um dia, você pode deixar de lado as tentativas de mostrar quem é neste mundo. Você pode olhar para sua vida como sendo uma bênção e se sentir em paz com o lugar onde está agora. Em vez de se sentir dividido e pressionado, você pode passar um dia com um estado de espírito de generosidade, confiança e contemplação.

Isso lhe parece bom demais para ser verdade? Parece-lhe maravilhoso mas inalcançável ter um dia dedicado completamente às necessidades do seu espírito?

Você pode ficar surpreso com descobrir que esse cupom que o convida a passar um dia atendendo às necessidades especiais do seu ser mais íntimo é, na verdade, o Quarto Mandamento, extraído do Livro do Êxodo, que diz, "Lembra-te de santificar o dia de sábado".

Com os séculos, ele foi interpretado pelos estudiosos e pelos mestres como uma oportunidade de se livrar das pressões cotidanas e de se ligar a uma maneira alegre e sagrada de estar vivo.

Ao escrever sobre esse Quarto Mandamento, tenho de começar confessando que às vezes acho extremamente difícil relaxar e esquecer uma semana agitada. Por mais que eu respeite e usufrua a beleza de um dia dedicado aos prazeres do espírito e à ligação com Deus, não raro me pego em conflito com minhas vozes interiores, que dizem, "E aquele trabalho que você não terminou?" ou "E aquele problema que precisa ser resolvido?", o que pode interromper a paz do sábado.

E quanto a você? Você observa o sábado com freqüência, raramente ou nunca? Não é fácil livrar-se a cada semana de nossos pensamentos e inquietações. Se o esquecimento fosse algo simples de conseguir, não precisaríamos da Bíblia para nos lembrar de fazer isso.

Aprender o modo de tornar o sábado um dia para se livrar das pressões da vida e encontrar um vínculo pacífico com seu espírito interior não é algo que se dê nas primeiras poucas vezes que você tentar. Conseguir a verdadeira alegria e a liberdade do sábado exige prática; trata-se de uma arte. Algumas pessoas levam alguns anos, e outras toda uma vida para desenvolver a plena capacidade de esquecer.

O QUE VOCÊ PODE LOGRAR

Se você nunca teve um sábado de alegria e de realizações, este capítulo lhe dará idéias sobre como as outras pessoas conseguem fazer isso e sobre onde começar. Você pode escolher por si mesmo como gostaria de tentar melhorar o ritmo da semana e aumentar a profundidade espiritual de sua vida.

Se você cresceu num ambiente em que observar o sábado acarretava o cumprimento de uma lista lamentável de proibições, então, assim como o Primeiro Desafio apresenta pontos de vista alternativos de Deus e da espiritualidade, este capítulo e o desafio solicitarão a você que examine de novo o que o sábado realmente significa e como fazer dele uma parte saudável e positiva da sua vida de adulto, e de que modo torná-lo algo que os seus filhos possam usufruir e estimar.

PARA VOCÊ, O QUE SIGNIFICA EXATAMENTE A PALAVRA SÁBADO?

De acordo com a maioria dos estudiosos do hebraico, a palavra *Sabbath* ou *Shabbat*, significa muito mais do que descanso. Para o rabino ortodoxo alemão do século XIX Samson Raphael Hirsch, o radical de *Shabbat* apresenta dois significados. O primeiro é interromper uma atividade em andamento, ou seja, o que Deus fez depois de criar o mundo. Deus então parou e disse, "Até aqui, apraz-me a minha criação. Ela é boa". O segundo sentido de *Shabbat* se refere a pôr as coisas em seu devido lugar, o que só pode ser feito quando você recua da busca de bens materiais e olha para a vida de um ponto de vista diferente.

O fundador do movimento reconstrucionista no Judaísmo do século XX, rabino Mordecai Kaplan, oferece uma definição semelhante do sábado:

"Um artista não pode estar manejando continuamente o seu pincel. Às vezes, o pintor deve parar de pintar a fim de que sua visão do objeto se renove, cujo sentido o artista quer expressar na tela. O Shabbat representa esses momentos em que fazemos uma pausa em nossa pintura para renovar a visão que temos do plano geral. Depois de fazer isso, retomamos o trabalho com a visão mais clara e com as energias renovadas."

Os ensinamentos místicos cabalísticos sobre o sábado indicam que as letras hebraicas em "o Sabbath" (H, Sh, V, T) são as mesmas letras usadas na palavra *teshuvah* (T, V, Sh, H). Já que *teshuvah* significa voltar-se a uma direção mais sagrada, o Sabbath pode ser visto como uma oportunidade de se libertar dos caminhos improdutivos em que fomos lançados durante a semana e nos voltarmos para uma senda mais próxima das coisas do espírito.

Essa idéia de que o Sabbath é mais do que um dia de descanso é encontrada no Islã, em que o Sabbath é chamado de Yom Aljum'ah, o Dia da Assembléia, e é observado na sexta-feira. De acordo com o Corão, o livro mais sagrado do Islão, o sábado não é só um dia de descanso mas também uma convocação ao culto do meio-dia. Mesmo que o muçulmano tenha sido incapaz de orar durante a semana, espera-se dele que reserve tempo na sexta-feira para se ligar a Deus.

Na Cristandade, a maior parte dos observantes católicos, protestantes e cristãos ortodoxos orientais celebram o sábado como "o dia do Senhor" no domingo, ao passo que alguns (incluindo os Adventistas do Sétimo Dia) o celebram no sábado. Diversos ensinamentos cristãos também têm explicado por que guardar o sábado vai além do que o simples descanso. Por exemplo, nos primeiros poucos séculos depois de Jesus, a tradição passou a celebrar o domingo com um culto para comemorar a criação do mundo, que ocorreu no primeiro dia, e como um lembrete da ressurreição de Jesus, também ocorrida num domingo.

Quando Martinho Lutero falou de modo entusiasmado, no século XVI, sobre a necessidade de guardar o sábado, ele disse, "O sábado é um dia de comunhão especial entre Deus e a humanidade, um dia em que Deus fala conosco por meio de seu Verbo e nós, por nossa vez, falamos com ele por meio da oração e da fé".

Mais recentemente, uma publicação da igreja explicou, "As pessoas precisam de um dia para refletir, meditar, contemplar e voltar os olhos para dentro de si mesmas, por assim dizer, em vez de para fora. Isso sempre foi verdade, mas com certeza é mais verdade agora, nessa era de atividade extrema por que passa o mundo". Um outro padre cristão escreveu, "O domingo não pertence ao mundo dos negócios. Não diz respeito à indústria. Tampouco ao governo. Pertence a Deus".

O Judaísmo e a Cristandade partilham uma visão comum de uma tradição do sábado, um dia que não se liga à busca secular de bens no mundo.

Para os judeus tradicionais, o sábado é uma figuração feliz do que seria a vida se o mundo fraturado sofresse reparos. Assim como descreveu o rabino Irving Greenberg, um estudioso ortodoxo que é presidente do National Jewish Center for Learning and Leadership na cidade de Nova York, "O sábado é um antegosto do que será a vida quando o Messias chegar, quando o mundo for perfeito. De acordo com o relato do Gênesis, este mundo originariamente se destinava, e ainda está destinado, a ser um paraíso; contudo, só quando houver paz, recursos abundantes e total direito à vida é que o mundo estruturar-se-á para apoiar o valor infinito do ser humano. Esse é o ponto central do Judaísmo, o sonho...

"Por meio de um ato da vontade no que diz respeito ao sábado, damos um passo além da imediatez das coisas e, durante aproximadamente vinte e quatro horas, tudo o mais é visto por meio dos olhos do amor, como se tudo fosse perfeito. A cada sete dias, reafirmamos nosso vínculo com Deus, o termos 'esposado o amado divino'. Seria isso uma fuga da realidade? Não, trata-se de um ato de fé estar comprometido com ter uma vida que se desenvolve e busca a perfeição, ver-se imbuído da *chesed* (gentileza amável), do antegosto do sábado e sair e transformar o mundo."

Esse otimismo messiânico também se entrevê na visão cristã do sábado. No séc. II, um dos teólogos da igreja, de nome Justino Mártir, escreveu que o sábado dizia menos respeito ao descanso do que ao ato de prestar uma homenagem ao início de uma nova criação, que a igreja afirmava começara com a ressurreição de Jesus. No séc. XVI, o fundador do protestantismo, Martinho Lutero, também escreveu que o sábado é um dia em que os cristãos "poderiam conservar uma esperança segura de vida eterna, pois todas as coisas que Deus quer sejam feitas no sábado são sinais de uma outra vida depois desta vida". De modo alternativo, você pode considerar isso como a oportunidade de celebrar o começo da criação de uma nova semana e do potencial positivo para recriar a sua vida.

O SONHO E A REALIDADE

Com toda essa esperança de um dia dedicado a Deus e de uma visão de um mundo melhor, é extremamente irônico o fato de que, para a maioria das pessoas nos anos de 1990, o sábado é uma ocasião para pôr em dia o trabalho, fazer viagens com propósitos definidos, assistir a uma partida de futebol ou jogar golfe. A escritora cristã Edythe Draper cita um sacerdote anônimo que comentou, "Na época dos meus avós, o dia era chamado de Sábado Santo, na época dos meus pais se dizia sábado e hoje dizemos fim de semana".

A maioria dos judeus e dos cristãos atualmente cresceu acreditando que o sábado é um anacronismo. Muitos judeus não observantes atualmente acham que guardar o sábado seria um recuo doloroso ao passado. Como explica o rabino Zalman Schachter-Shalomi, o fundador do movimento de renovação judaica, "O sábado é uma dádiva importante da qual o mundo precisa desesperadamente. Ele é como a exalação saudável a cada semana, depois de termos passado muito tempo inalando o ar; mas as pessoas se acham muito ansiosas por causa dos 'Nãos' do sábado porque ninguém modelou para elas os 'Sins' alegres do sábado. Se você fizer de cada sábado um dia de divertimento e de transformação espiritual, sobretudo para os filhos, as pessoas dirão, 'Hurra, é sábado', em vez de 'Puxa, não posso fazer isso nem isso porque é sábado de novo' ".

O teólogo cristão Harvey Cox, aclamado autor e professor na Harvard Divinity School, sugere:

"Poucas práticas judaicas são alvo de tantos equívocos por parte dos cristãos quanto é o sábado. Uma razão para esse engano é que várias histórias de Jesus nos evangelhos o descrevem quebrando deliberadamente os ditames do sábado, sobretudo ao curar as pessoas. Por causa do modo como essas histórias são interpretadas nos sermões e nas lições de teologia, muitos cristãos crescem com uma imagem do sábado judeu na forma de uma camisa-de-força compulsivamente legalista ou de uma tentativa vazia de observar regras rituais sem sentido. Não resta dúvida de que houve exageros com respeito ao espírito do sábado na época de Jesus; mas a maior parte da matéria educacional cristã fracassa de todo quanto a indicar por que o sábado foi instituído, ou a descrever sua mescla ingênua de objetivos contemplativos e éticos."

Harvey Cox recomenda, "Redescobrir em nossa época o supremo sentido do sábado deveria fazer com que os jovens judeus pensassem duas vezes sobre se querem seguir na esteira de seus pais 'iluminados', que se afastaram da observância do sábado como de um embaraço. E deveria fazer com que os cristãos refletissem como uma parte do encanto do sétimo dia — desfeito pela oposição puritana e mal orientada a se usufruir a liberdade — pode ser encontrada de novo".

COMO VOCÊ TRANSMITE MAIS ALEGRIA E BELEZA AO SEU SÁBADO?

Nos últimos quinze anos, estive pedindo a pessoas de formação variada que me dissessem como adotam atitudes de desprendimento a cada semana, e se incluem a espiritualidade nesse processo de libertação. As respostas que recebi são tão variadas quanto as pessoas com quem falei:

1. "OLHAR O ROSTO DAS PESSOAS COM QUEM ME PREOCUPO"

Robyn é uma mulher na casa dos trinta que cresceu num lar em grande parte não religioso, porém, nos últimos dez anos, ela se tornou mais interessada em espiritualidade e religião. Na condição de gerente de nível médio de uma grande companhia, Robyn admite, "Quando penso em como eu era quinze anos atrás, sei que nunca imaginei que eu me tornaria tão atenta à religião como hoje em dia, sobretudo quando é sábado".

Robyn explica, "Gosto de convidar pessoas para um jantar do *Shabbat*, à luz de velas, dizendo as bênçãos e olhando para o rosto daqueles com quem me preocupo. Mesmo que eu não seja casada e não saiba se ou quando isso poderá acontecer, sinto-me muito feliz por ter a companhia de colegas de trabalho, de amigos e de amigos de amigos que convido pelo menos duas ou três vezes por mês nas noites de sexta-feira. É engraçado, porque faço sempre a mesma sopa *matzoh*, frango assado e vegetais, juntamente com o *challah* com laço (o pão tradicional do *Shabbat*) de que me lembro vagamente em função das poucas vezes que visitei minha avó em New Jersey. Às vezes, parece que é muito trabalho preparar o *Shabbat*, só que, quando estamos ali, à mesa, cantando as canções que eu datilografei em folhas soltas e contando histórias depois da refeição, sinto um vínculo muito profundo — não só com essas seis ou oito pessoas, mas com milhares de anos da tradição. Espero algum dia que eu tenha uma filha, ou mesmo um filho, que goste de cozinhar, para que eu possa transmitir isso".

2. "Preciso de um culto em que as pessoas sejam alegres e vivazes"

Carl tem quarenta anos e cresceu numa família muito religiosa; para ele, ir aos cultos de domingo parecia uma "tortura". De acordo com Carl, "A igreja aonde íamos quando eu era criança me parecia por demais assustadora e opressiva. Um monte de rostos frios, reprobatórios, e muitas pessoas dizendo 'Fique quieto' e 'Psiu'; e um padre que conseguia se parecer com Deus ia me castigar por cada coisinha que eu quisesse fazer. Lembro-me de ficar sentado naquela banco de igreja desconfortável, contando os minutos, até sair e poder ser uma criança de novo".

Carl acrescenta, "Quando nos tornamos pais, minha mulher e eu tivemos muito cuidado sobre ir aos cultos de domingo com nossos filhos. Depois de procurar por algum tempo, optamos por uma igreja onde o *Sabbath* é celebrado com muitas canções e alegria. Depois do que eu passei quando era criança, tenho necessidade de um culto em que as pessoas sejam alegres e vivazes. No almoço, todo domingo, tentamos ter certeza de que nossos três filhos se sentem amados e estimados, não envergonhados nem com medo de Deus e da igreja, do modo como éramos quando crianças. Cada um de nós se reveza à mesa dizendo as preces que consideramos apropriadas com respeito à semana e falando dos aspectos de nós que ainda estamos aperfeiçoando a fim de que sejamos inteiramente aquilo a que fomos destinados. Os garotos parecem usufruir esses domingos, sobretudo o fato de poderem dançar e cantar na igreja, sentindo-se uma parte da celebração".

3. "Espero que eu possa descobri-lo durante os anos que ainda tenho"

Evelyn tem trinta anos e foi educada por pais de boa formação que acreditavam que todas as pessoas pertencem a uma mesma família; em conseqüência disso, os pais de Evelyn se opunham duramente ao fato de todas as grandes religiões afirmarem que têm uma relação especial com Deus.

Evelyn diz, "Minha mãe tinha uma formação judaica e participou de atividades políticas; meu pai era um católico não muito convicto que não tinha uma posição formada sobre o catolicismo rígido dos pais dele. Assim, os dois acreditavam que estavam me fazendo um favor não me deixando ter contato com nenhuma religião formal".

Quando adulta, Evelyn começou a procurar uma base a partir da qual pudesse resolver suas muitas dúvidas e atender às suas necessidades espirituais. Ela me disse, "Tentei quase tudo. Estudei Budismo, Ciência da Religião, Fé Bahai, conheci diversos grupos da Nova Era, um pouco de Cristianismo, um pouco de Judaísmo. O fato constante em minha vida é que tenho necessidade de uma comunidade a fim de continuar aprofundando a minha espiritualidade.

"É como precisar de raízes fortes para que se possa ter asas, e infelizmente os meus pais bem-intencionados me ensinaram verdadeiramente a nunca seguir um caminho ou me integrar numa comunidade. No entanto, nas poucas vezes em que eu de fato me integro num ritual e numa estrutura organizada — como tenho feito nos últimos tempos, observando o *Sabbath* um pouco mais do que antes — sinto-me bem e com os pés no chão. É provável que eu sempre seja uma pessoa rebelde e buscadora, mas com muita freqüência — como num *Sabbath*, momento em que perco a sintonia com o mundo e passo algum tempo passeando em contato com a natureza e me ligando a Deus — tenho a impressão de que estou começando a encontrar meu lar espiritual. Espero que possa descobri-lo durante os anos que ainda tenho."

QUAIS SÃO OS ELEMENTOS QUE HAVERIAM DE APROFUNDAR O SEU SENTIDO DE LIBERDADE A CADA SEMANA?

Muitas pessoas se sentem confusas e frustradas com muitas regras e diretrizes quanto ao modo de observar o *Sabbath*, mas o mestre judeu conservador, o dr. Ron Wolfson, sugere, em seu livro sobre guardar o *Sabbath* nos dias de hoje, que, se a observância do *Sabbath* lhe é uma coisa nova, você não deveria deixar que "O aparente absurdo disso prejudique o esforço inicial. Não é só possível, mas aconselhável, dar um passo por vez. Se você começa com alguns dos rituais básicos e se sente bem com os primeiros estágios, os outros se seguirão satisfatoriamente".

Quer você se identifique como judeu, cristão, muçulmano ou budista, quer siga uma outra prática, pense acerca de sua própria necessidade de se desembaraçar de problemas em cada semana e de se ligar a algo importante. Com o objetivo de ajudá-lo a optar pelo que deve ser explorado a seguir, eis aqui algumas idéias colhidas de pessoas que entrevistei e de rituais de *Sabbath* que amigos, familiares e eu mesmo praticamos com o correr dos anos. Talvez elas o ajudem a começar a criar a sua própria maneira de se ligar às energias espirituais do *Sabbath*:

Estágio nº 1: Procure chegar a uma conclusão sobre o que você precisa parar de fazer em cada Sabbath, a fim de ter um dia de liberdade em meio às exigências do mundo material

Para fazer com que a beleza e a energia de cura do *Sabbath* venha se integrar às partes mais profundas da sua psique pelo menos uma vez por semana, você terá de esquecer tudo aquilo que o atrapalha. Chegar a uma conclusão sobre que atividades você deve deixar de lado depende do tipo de prática religiosa com que você se identifica ou que deseja explorar.

Por exemplo, se você é cristão e se a seita de que faz parte desestimula ou proíbe atividades específicas no *Sabbath* (tais como trabalhar, beber, fazer compras ou estar longe da família), você tem duas opções: você pode se rebelar e dizer que isso não é para você, ou pode fazer uma experiência e ver se você encontra um sentido e uma serenidade mais profundos quando deixa de lado essas práticas no *Sabbath*. Do modo como foi descrito na edição de 1994 do texto cristão influente chamado *The New Interpreter's Bible*, "A prática contemporânea do *Sabbath* concerne à liberação periódica, disciplinada e regular quanto a sistemas de produtividade por meio de que o mundo usa as pessoas de modo a deixá-las esgotadas. Em vez disso, trata-se de um dia de dignidade especial".

Se você for judeu e quiser aprender mais acerca do *Shabbat* ortodoxo judeu, recomendo que leia o capítulo intitulado "O Sonho e como Vivê-lo: *Shabbat*" no livro *The Jewish Way*, do rabino Irving Greenberg. Este não só arrola trinta e nove tipos de trabalho que são proibidos no *Shabbat*, mas também escreve em seu estilo poético sobre as razões espirituais de deixar de lado por vinte e quatro horas tudo o que dê a impressão de prejudicar o mundo de Deus do modo como ele é.

Se você tem respeito por alguma tradição mas quer ser capaz de atualizá-la um pouco segundo o seu estilo de vida, então recomendo o manual judeu conservador do dr. Ron Wolfson mencionado anteriormente, bem como o guia judeu reformador para o *Sabbath* do rabino Marc Dov Shapiro. Nesses livros, o leitor descobrirá como desenvolver, dando um passo de cada vez, um *Shabbat* significativo, em conformidade com suas opções acerca do que a pessoa decide deixar de fazer no *Sabbath* e do que ela crê esteja atrapalhando seu desenvolvimento.

Por fim, um conjunto pequeno porém muito útil de diretrizes sobre como criar um *Shabbat* proveitoso foi sugerido pelo rabino Arthur Green, o antigo presidente do Reconstructionist Rabbinical College. O rabino Green oferece apenas quatro sugestões do que não se deve fazer:

A. Não faça nada do que você *tem de fazer* no que diz respeito ao seu trabalho. Isso inclui leituras obrigatórias, o cumprimento de compromissos sociais indesejados e preparativos para o trabalho, bem como exercer sua própria profissão.

B. Não gaste dinheiro. A atmosfera do *Shabbat* é preservada com a total separação do mundo do comércio.

C. Não faça viagens. Isso diz respeito sobretudo a viagens de longa distância envolvendo aeroportos, hospedagem em hotéis e situações semelhantes relacionadas ao comércio, as quais fazem com que se perca a idéia de pessoa humana. Não marque encontros em que as pessoas possam lhe dizer, "Tenha um bom dia!"

D. Não opte por entretenimentos comerciais nem filmes "enlatados". Isso diz respeito sobretudo à televisão, aos filmes em geral e aos jogos de computador. Procure situações em que esteja em contato direto com as pessoas que o cercam, em vez de estarem juntas assistindo à tela onipotente.

Para simplificar a importância de discriminar aquilo que é preciso deixar de lado para ter a cada semana um *Sabbath* de paz, voltado às coisas do espírito, eis aqui dois rápidos exemplos colhidos de amigos meus:

"Não tínhamos idéia de como estávamos presos naquelas duas coisas"

Denny e Rachel foram criados em lares não voltados à religião. Quando se casaram, resolveram que queriam desenvolver sua espiritualidade, o que incluía aprender mais sobre o modo como viver o *Shabbat* toda semana. A princípio, começaram lentamente, acendendo as velas, fazendo algumas orações, convidando amigos e por vezes participando de cultos religiosos; porém, como aumentasse sua satisfação com o *Sabbath*, ambos resolveram deixar de lado algumas coisas que lhes pareciam entraves em seu caminho.

Rachel me disse, "Denny e eu observamos que, sempre que estávamos tirando uma soneca, lendo, conversando ou até mesmo fazendo amor no *Shabbat* — o que por acaso é um *mitzvah* (uma boa ação ou um mandamento) recomendado pelos antigos rabinos — éramos constantemente interrompidos pelo telefone tocando. Assim, compramos uma secretária-eletrônica que nos permitia peneirar as chamadas; só que, depois de algumas semanas, até isso causava a impressão de profanar a atmosfera sagrada do *Sabbath*. Desse modo, resolvemos desligar o botão do volume na secretária-eletrônica e simplesmente não atender o telefone por vinte e cinco horas no *Shabbat*.

"Também resolvemos não assistir à tevê no *Sabbath* só para ver se éramos capazes de passar um dia da semana sem a tela para dar sentido a nossa vida."

Denny conclui, "Descobrimos que só aquelas duas decisões tinham feito muita diferença no que diz respeito à alegria e à sensação de liberdade em nossos *Shabbats*. Não tínhamos idéia de como estávamos presos naquelas duas coisas — o telefone e a tevê. No entanto, deixar de lado essas coisas um dia por semana criou uma grande possibilidade para que as energias espirituais façam parte de nossa vida".

"

"É um sentimento de união que eu nunca tive"

George é pesquisador e escritor técnico numa grande companhia, e ele sempre percebe que as horas da semana não são suficientes para pôr em dia o seu trabalho. George cresceu num lar cristão em que as pessoas não eram praticantes, e esteve distante da religião organizada por muitos anos. Só depois de ter-se casado, e quando os filhos dele já tinham idade de ir ao catecismo, foi que ele e a mulher, Ellen, resolveram se juntar a uma igreja e matricular os filhos na escola dominical.

George diz, "Isso foi quando um padre opôs-se à indiferença que eu mesmo nutria quanto à religião. Ellen e eu realmente gostávamos do padre, e, assim, quando ele começou a nos falar sobre a importância de dedicar um dia a Deus a cada semana, não consegui deixar de dar-lhe ouvidos, como sempre acontecia em conversas sobre religião como aquela. Mesmo que uma parte de mim dissesse, 'Será que eu de fato consigo desistir do meu trabalho por um dia?' Notei que eu verdadeiramente me sentia muito mais saudável nas semanas em que freqüentava cultos dominicais. Eu me inspirava com os sermões do padre, e comumente voltava para casa com a sensação de uma clareza muito maior acerca de quem eu sou e do que realmente importa na vida. Não me parecia um sacrifício abrir mão de algumas manhãs de domingo para desenvolver minha vida espiritual".

Entretanto, alguns meses depois, a filha mais velha de George, Krista, que tinha então seis anos, começou a chorar numa tarde de domingo. Ellen perguntou a Krista, "O que houve?" Krista respondeu, "Na igreja pela manhã eles disseram que o domingo é um dia para as famílias se unirem e repartirem o amor que todos têm uns pelos outros; mas acho que o papai não me ama, porque ele está sempre trabalhando no computador dele durante as tardes de domingo".

A primeira reação de George foi, "Meu Deus, o que é que eu fui arranjar..."

Depois, porém, que George e Ellen conversaram muitas vezes sobre o assunto, ambos concluíram que iam ter de fazer uma opção. Poderiam ignorar ou frustrar as expectativas de Krista. Podiam ficar furiosos com o padre e deixar de freqüentar a igreja por ela pedir-lhes que mudassem excessivamente o seu tipo de vida. Ou George poderia deixar de lado o trabalho no computador e de navegar na Internet por horas todas as tardes e noites de domingo, o que proporcionaria mais tempo livre para que ele estivesse com os filhos.

Posteriormente, George me disse, "Nunca pensei que fosse o tipo de pessoa tão religiosa, que não consegue trabalhar nem se entregar a frivolidades no *Sabbath*, como navegar na Internet e conversar durante horas com pessoas de lugares distantes no mundo; mas gostaria de dizer que é de fato um prazer inusitado passar cada domingo com a família, ir aos cultos religiosos, fazer passeios e ter uma boa conversa.

"É um sentimento de união que eu nunca tive com meus pais quando eu era criança. Compreendo que isso quer dizer que eu terei de ser um pouco mais eficiente nos outros dias, e que eu posso perder alguns grandes debates na Internet; mas cheguei à conclusão de que meus filhos são mais importantes do que o meu amado computador."

Estágio nº 2: Escolha algumas atividades de seu agrado que servirão para despertar de novo o seu sentimento de alegria pelo Sabbath a cada semana

Mesmo que a maioria das pessoas dê mais atenção à proibição de trabalhar ou de entregar-se a outras atividades no *Sabbath*, na verdade, as coisas que você *pode* fazer nele são muito mais importantes e proveitosas.

A fim de que o seu *Sabbath* seja mais agradável e mais voltado às coisas do espírito, fazemos aqui algumas recomendações que são tradicionais:

• Acenda as velas. Muitas pessoas, adultos e crianças, mencionam o calor da vela acesa na casa deles como sendo uma das lembranças mais queridas do *Sabbath*. Quando há sentimento nesse ato, as pessoas percebem uma aura de beleza e espiritualidade ao observar alguém querido acendendo as velas do *Sabbath* e cantando as bênçãos. Por outro lado, quando você é a pessoa que acende as velas na sua casa, você pode valer-se disso para transmitir energia de cura a cada uma das pessoas reunidas à sua volta. Muitos rabinos ensinam que a luz das velas simboliza e reanima a divina luz interior que trazemos em nosso coração. Independentemente do quão religioso você se considera, se você se limitar a acender velas no *Sabbath*, você ficará surpreso com a maneira como isso pode despertar os seus sentimentos e a sua espiritualidade.

• Sesta. A sesta é coisa tradicional no *Sabbath*, tanto em função de seu efeito de cura como também da importância de não ter nenhum trabalho a fazer exceto ligar-se aos sonhos de nossa alma. Essa idéia de deixar de lado as atividades a fim de criar condições para que medrem as energias sagradas é central à espiritualidade dos judeus, dos sufis muçulmanos, dos cristãos, dos budistas, dos hindus e dos americanos nativos. Quando dormimos e sonhamos, nossa alma tem mais liberdade para ligar-se ao Divino.

• Fazer amor. Como se disse, considera-se que, para um casal demonstrar seu compromisso espiritual um para com o outro no *Sabbath* fazendo amor ou, pelo menos, passando algum tempo um em companhia do outro constitui um *mitzah* especial (um mandamento ou uma boa ação). A idéia de transformar a sexualidade num momento sagrado de ligação com a Unidade Divina também é encontrada nos escritos de muitas outras tradições espirituais. Fazer amor de maneira relaxada, tranqüila e voltada a um objetivo superior pode constituir os momentos de enlevação mais caros a um casal ocupado, que perdeu contato com o caráter sagrado do amor que os parceiros sentem um pelo outro.

• Andar. Muitos estudiosos e mestres sugerem que fazer caminhadas lenta e tranqüilamente no *Sabbath*, sobretudo se, nos outros seis dias da semana, correr é a regra. No seu livro recente, *Renewing Your Soul: A Guided Retreat for the Sabbath and Other Days of Rest*, o rabino David Cooper, de Jamestown, Colorado, descreve com pormenores dois rituais de caminhada no *Sabbath*, a Meditação enquanto se caminha, e o Passeio Lúcido, que combinam técnicas do Zen Budismo com práticas cabalísticas judaicas para ajudar a pessoa a alcançar um nível mais profundo de paz interior durante passeios do *Sabbath*. Aprender a caminhar com a calma interior não é fácil para a maioria das pessoas, porém, se as caminhadas que você faz no *Sabbath* o ajudam a encontrar um centro silencioso dentro de você, sua vida será muito mais proveitosa em conseqüência disso.

• Uma refeição especial. Faz parte da tradição prepararmos nossa comida preferida, usar pratos diferentes e convidar os amigos, os vizinhos e a família para que se juntem a nós numa refeição no *Sabbath*. Assim como muitos judeus recordam a atmosfera de entusiasmo e os bons tempos das refeições do *Shabbat* da família dos avós, assim também muitos cristãos descrevem o quanto apreciavam a união de uma refeição dominical tranqüila depois da igreja como sendo o ponto culminante do seu sentimento mais amplo de família. Para muitas pessoas atarefadas e para os casais que exercem mais de uma profissão, esse ritual da semana pode ser a única refeição em que toda a família se senta para comer sem ter de sair correndo para atender a mais um compromisso.

• Cantar. Independentemente de você ter ou não uma boa voz, a alegria de cantar com os filhos, os amigos e os parentes pode transmitir-lhe certa sensação de entusiasmo e intimidade. Para muitas pessoas, as canções alegres e as melodias que tocam o espírito ajudam-nas a romper com o ritmo estressante da semana de trabalho e a se voltar para a alegria do *Sabbath*.

- Dançar. Poderia ser a dança israelense, a música *klezmer* do leste europeu, música folclórica da Irlanda ou da Escócia, ritmos de percussão típicos da África e da América Latina, danças de roda e místicas dos muçulmanos sufis, ou qualquer outro tipo de dança folclórica ou étnica. Adquirir o hábito de dançar no *Sabbath* não só é divertido como também ajuda a fazer com que seus filhos tenham amor por suas raízes.
- Bênçãos para os membros da família. Faz parte da tradição dizer orações de gratidão e estímulo para o parceiro e para os filhos no *Sabbath*. Independentemente da sua formação espiritual, é provável que você possa perceber que lembrar pelo menos uma vez por semana de agradecer a Deus pelos seus entes queridos é uma boa maneira de não deixar de lhes dar o devido valor.
- Estudo das coisas espirituais. Se você se aprofundar a cada semana na sua busca espiritual de conhecimento, imagine o quanto saberá no final de 52 *Sabbaths* ou 104 *Sabbaths*.
- Fazer caridade. Durante séculos, independentemente das dificuldades materiais e da luta de uma família, e até mesmo em épocas de perseguição, tinha-se uma caixinha de donativos em casa, e era costume que os pais e os filhos a enchessem de moedas antes do pôr-do-sol às vésperas do *Sabbath*. Se você e a sua família puderem cultivar o hábito de dar dinheiro a pessoas mais velhas ou doentes ou de as visitar como parte do seu *Sabbath*, isso poderá ter diversos benefícios: transmitir a sua família certo sentido de partilha até mesmo durante tempos difíceis, dando exemplo aos filhos do hábito generoso de fazer doações a estranhos e a entes queridos em necessidade, e lembrando-nos do quanto devemos ser gratos nesse dia dedicado à celebração da liberdade da pressão inerente a ter ou a fazer mais.
- Conversas especiais. A maior parte dos guias do *Sabbath* sugerem claramente que você não converse sobre negócios nem sobre bens materiais nesse dia sagrado, mas, de preferência, se concentre nas bênçãos pelas quais você é grato, e no desenvolvimento pessoal que cada um de nós logramos nas últimas semanas.

Essa lista é apenas uma pequena amostra das muitas formas de tornar o *Sabbath* uma experiência mais proveitosa, tanto para adultos como para crianças. Em toda a história, muitas pessoas descobriram seus momentos mais alegres e de enlevação durante "o tempo fora do tempo regular" que é o *Sabbath*. Gostaria de narrar duas pequenas histórias do modo como o mundo parece diferente quando você resolve ter um *Sabbatth* a cada semana:

A primeira história vem do Talmude e versa sobre os alimentos e as refeições especiais que são tradicionais no *Sabbath*. Nessa história narrada com freqüência, o rabino Judah faz um banquete do *Sabbath* para o imperador romano Antonino. Embora a comida tenha sido preparada anteriormente, e servida fria (por causa das restrições tradicionais do *Shabbat* quanto a trabalhar acendendo o fogo) ela é, não obstante, deliciosa.

Algum tempo depois, o imperador é o anfitrião de um grande banquete do qual o rabino Judah é um convidado. Servem-se pratos quentes, generosos e exóticos. Ao término do banquete, Antonino diz ao rabino Judah, "Sua refeição foi melhor". Judah responde, "Isso é porque faltou para os pratos deste banquete um tempero especial".

O imperador está preocupado. "Será que falta alguma coisa ao meu tesouro — um tempero, alguma essência, algum tipo de preparo? Eu deveria cozinhar os alimentos? Diga-me o que é que falta, e comprarei o que for preciso."

Judah replica, "O tempero que falta é o *Sabbath*, isso não pode ser comprado".

O segundo relato do *Sabbath* é de uma mulher cristã chamada Charlotte Forten, professora afro-americana de escravos então recentemente libertados nos anos de 1850, cujo diário foi descoberto e posteriormente publicado nos anos de 1960.

A exemplo de muitas pessoas, Charlotte Forten sente a essência do *Sabbath* quando está fora de casa, vagueando tranqüila em contato com a natureza. Em seu diário, ela escreveu, "Gosto de caminhar no *Sabbath*, porque nesses instantes há paz em tudo. O barulho e os trabalhos da vida cotidiana cessaram, e podemos, em silêncio perfeito, comungar com a natureza e com o Deus da Natureza".

Estágio nº 3: Use as Bênçãos e as Orações do Sabbath como um Modo de Tornar seu Coração Mais Sensível

Muitas pessoas pensam em ir a cultos de *Sabbath* numa igreja, numa sinagoga, num templo, ou numa mesquita como um fardo ou como uma rotina aborrecida. A julgar pelas pessoas que entrevistei e aconselhei no correr dos anos, isso parece a única atividade do *Sabbath* que provoca os sentimentos mais ambivalentes ou negativos. Um cliente me disse, alguns anos atrás, "Eu gosto da idéia de ter um dia da semana para ficar em casa e para me livrar das pressões do meu serviço. Só que ficar sentado durante todo o culto religioso e ouvir um sermão, com freqüência me deixa aborrecido, num beco sem saída ou frustrado".

Isso faz lembrar algo em você ou em alguma pessoa que você conhece? Há algo no que diz respeito aos cultos do *Sabbath* de que você participa que o deixa se sentindo vazio ou insatisfeito?

Como psicólogo, sou muito interessado em por que algumas pessoas dizem que se sentem muito emocionadas e mais fortes espiritualmente em função do *Sabbath* toda semana e outras saem dele com um sentimento de alienação e frustração. De modo específico, tenho interesse no porquê de algumas pessoas dizerem orações, entoarem hinos e bênçãos do *Sabbath* como uma atividade de profunda iluminação enquanto outras se sentem muito pouco ligadas a Deus ou às coisas do espírito quando recitam as palavras dos livros de oração do *Sabbath*.

Conquanto haja muitas explicações possíveis sobre o motivo pelo qual algumas pessoas gostam de um culto religioso e outras não, gostaria de mencionar algo específico que você pode realizar em sua vida espiritual para melhorar muito o modo como sente as palavras da oração que se ouvem no culto religioso da sua seita em particular.

Essa técnica para fazer com que as orações, os hinos e as bênçãos se tornem mais significativos e iluminadores me foi dada anos atrás durante a discussão que se seguiu a um culto de *Sabbath* num retiro de fim de semana do qual participei.

Não se tratava de um culto religioso comum. O rabino estava usando *jeans* e tênis. Predominava a informalidade, e o debate depois do culto se tornou muito franco e revelador, sobretudo quando o rabino perguntou, "E o que acontece com a oração? Por que nós oramos?"

Apesar do ambiente informal, a maior parte das pessoas que falava a princípio deu apenas respostas sensatas e aceitáveis. Algumas pareciam estar querendo impressionar o rabino com o conhecimento que tinham de certas orações. Outras pediam a ele que esclarecesse um ou outro aspecto. Ninguém parecia disposto a pôr em risco a boa ordem das coisas, até que uma mulher, vestida de preto, levantou a mão e falou apaixonadamente.

Essa mulher comentou, "Eu verdadeiramente não sei por que fazemos as orações. Elas parecem estranhas e, para o meu gosto, expressam sobretudo um sentimento de subserviência. Quase como se estivéssemos suplicando a Deus, ou tentando elogiá-lo com todas aquelas frases pomposas: 'Ó Misericordioso. Ó Beneficente. Ó Magnífico'. É como se fôssemos crianças traquinas tentando fugir à surra do pai nervoso. Não entendo para que tipo de Deus egoísta pensamos que estamos rezando. Será que Deus de fato precisa de todas essas orações? E será que Deus realmente gosta de todas essas súplicas e rogos que fazemos?"

Para a maior parte das pessoas naquele fim de semana de retiro, o estado de espírito de repente mudara. Muitas pessoas pareciam aborrecidas com o que lhes parecia um tom de voz agressivo e zombeteiro por parte daquela mulher.

Mas o rabino sorriu e disse, "É uma pergunta excelente. Vamos examiná-la com cuidado. Porque o que você está dizendo é o que muitas pessoas têm sentido por anos quando já passaram pela experiência de ter nas mãos um livro de orações e de as palavras darem a impressão de estar louvando um Deus distante e assustador; no entanto, para mim, dizer palavras de reverência a um Deus egoísta ou irado não é de maneira nenhuma a minha experiência de orar".

O rabino prosseguiu, "Se estudarmos juntos a origem da maioria das orações, dos hinos e das bênçãos, descobriremos que eles foram escritos não por medo mas por um amor profundo, apaixonado, e pela gratidão para com o milagre de estar vivo. Imaginem a sensibilidade do coração de Davi ao escrever aqueles salmos apaixonados, aqueles poemas de amor a Deus! Ele estava jorrando uma fonte natural de amor e alegria por estar vivo no mundo de Deus. Davi não estava suplicando a Deus, adulando-o, tampouco tentando impressioná-lo. Esses salmos e orações são as sinceras palavras de agradecimento que você diz a alguém que realmente o ama e que o compreende muito".

O rabino prosseguiu, "A primeira vez que Davi ou algum outro poeta transmitiu sua alma à oração foi um rompante puro e espontâneo de amor e reconhecimento; mas depois ela é gravada em palavras e repetida com muito menos sentimento. A seguir, torna-se formalizada e é recitada milhares de vezes sem emoção de nenhum tipo, imediatamente dando a impressão das palavras lamurientas e subservientes que você descreveu tão bem na sua pergunta. Em pouco tempo ela não é mais um poema de amor apaixonado para um Deus amável, cheio de alegria e gratidão pelo milagre de estar vivo. Ela se torna uma recitação chata. A não ser que você esteja disposto a fazer algo para resolver isso".

Ele sugeriu, "Se você quiser voltar a sentir o amor e a alegria pela vida que estão no fundo da maior parte dessas orações, você precisa torná-las suas. Precisa fazer com que ganhem vida a seus olhos, não do modo como você falaria a um pai nervoso, mas do modo franco com que você agradeceria a um amigo ou a um parceiro maravilhoso".

Um modo diferente de encarar a oração

Enquanto eu estava sentado naquela sala ouvindo a discussão sobre como orar, ocorreu-me que eu sempre me indagara por que no Judaísmo, no Cristianismo e no Islã, a maioria das orações estão cheias de palavras de louvor. Além disso, me perguntara se os seres humanos diziam essas palavras por amor ou por medo.

Para ajudá-lo a ter uma experiência mais positiva da próxima vez que estiver participando de um culto do *Sabbath*, e para que essa experiência lhe seja mais significativa e iluminadora, gostaria de oferecer ao leitor o exercício sugerido pelo rabino durante o fim de semana de retiro. Trata-se de um exercício que lhe pode ser útil independentemente de você ser agnóstico, budista, cristão, judeu, muçulmano ou pertencer a qualquer outro ramo da família de tradições espirituais. O exercício é este:

- Em casa ou numa congregação em que as orações do *Sabbath* são recitadas, leia pelo menos uma oração ou salmo como se você fosse a pessoa que os escreveu. Imagine que você está tentando pôr em palavras como se sente grato e satisfeito com todas as bênçãos que lhe ocorreram na vida.
- Recite a oração ou o salmo não para impressionar Deus nem para o adular, mas de modo que o *seu coração se incline* a um sentimento de gratidão profunda e de união com a Fonte de bondade. Esse sentimento de gratidão difere bastante do modo como sentimos a maior parte dos outros dias da semana.
- Deixe que as palavras da oração ou do salmo o tornem sensível a uma receptividade profunda. De acordo com esse rabino e com muitos outros estudiosos pertencentes a tradições espirituais variadas, o objetivo da oração não é tornar sensível o coração de Deus (ele já é sensível), mas infundir sensibilidade em nosso coração, o que não se dá na maior parte da semana.

Até o final daquele fim de semana de retiro, e muitas vezes durante os cultos de *Sabbath* que freqüentei desde aquele dia, experimentei esse exercício e descobri que ele é muito útil. Em vez de pensar que as preces são palavras de adulação superficiais a um Deus irado, eu as imagino como as palavras apaixonadas de amor de alguém cujo coração no momento está repleto da gratidão pelo milagre de estar vivo. Se você abordar cada oração do *Sabbath* com tamanho sentimento e abertura, ficará surpreso com o quanto o seu culto pode ser alegre e cheio de sentido.

Também descobri que muitas pessoas que nunca se sentiram bem num culto formal de oração têm um sentimento muito mais profundo de vínculo espiritual quando interiorizam pelo menos uma oração ou salmo e se imaginam como o poeta dizendo a oração pela primeira vez num impulso de gratidão.

Por exemplo, certa feita aconselhei um homem chamado Roger, que estava em terapia para tratar das dores de uma enfermidade e do impacto da morte de Jean, que amara por muito tempo. Roger fora criado numa família religiosa, mas ele mesmo não era lá muito religioso. Ele me disse que sentia certa obrigação de freqüentar os cultos do *Sabbath* e dizer as orações pela alma de Jean, no entanto, sentia também certa hesitação porque, como descreveu, "Nunca estive muito ligado à religião organizada, nem à oração. Sempre me pareceram estruturadas e inflexíveis demais, sem nenhuma espontaneidade ou nenhum sentimento real".

Expliquei a Roger a abordagem da oração descrita anteriormente, e perguntei-lhe se ele estaria disposto a fazer uma experiência com ela nas próximas vezes que freqüentasse um culto do *Sabbath* para rezar a Jean. E pedi-lhe que encontrasse pelo menos uma oração ou salmo que o emocionasse, e que dissesse as palavras compenetrado do significado delas.

Quando Roger veio me ver algumas semanas depois, ele me contou uma história similar àquela que ouvi dos outros pacientes. Ele explicou:

"A princípio, quando passei a fazer parte do culto do *Sabbath* regularmente, não tinha certeza sobre se ia ser capaz de fazer o que você sugeriu. Nunca me senti muito aberto nem calmo no culto religioso formal, e de fato nunca descobri nada no livro de orações que me tocasse profundamente.

"Porém, depois de algum tempo sentado lá, comecei a encarar as orações de modo diferente dessa vez. Talvez elas fossem, de fato, poemas de amor, de reconhecimento e gratidão. Talvez pudessem me ajudar a conversar com Deus sobre o quanto eu admirava Jean e como estou sofrendo agora.

"Então, deparei-me com uma oração de que eu jamais gostara e que sempre me parecera a expressão da subserviência e da fraqueza. É uma oração que diz, 'Possam as palavras de minha boca e as meditações de meu coração serem aceitáveis aos teus olhos, Ó Deus, minha rocha e meu redentor'." (Essa passagem do Salmo 19, versículo 15, é encontrada na maioria dos cultos judaicos e em muitos cultos do *Sabbath* cristão.)

Roger continuou, "Aproveitei um momento e, pela primeira vez na minha vida, disse as palavras como se fossem poemas que me brotassem das mãos espontaneamente por amor de Deus. Pensando na vida de Jean e na beleza e bondade que faziam parte dessa vida, ofertei um voto sincero de que Deus pudesse ouvir e reconhecer a minha gratidão por eu ter conhecido Jean e por termos passado tantos anos juntos.

"Em vez da impressão de que faltava à oração certa energia, 'Possam minhas palavras humildes de algum modo ser aceitáveis a ti, Ó grande Deus', pela primeira vez senti uma profunda sensação de amizade e de parceria com Deus, que provavelmente amou Jean tanto quanto eu. Quando eu disse a Deus 'Espero que minhas palavras sejam aceitáveis a ti, minha rocha e meu redentor', isso ocorreu em função da consciência de que Deus e eu estamos lamentando a morte de Jean juntos, e que ele está lá, como uma rocha em que eu possa me apoiar, empenhando-me para que eu me redima da dor da perda ou para que a compreenda. Eu tinha os olhos marejados quando sentia um vínculo profundo com um Deus que se preocupa conosco, em vez do Deus distante e inacessível de que sempre me afastei."

Estágio nº 4: Atente para o Tempo que o Sentimento do Sabbath Pode ser Prolongado em Você Durante a Semana

Há mais um estágio que pode acrescentar-se à energia de cura e à beleza dos seus *Sabbaths*. Trata-se do procedimento de levar um pouco das agudas visões espirituais e dos sentimentos bons que o *Sabbath* inspira para os outros seis dias da semana.

Levar a cabo a transição do *Sabbatth* de paz para a semana de trabalho estressante não é coisa fácil de fazer. Muitos anos atrás, conheci um homem de idade que, sendo criança na virada do século, vivera a experiência do massacre dos russos (os ataques brutais de soldados cossacos russos a aldeias de judeus) e que depois foi capturado pelos nazistas durante a Segunda Guerra Mundial. Ele me disse, "No Leste Europeu, quando o sol se punha e o *Sabbath* acabava, tinha-se um profundo sentimento de perda. Durante a semana, éramos camponeses, párias, pessoas desprezadas. Porém, no *Sabbath*, éramos pessoas que amavam a Deus no paraíso. A única coisa que fazia as semanas toleráveis era a sensação do *Shabbat* que ainda se prolongava em nossa alma e que sabíamos seria nossa de novo em poucos dias".

Penso nesse homem com freqüência, sobretudo quando vejo o sol se pondo no final de um *Sabbath* de beleza e paz. Não há algo fora do comum acerca de um dia que não faz parte do tempo regular, um dia para se ligar a entes queridos e sonhar com um futuro em que ninguém tenha fome e não seja maltratado?

Levar os sentimentos de paz e esperança do *Sabbath* para a sua semana de trabalho é o desafio máximo no que diz respeito a tornar o *Sabbath* uma parte proveitosa dos ritmos da sua semana. Como disse o poeta Henry Wadsworth Longfellow, "Leva contigo o *Sabbath* semana afora, e com ele torna doce os outros dias".

Para muitas pessoas, a sensação de paz e de relaxamento do *Sabbath* lhes desperta o interesse renovado quanto a desenvolver uma oração ou uma prática de meditação regular durante os dias da semana. Se lhe parece interessante a idéia de ter uma vida mais compenetrada e voltada no dia-a-dia às coisas do espírito, você talvez queira encontrar um mestre de meditação ou um grupo de oração que pertença a sua tradição em particular. Para os livros específicos sobre como meditar ou compreender a oração entre os judeus, os cristãos, os muçulmanos, os budistas, os hindus e os ameríndios, peço ao leitor que verifique a seção Referências no final deste livro.

Por fim, no Judaísmo há um ritual específico para ajudar a levar a beleza do *Sabbath* para os outros seis dias da semana. No final do *Sabbath*, quando o céu é por demais escuro para vermos as estrelas, você acende uma vela com laço, reza uma oração pelo vinho e pelos temperos e recita as preces de Havdalah. (*Havdalah* é a palavra hebraica que significa perceber a falta de relação ou fazer distinções, tais como as que há entre o *Shabbat* e os outros dias da semana.)

Há um momento especial no serviço de Havdalah — o qual você pode realizar em casa ou em companhia de um grupo — que ajuda a fazer com que a beleza do *Sabbath* flua durante a semana. Em primeiro lugar, você faz uma oração para agradecer a Deus pela essência da vida. Então, você sacode a caixinha de tempero ornamentada e exala profundamente a sua fragrância, que pode ser de cravo-da-índia, canela ou algum outro tempero. No momento em que a enlevação do *Sabbath*, que toma conta dos seus sentidos, vai chegando ao fim, você faz em silêncio o voto de levar consigo a visão do *Shabbat* por toda a semana.

Renovada e recuperada pelas energias espirituais do *Sabbath*, cada pessoa então tem o desafio de como traduzir a esperança por um mundo melhor em modos específicos de nos relacionarmos com os que estão próximos de nós no dia a dia. Esse encargo é descrito por Alice Walker, romancista premiada e mais conhecida pelo livro *A Cor Púrpura*: "Qualquer um pode observar o *Sabbath*, mas, é necessário uma semana para fazer com que ele se torne santo."

Eis por que muitas pessoas acreditam que o Quarto Mandamento do Livro do Êxodo nos desafia não só a encontrar o modo de nos desprender a cada semana da rotina de nossa vida mas também a nos ligar a uma visão espiritual mais profunda do modo como queremos que este mundo seja no futuro. Então, durante os dias da semana que se seguirem, teremos uma oportunidade de dar pequenos passos rumo a essa visão de um mundo muito mais saudável e livre para todos vivermos. Espero que este capítulo tenha despertado em você a curiosidade sobre a beleza de um *Sabbath* repousante, e também sobre a possibilidade de se afastar toda semana para ver de que modo tornar a vida e nosso mundo mais pacíficos e humanos.

5

O QUINTO DESAFIO

De que Modo Você Demonstra Respeito aos seus Pais Quando Há Tensão entre Vocês?

Vez por outra, em minha prática na área de psicoterapia, dois pacientes aparecem no mesmo dia com versões contrárias do mesmo problema. Por exemplo, alguns meses atrás tive uma primeira sessão com uma mulher que se lamentava pela perda do pai e que se sentia em conflito sobre como ela despendera tempo e energia, talvez demais, com o pai, que era distante e calado. Durante os últimos meses de vida dele, ela se sentira esgotada e frustrada. Pensava em voz alta, "Por que eu fui imaginar que tinha de passar cada hora acordada, tomando conta do meu pai, sem deixar que ninguém mais ajudasse? Havia algum outro modo de eu poder demonstrar o respeito pelo meu pai sem me esquecer dos meus filhos, do meu marido, do meu trabalho e das minhas necessidades?"

Posteriormente, naquele dia, tive a primeira sessão com um homem que de modo semelhante se lamentava pela perda do pai, à exceção de que esse homem se sentia em conflito pelo fato de ter-se dedicado muito pouco ao pai, que era severo e dominador. Quando este morreu, o meu paciente sentiu-se vazio e frustrado. Ele disse em voz alta, "Será que foi essa a decisão correta, ficar distante e me proteger das opiniões severas do meu pai? Havia uma outra maneira de me ligar a ele enquanto ainda era tempo?"

O Quinto Mandamento diz, "Honra teu pai e tua mãe"; mas o problema de como honrar um pai, sobretudo um pai com quem se tem divergências ou um relacionamento difícil, não é um problema simples. Colocar em harmonia as necessidades dos seus pais idosos com as suas é um problema complexo para a maioria das pessoas. Como agir corretamente ao lado dos pais sem negligenciar as responsabilidades igualmente prementes com respeito aos outros membros da família, ao trabalho e a sua vida é algo que frustra até mesmo as pessoas mais organizadas e competentes.

VOCÊ NÃO ESTÁ SÓ

Se você às vezes diz para si mesmo, "Eu só não sei como vou dar a meus pais o que eles querem e ao mesmo tempo viver minha vida", não se sinta culpado. Você está em boa companhia, tentando fazer face a um dos desafios mais complexos da vida. Até se surpreenderia com quantas pessoas se batem com problema semelhante.

Por exemplo, Gordon é um membro querido e dinâmico do clero que veio ao meu escritório certa tarde à procura de aconselhamento. Ele me disse, "Toda a minha vida dei conselhos a outras pessoas quanto a honrar seus pais, como vemos na Bíblia; mas o que nunca admiti a ninguém — e ao dizer isso tenho a sensação de revelar um segredo embaraçoso — é que não tenho um bom relacionamento com minha mãe. Tento fazer o melhor possível para agradá-la e satisfazer-lhe as vontades à medida que ela envelhece, mas, independentemente do que eu faça, ela sempre acha algo de que se queixar, e nunca parece se satisfazer. Às vezes me pergunto se algum dia ficarei menos nervoso com ela, ou se sempre estarei em falta no que diz respeito ao Quinto Mandamento".

Muitas pessoas narram versões dessa mesma história. No décimo quarto ano após Harold Bloomfield e eu termos escrito *Making Peace With Your Parents*, milhares de homens e mulheres me confiaram que tinham um relacionamento tenso com o pai, com a mãe, ou com ambos. Inúmeras pessoas, tanto as mais ricas quanto outras com baixos rendimentos, de todas as raças e etnias, tipos de religião ou sem religião, as pessoas mais racionais, até mesmo as mais dóceis e ponderadas — todas trazem em si o sofrimento de um relacionamento difícil com os pais.

Quando o Quinto Mandamento diz, "Honra teu pai e tua mãe", exatamente de que modo você faz isso quando:

- As expectativas de seus pais quanto a como você deve honrá-los se encontram num descompasso tão grande, que você sente que não pode viver só para lhes satisfazer as vontades?
- Sua mãe ou seu pai é uma pessoa difícil, com quem é frustrante conversar ou a quem é difícil acompanhar?
- Um dos seus pais (ou ambos) o critica o tempo todo por sua aparência, por sua opção quanto a determinada carreira, quanto a determinado parceiro, pelo modo como você educa seus filhos, como pratica a religião, ou pelas poucas vezes em que vocês se vêem?
- Seus pais começam a declinar em termos de saúde e a exigir mais coisas do que você é capaz de dar? Será que dará conta de cuidar deles bem o bastante para dizer depois, "Sim, eu os honrei o melhor que pude"?

"UMA MISTURA CONFUSA DE EMOÇÕES"

Honrar os pais é difícil até quando a pessoa é criada por gente de extrema decência e zelo. A própria natureza do relacionamento entre pais e filhos está cheia de emoções carregadas. Essas tensões, que se acrescentam ao desafio fundamental do Quinto Mandamento não são apenas o produto de nossa era moderna de tantos progressos. Há quase mil e oitocentos anos um dos rabinos mais respeitados do Talmude, Simeon ben Yohai, sugeriu que o mais difícil de todos os seiscentos e treze mandamentos no Judaísmo tradicional é "Honra teu pai e tua mãe".

Muitos eruditos cristãos estão de acordo com o fato de que honrar os pais não é fácil nem se aprende de imediato. Em seu livro *The Ten Commandments and Humam Rights*, Walter Harrelson, professor da Escola de Teologia de Vanderbilt, explica, "As relações dos pais com os filhos e destes com os pais é um relacionamento extremamente complexo, talvez o mais complexo de todos os relacionamentos humanos, incluindo o entre marido e mulher. Tanto depende dessa relação, e de tantas formas, que os problemas inerentes ao Quinto Mandamento são particularmente delicados e difíceis de distinguir e determinar com propriedade".

Alguns peritos têm destacado que até a Bíblia leva em conta como é difícil conviver com os pais. Em seu livro de 1994 intitulado *Jewish Wisdom*, o rabino a um só tempo erudito e escritor Joseph Telushkin analisa de que modo "a freqüente mistura confusa de emoções que as crianças sentem pelos pais talvez dê a razão do fato peculiar de que enquanto a Bíblia postula o amor pelo próximo (Levítico 19:18), o amor pelos estranhos (Levítico 19:34) e o amor por Deus (Deuteronômio 6:5), não faz o mesmo quanto aos pais. Num relacionamento tão vital e intenso, o amor é uma emoção por demais volátil para ser regida; portanto, a Bíblia requer um padrão de honra e respeito que pode continuar em vigor até mesmo em épocas de desavença".

O FARDO E A OPORTUNIDADE

Até a palavra específica usada no texto hebraico do Quinto Mandamento exemplifica a complexidade de honrar os pais. Se você observar o pergaminho original do Êxodo 20:12, descobrirá que a primeira palavra do mandamento é *cahbeid*, com duplo significado. Por um lado *cahbeid* significa gravidade, peso, dificuldade ou fardo. Por outro, quer dizer também honrar, dar importância a alguém.

Assim, a Bíblia claramente não pretende que honrar os pais seja sempre algo fácil ou "leve". A palavra de duplo sentido *cahbeid* pode significar que honrar os pais é um pesado fardo ou por outro lado, que tal situação pode ser uma oportunidade para valorizar alguém, honrar as duas pessoas que precisam do seu pai e conferir-lhes dignidade.

Cada um de nós tem certo controle sobre que sentido de *cahbeid* verdadeiramente ocorre entre nós e nossos pais. Quer o processo de honrar os pais tenda a ser um fardo irritante, quer uma oportunidade preciosa, isso *depende do modo como você lida com três fatores cruciais*. Ao aconselhar muitas pessoas sobre esse problema, percebi que há três medidas que você pode tomar para se sentir mais livre da sensação de carregar um fardo em função do desafio de honrar seus pais, e para se sentir mais recompensado pelo fato de essa oportunidade ocorrer a duas pessoas que, juntamente ao sopro eterno da vida, o trouxeram a este mundo. Essas etapas são:

Etapa nº 1: Resolver perdoar ou não

Uma razão pela qual muitas pessoas se sentem mal com a idéia de honrar os pais é que elas têm problemas não resolvidos com respeito a seu pai ou a sua mãe. Mesmo que os seus ressentimentos sejam justificados, você ainda pode optar por esquecer essas mágoas a fim de aceitar a possibilidade de se sentir melhor com respeito a ambos. Nas palavras do filósofo do século XIX Edwin Hubbell Chapin, "Jamais a alma humana parece tão forte e nobre como quando supera a vingança e ousa perdoar uma ofensa".

No entanto, muitas pessoas de boa índole relutam em perdoar os pais. É muito doloroso ser traído, desprezado, ou diminuído por um pai ou por uma mãe. Como diz o antigo provérbio iídiche, "Uma pequena mágoa de alguém do seu sangue é pior do que uma grande mágoa de uma pessoa estranha". A mágoa pode vir a ser uma experiência fundamental por meio de que você vê as outras pessoas, mas, ainda assim, é muito mais fácil perdoar quem quer que seja no mundo à exceção de sua mãe e de seu pai. Eles deviam ser sensíveis a suas necessidades e sentimentos, no entanto, o que fazem ou o que deixam de fazer pode ter causado em você um sofrimento horrível.

Além do mais, muitas pessoas se abstêm de perdoar porque admitem incorretamente que o perdão significa que eles têm de esquecer, encobrir ou minimizar as coisas dolorosas que lhes aconteceram por causa dos pais. Ao ler a seguinte crítica da abordagem do "perdoe e esqueça", observe se você também acreditou equivocadamente que perdoar os seus pais significa encobrir, negar ou minimizar o sofrimento que eles lhe causaram.

Os problemas que envolvem "perdoar e esquecer"

Desde o primeiro século, quando o erudito Filo disse "Eu perdôo e esqueço", até os dias de hoje, quando o romancista F. Scott Fitzgerald escreveu que "O que é esquecido está perdoado", inúmeros religiosos, mestres e escritores têm insistido que temos de bloquear, descartar e negar o que aconteceu a fim de perdoar e viver bem.

Há poucos anos, participei de um seminário em que um guru, um médium conhecido, pediu aos participantes que "fechem os olhos, respirem fundo e deixem de lado quaisquer ressentimentos que tragam em si com respeito aos seus pais. Vocês devem perdoar e esquecer tudo o que eles fizeram e o que vocês têm contra eles. Apaguem tudo isso da memória. Agora, abram os olhos e nos digam como se sentem".

Eu não sabia se ria ou se chorava diante do absurdo dessa solicitação. Como ele podia acreditar que fazia algo mais além de pôr paliativos sobre a dor real que tantas pessoas sentem? Será que achava que era possível fechar os olhos e apagar depressa tudo da memória, como numa lousa mágica, aquele brinquedo de criança?

"Perdoe e esqueça" é o oposto do que verdadeiramente ocorre na mente: se você esquecer os erros cometidos a você mesmo, não lhe sobrarão lembranças do que está tentando perdoar. Ou, conforme a clara explicação do teólogo protestante do século XX Paul Tillich, "O perdão pressupõe a lembrança".

O pastor do século XIX Henry Ward Beecher (cuja irmã Harriet Beecher Stowe escreveu *A Cabana do Pai Tomás*) afirmou que "os que dizem 'perdôo mas não esqueço' estão apenas dizendo de outro modo 'não vou perdoar!' "

"Perdoe e esqueça" parece algo gentil e simples, porém, em inúmeros casos, trata-se de algo ingênuo e perigoso potencialmente. Por exemplo:

Uma paciente chamada Suzanne, cujo pai a havia molestado quando criança, ouviu de um outro conselheiro que ela devia "perdoar e esquecer" o que o pai lhe fizera a fim de ser uma mulher saudável. Isso perturbou muito Suzanne. Como ela me disse, "Seria uma tolice encobrir ou esquecer o que ele fez, principalmente porque como adulta, quero que minha filha conheça seus avós mas não fique sozinha com o seu avô, que continua a ser alguém que cometeu um erro muito grave e que nunca de fato se desculpou por isso, nem tentou reparar o que fez a mim quando criança".

Depois de um processo cuidadoso de auto-reflexão, Suzanne resolveu na terapia começar a procurar um modo de perdoar o pai à luz do fato de que ele, também, fora molestado sexualmente quando criança, e porque, em outros aspectos, ele fora um excelente pai na maioria das vezes; contudo, aconselhei Suzanne a não esquecer o que ele lhe fizera e o que era capaz de fazer de novo. Assim, planejamos juntos algumas regras básicas, necessárias para que Suzanne desenvolvesse um relacionamento mais saudável com seu pai. Essas regras básicas incluíam: Suzanne não deveria deixar que o pai ficasse sozinho com a neta; tinha permissão de interromper qualquer chamada telefônica ou visita em que seu pai conversasse com ela de um modo insinuante ou manipulador; e tinha o direito de não abraçar nem beijar o pai sempre que se sentisse relutante em fazer isso. Com essas normas básicas, Suzanne poderia então ter uma relação segura e saudável com o pai. Seu perdão tinha de levar em conta a lembrança, de modo que ela pudesse proteger a filha e a si mesma agora e no futuro.

"Perdoar e esquecer" às vezes pode ser perigoso. A mãe de Brian tinha problemas com a bebida, os quais por vezes a faziam agredir os outros com observações cruéis e de desprezo. Brian descobriu um princípio na terapia: "Posso perdoar minha mãe por seu vício pelo álcool, mas não vou esquecer o que ela é capaz de fazer para magoar minhas irmãs menores e a mim mesmo quando ela enche a cara. Agora, nós lhe fazemos face como uma família e lhe mostramos com firmeza, ainda que amavelmente, quando ela foi além das medidas. É muito mais saudável agora que não fingimos esquecer ou encobrir o problema que todos sabem é real. Aproveito as reuniões da minha família muito mais agora que somos honestos e falamos segundo o nosso ponto de vista."

Diz um antigo provérbio japonês que "Perdoar o impenitente é como desenhar figuras na água". O perdão rapidamente se desfaz com o tratamento errôneo prolongado da parte de outra pessoa. Um tipo mais realista e sensível de perdão além de "perdoe e esqueça" parece necessário com respeito a alguns tipos de pessoa.

O que você pode fazer quando está pronto para começar o processo de cura

Se criar bloqueios ou esquecer *não* é a forma de sanar os problemas do passado com respeito aos seus pais, o que é exatamente o perdão, e como você perdoa de maneira mais sensível?

Se você procurar no dicionário o verbo "perdoar", verá três atos do coração que podem mudar o modo como você se relaciona com outra pessoa e a maneira como faz com que a ferida que carrega dentro de si cicatrize. Essas três definições são: perdoar ou livrar-se do castigo por causa de uma falta ou de uma ofensa; desistir da raiva, do ressentimento e da sede de vingança; demonstrar piedade ou compaixão. Essas definições todas reconhecem um ofensor e uma ofensa, mas o processo que envolve perdoar permite a você voltar o coração à cura, à liberdade e à compaixão em vez de usar sua energia para a vingança ou a punição. Por outras palavras, o perdão lhe faculta criar algo positivo no presente e, a um só tempo, não repetir o que aconteceu no passado.

A abordagem em duas partes do perdão a qual se segue pode ajudá-lo a abrandar os pensamentos tristes sobre seus pais, e pode ajudá-lo a descobrir um vínculo mais profundo com eles. Mesmo que os erros que eles cometeram tenham sido terríveis, ainda assim você pode lograr um sentido saudável de perdão, no qual seu coração se abre de novo a todo o bem que eles fizeram. Eles foram uma parte importante de sua vida. Ao mesmo tempo, essa abordagem o protegerá também de mais mágoas e danos.

O processo do perdão

Primeiramente, sente-se, escreva uma carta (ou grave sua voz num gravador) e diga exatamente aquilo de que não gosta no que concerne ao modo como seus pais o trataram. Descreva exatamente o que ocorreu do seu ponto de vista, e não tenha vergonha de dar pormenores precisos de como você se sentiu quando seus pais fizeram algo "ou deixaram de fazer" que lhe deixou uma funda cicatriz na alma. Reserve tempo, seja honesto e, mais do que tudo, reconheça que você está fazendo isso não para se afastar dos seus pais, mas para se livrar da amargura que tem conservado dentro de você por tanto tempo. Tenha paciência com você mesmo, e certifique-se de que se dá tempo para relaxar e se recuperar depois de fazer essa primeira parte do exercício.

Não envie a carta nem a fita a seus pais. Leia-a particularmente a um amigo, a um conselheiro, a um pastor, a um padre que possa dar-lhe ouvidos e apoio em sua dor. Depois disso, rasgue a carta e a ponha fora, onde não possa ser encontrada por ninguém mais.

Alguns terapeutas, incluindo a doutora Susan Forward, a autora do *best-seller* de 1989, *Toxic Parents*, haveriam de aconselhar você a enfrentar pessoalmente os seus pais ou a entregar a eles essa carta ou essa fita. A doutora Forward afirma em seu livro, "O confronto funciona, começa a mudar o equilíbrio de forças entre você e os seus pais, e o que você não devolve acaba sendo transmitido ao seu parceiro ou aos seus filhos, ou retirado deles".

Enquanto para algumas pessoas a abordagem da doutora Forward pode ser bem-sucedida, ela também pode piorar os conflitos e o sofrimento para muitas, muitas famílias. Eis por que eu lhe recomendo primeiramente curar-se interiormente e depois discutir a carta ou a fita com um amigo ou com um conselheiro que lhe dê apoio. *Não* torne esse processo de cura uma guerra renovada, tampouco uma tentativa imprudente de fazer com que os seus pais, de temperamento mais difícil, tenham outra natureza e digam "É claro, querido, você está absolutamente certo. Peço desculpas". Em muitas famílias, o adolescente descarrega suas frustrações nos pais e depois se sente pior quando eles ainda não compreendem o sofrimento que causaram e reagem se defendendo ou atacando.

Uma outra razão para não entregar nem mostrar a carta ou a fita aos pais é que essas coisas lhe dão liberdade para revelar completamente e sem nenhuma censura o que você julga verdade. A maioria das pessoas se refreia julgando seus próprios sentimentos depois que as coisas já aconteceram e alterando suas próprias palavras quando acha que elas podem vir a ser conhecidas de alguém. Escrever ou falar sobre o que você julga verdadeiro contra seus pais unicamente com vistas a sua cura interior e ao seu desenvolvimento lhe proporciona a capacidade e a liberdade de ser cem por cento verdadeiro. Uma liberação e uma cura enormes podem advir dessa primeira parte do processo.

DESCOBRIR A PESSOA QUE VOCÊ JAMAIS CONHECEU

Para a segunda parte do processo de cura do perdão, olhe para uma antiga fotografia dos seus pais num período anterior ao seu nascimento (ou imagine-os quando crianças ou adolescentes, se você não puder localizar uma foto antiga). É possível que você queira usar uma foto dos seus pais quando crianças, ou a foto de uma escola antiga ou do período em que seu pai estava no exército, ou mesmo qualquer fotografia velha que você tenha guardado numa caixa ou que possa tomar de empréstimo a uma tia, um tio ou um amigo da família.

Com essa imagem dos seus pais quando jovens em sua mente, comece a conversar com eles. Fale à pessoa vulnerável, curiosa e afável que cada um deles foi muito antes que você nascesse. Pergunte a essa alma dócil quais são suas esperanças e medos. Indague desse ser humano frágil como foi crescer, conviver com os pais que ele teve (seus avós) e com as influências e pressões que o tornaram o adulto que você acabou vendo anos depois quando veio a este mundo. Se não tiver muitas informações sobre os primeiros anos de seus pais, talvez precise perguntar a tias, tios, amigos ou outros parentes para entender mais o que fez com que sua mãe ou seu pai agissem do modo como agiram.

À medida que conversa com a foto ou com a figura imaginada de seus pais quando crianças, comece a procurar sentir o vínculo terno com o ser interior dessa pessoa, e comece a atentar para o seu caminho singular na vida. Mesmo que você tenha passado anos em conflito com a personalidade e os hábitos de seus pais adultos, você ainda pode se aprofundar no nível da alma e perceber-lhes a essência vulnerável, as mágoas que provavelmente estiveram ocultas todos esses anos em função das camadas de defesa e dos traços que vocês não foram capazes de mudar. Ainda que você não se considere uma pessoa voltada às coisas do espírito, veja se pode encontrar seu caminho rumo a um sentido mais profundo do relacionamento com seus pais, não como adultos fortes, mas como crianças frágeis e dignas de serem amadas.

"Todo mundo me diz que eu preciso perdoar o meu pai, mas não sei como"

O processo de duas partes característico do perdão ajudou muitas pessoas a transformar seus sentimentos e a melhorar seu relacionamento até mesmo com o pai ou a mãe mais difíceis. Caroline, uma mãe divorciada na casa dos quarenta e com dois filhos, veio me procurar para uma terapia porque chegara a uma conclusão:

"Passei toda a vida intimidada por meu pai e agora estou percebendo o quanto isso me limitou no meu relacionamento com os homens, na minha carreira e na minha maneira de educar meus dois filhos adolescentes. A voz tonitruante do meu pai e as suas observações condescendentes comumente fazem com que eu me curve. Agora que estou crescida, acabei cansando de me curvar."

Como parte da terapia de Caroline, trabalhamos na amargura e no medo que ela trazia dentro de si como conseqüência de seus conflitos duradouros com o pai. Essas emoções dolorosas fizeram Caroline se tornar muito deprimida particularmente em três ocasiões em sua vida; ela também se inclinava à ansiedade e à mudez toda vez que uma pessoa que a intimidasse (um chefe exigente, um cliente nervoso, um namorado opinioso ou seus dois filhos teimosos) a lembravam subconscientemente do pai.

Quando mencionei a possibilidade do perdão como um passo em sua própria cura, Caroline hesitou. Ela explicou, "Todo mundo continua me dizendo que eu preciso perdoar meu pai, mas não sei como. Ele é impossível. Tenho medo de deixar de lado o rancor que tenho por ele e me tornar uma pessoa mais fraca e vulnerável diante de suas provocações".

Como muitas pessoas de bom caráter que relutam em perdoar, Caroline tinha uma preocupação legítima. Não queria se tornar ainda mais suscetível às ameaças do pai, e assim se queixava de que deixar de alimentar o seu rancor poderia ser um passo na direção errada.

Com o correr das semanas, contudo, Caroline experimentou os passos arrolados acima e descobriu que essas técnicas para o perdão são um modo positivo de reafirmar a força. Liberar o medo e a revolta que você armazenou dentro de si mesmo pode ajudá-lo a se libertar de anos com a sensação de ser a vítima de seus pais e dar-lhe a possibilidade de um relacionamento mais saudável com eles.

Caroline escreveu uma carta muito franca ao seu pai, a qual ela leu em voz alta a um dos seus melhores amigos e a mim. Essa carta descrevia os pormenores de sua infância de acontecimentos assustadores e diversos incidentes recentes em que o pai dela se valia de sua voz intimidadora e de sua teimosia para diminuir a sensação de independência e confiança de Caroline. Ela tremia e chorava enquanto lia a carta para mim, contudo, no decorrer de algumas semanas, ela se tornou mais forte e mais capaz de lidar com a raiva ou com homens agressivos em sua vida.

Caroline tomou de empréstimo à irmã do pai uma velha fotografia dele quando criança, e pôs-se a conversar com essa fotografia. "Olhei para essa foto antiga em branco e preto do rosto de meu pai pequeno, com apenas dez anos. Foi durante a Grande Depressão, e acho que foi o ano em que o pai dele morreu e ele foi obrigado a se tornar um adulto responsável muito antes que estivesse preparado."

Caroline me disse, "Havia uma grande sensação de liberdade em poder ver a criança nele e ligar-me a ele em sua essência pura na condição de menino-homem assustado. Compreendi que sua voz forte e seu modo de ser agressivo são apenas uma máscara para encobrir o menino apavorado e angustiado de dez anos que ele ainda é no seu coração. Quando percebi isso, fui capaz de perdoar esse homem por ter sido tão irascível às vezes, e fui capaz de amá-lo de novo. Sentia-me muito bem por fazer as pazes com meu pai e me inclinar a conhecê-lo como um ser humano vulnerável".

E SE VOCÊ AINDA FOR INCAPAZ DE PERDOAR?

Algumas pessoas relutam em fazer exercícios como os descritos acima, no entanto, o perdão ainda pode advir de outros métodos. Como uma alternativa, se você quiser inspirar-se quanto a perdoar sua mãe ou seu pai até mesmo pelas piores transgressões cometidas contra você, recomendo-lhe que leia um romance intrigante escrito em 1987 por Michael Dorris chamado *A Yellow Raft in Blue Water*.

Na primeira parte do livro, o leitor é imerso no ponto de vista de Rayona, de quinze anos, do modo como ela descreve Christine, sua mãe, pessoa amável porém perturbada. Christine abandonou e maltratou Rayona, de modo que, interpretando a partir do ponto de vista de Rayona, é difícil sentir compaixão ou necessidade de perdoar com respeito a Christine.

Ou seja, é difícil enquanto não entramos na segunda parte do livro, a história de Christine, e imergimos de repente e completamente no ponto de vista de Christine do modo como descreve sua vida de sofrimento. É-nos dado aquilatar a profundidade do que ela quer dizer ao afirmar que "você precisava ter tido a minha vida para entender o que digo".

Por fim, na terceira parte do livro a história nos é contada do ponto de vista da tia Ida, uma mulher que pareceu desprezar e hostilizar Rayona e Christine quando estas precisaram dela desesperadamente; mas quando descobrimos o ponto de vista de tia Ida na parte final do livro, sua solidão e suas razões por ser tão distante e frívola também a tornam uma personagem fascinante.

Se alguém fosse escrever um romance dividido em três partes que incluísse nossa vida inteiramente do nosso ponto de vista, a vida de nossos pais do ponto de vista deles, e por fim as histórias dos pais deles, o que aprenderíamos sobre as mágoas e defeitos com que cada um de nós tem-se debatido? Em vez de vermos nosso relacionamento com nossos pais em termos de "meninos bons" e "meninos maus", começaríamos a ver que cada um de nós tem um caminho sinuoso e difícil que merece compaixão. Todos temos mágoas que fomos incapazes de sanar e, em conseqüência disso, fizemos ou dissemos algumas coisas dolorosas a pessoas que amamos. Isso *não* é desculpar nem encobrir as coisas dolorosas que os seus pais podem ter feito a você, mas, em vez disso, abrir-se à possibilidade de uma nova forma de ver as muitas camadas da verdade no que concerne a seus pais. Como sugeriu Gandhi, "O desafio é odiar o pecado mas amar o pecador".

Etapa nº 2: Aprender a criar limites saudáveis e de respeito

Como vimos na Etapa 1, o perdão pode ser extremamente útil para liberar as mágoas do passado e se recuperar delas, contudo, o que se pode fazer diante de momentos de tensão atuais e futuros com os pais? Se você simplesmente voltar à "velha história" no que diz respeito a sua mãe e a seu pai, provavelmente acabará se sentindo sobrecarregado e triste de novo. Por outro lado, se se empenhasse em honrar seus pais de um modo saudável, poderia estabelecer limites saudáveis e de respeito para um relacionamento mais satisfatório. Os limites se referem a quão perto você permite que as pessoas se aproximem de você emocionalmente, e ao modo como você se resguarda quando alguém se aproxima demais ou se intromete em sua vida.

Os limites têm muito a ver com se você se sentirá em guerra constante com seus pais ou se descobrirá a força e a lucidez necessárias para se ligar e se apresentar a eles à proporção que envelhecem. Pense por um momento nos tipos de limites ou fronteiras que estabeleceu no passado. Atente para qual das seguintes situações tem relação com você e com seus pais. Vocês têm:

- Limites frágeis demais? A maior parte dos adultos nunca descobre um modo eficaz de dizer não aos pais ou de estabelecer limites saudáveis. Por exemplo, se um dos seus pais ou os dois liga para você cinco vezes por dia para lhe dizer o que fazer na vida, talvez fosse uma boa idéia estabelecer um limite para os telefonemas; contudo, você talvez sinta que é incapaz de estabelecer o limite de um telefonema por dia ou de três por semana com respeito aos seus pais, porque eles tendem a ficar amuados, a se queixar e a "explodir" de raiva sempre que você tenta fazer isso. Assim, você talvez tenha de ceder quanto a ter um limite na semana.
- Limites por demais rígidos e inflexíveis? Muitas pessoas lançam mão do extremo oposto. Colocam tantas camadas psicológicas de proteção contra os pais, e com freqüência com relação a outras pessoas, que se vêem aprisionados no isolamento ou com medo de ser mais íntimos com relação a quase todas as pessoas que tentam se aproximar delas. Se esse parece o seu caso ou de alguém que você conhece, não seja duro em seu julgamento — temos todos de erguer barreiras em

nossa vida a fim de nos proteger. Se o limite entre você e os seus pais é demasiado rígido e inflexível, a ponto de você não poder receber nenhum amor deles, tampouco se ligar a eles de alguma forma, então você precisa examinar de novo e reformular suas restrições de modo a poder deixar que seus pais se aproximem do seu coração.

• Limites fortes demais e flexíveis demais? A solução ideal é estabelecer limites que o protejam de ser "anulado" por sua mãe ou por seu pai, mas flexíveis o bastante para que você possa usufruir as boas qualidades deles, honrá-los e se relacionar com eles em qualquer grau que pareça adequado para sua situação familiar. Isso significa aprender a estabelecer uma clara linha divisória que lhe assegure que seus pais *não* vão continuar a telefonar para você cinco vezes por dia para dizer-lhe o que fazer, mas que ao mesmo tempo permita a você e a seus pais ter um relacionamento amável, determinar maneiras agradáveis de estar juntos e recorrer uns aos outros em tempos de necessidade.

AS TRÊS MELHORES LINHAS DE RESPOSTA

Você talvez esteja se perguntando como vai fazer esse negócio de "limite saudável", sobretudo se os seus pais são teimosos ou tendem a ficar se lamentando ou agredindo sempre que você tenta dizer não ou impor um limite. Se esse for o caso, você terá pelo menos essas "três melhores linhas de resposta" para estabelecer um limite saudável e de respeito. Procure perceber qual das três abordagens seguintes lhe parece mais proveitosa e eficaz no relacionamento com seus pais:

A primeira linha de resposta se destina apenas a quantos se sentem à vontade agindo com firmeza e têm pais fortes o bastante para lidar com a imposição de limites definidos. Ela envolve respeito, mas também certa inflexibilidade. Se os seus pais atacarem você verbalmente ou desprezarem-no, você poderá dizer:

"Parem! Não gosto que falem comigo desse jeito. Vamos começar de novo."

Essa linha de resposta não acusa, não explica, nem debate. Não usa nomes nem palavras de provocação tais como "vocês *nunca* ouvem" ou "vocês *sempre* criticam", que só fazem aumentar o conflito. Você simplesmente diz qual é o seu limite, e que deseja começar de novo de maneira diferente.

Em algumas famílias, essa linha de conduta cumpre devidamente o seu fim. Seus pais compreendem que você não é mais um joguete e que eles foram longe demais. Além disso, o convite no final — "vamos começar de novo" — implica que você ainda os respeita e que está pronto para tentar algo mais produtivo.

Em muitas famílias, contudo, essa linha de resposta seria um grande "escândalo", e seria necessário semanas ou meses para que seus pais parassem de magoar e para que você deixasse de se sentir culpado por estabelecer limites tão claros e firmes. Se essa lhe parecer a sua situação, pondere sobre um modo menos agressivo mas igualmente inequívoco de falar com seus pais, que podem estar pressionando-o demais, insultando-o ou magoando alguém que você ama:

> "Mãe (ou Pai), sei que você não quer-me magoar, mas quando você diz ——
> ——, isso dói. Vamos começar de novo."

Essa linha de resposta é um pouco mais suave e afável. Em vez de dizer, "pare", ela começa com um lembrete piedoso que diz aos seus pais que você compreende que eles têm um coração bom e não pretendem ser ásperos nem difíceis. Então, indica qual é o motivo de discórdia e termina com o convite sensato "Vamos começar de novo". Como com as outras linhas de resposta, todos os nomes que se dê ou as palavras que provoquem discussões são evitadas para que o conflito não aumente.

Como me disse um paciente, "Dizer a minha mãe 'Sei que você não quer me magoar' parece acalmá-la e confirma a ela novamente que estou lhe respeitando a boa intenção. Isso tem-me ajudado a parar de discutir, e fez com que eu me sentisse bem sobre ser capaz de fazer *algo* para que ela parasse de dizer as coisas terríveis que me põem louco".

Em algumas famílias, até mesmo essa linha de resposta mais suave parece rude. Se a simples palavra "dói" der início a uma discussão, então esse terceiro tipo de resposta será o mais equilibrado e pacífico. Se os seus pais começarem a lhe dar nos nervos ou se recusarem a ter em conta as suas necessidades ou sentimentos, simplesmente lhes diga:

> "Mãe (ou Pai), me preocupo com você e quero fazer algo que seja bom para nós. Vamos falar sobre isso com calma e chegar a uma conclusão sobre a qual todos se sintam bem."

Observe que há diversos elementos que transmitem segurança nessa forma de estabelecer um limite de respeito. Primeiramente, você está lembrando seu pai ou sua mãe de que você se preocupa com eles. Isso comumente leva a uma conversa muito melhor do que quando você começa com típicas frases que as crianças dizem aos pais, como por exemplo "Você me faz ter vontade de gritar" ou "Você é que não me entende". Em segundo lugar, você está assumindo o papel de alguém que facilita as coisas de modo amável mas positivo, de um chefe de tráfego ou do anfitrião de um programa de *talk-show*, capaz de assegurar a seus pais que todos terão sua vez de falar e que seus pontos de vista serão levados a sério à proporção que forem trabalhando juntos com vistas a uma solução que todos julguem apropriada.

Até mesmo os pais mais inquietos e exigentes se sentirão mais calmos com esse tipo de abordagem respeitosa mas firme. Você está modelando para eles um tipo de cooperação saudável e de respeito mútuo que pode ter estado ausente em seu relacionamento a maior parte de sua vida.

Para um exemplo de como o terceiro tipo de resposta é eficaz na maioria das vezes, mesmo quando os pais são extremamente difíceis, reflita sobre o que aconteceu com Caroline, a mulher mencionada anteriormente, cujo pai agressivo costumava fazer com que ela por assim dizer se curvasse. Nas palavras de Caroline:

Meu pai me telefonou cedo numa manhã de domingo. Acho que era mais ou menos sete e meia e eu tinha estado fora até tarde na noite anterior. Primeiramente, ele começou a falar sobre a pessoa "preguiçosa" que eu era, o que está longe da verdade. Depois ele insistiu que eu precisava aparecer de qualquer jeito num jantar que ele daria naquela noite a alguns parentes que moravam longe. Eu sabia que eu não podia ir porque meu filho caçula precisava da minha ajuda para estudar para uma prova importante que ia ter no dia seguinte.

Quando disse isso a meu pai, ele "explodiu" e começou a falar que filha egoísta ele tinha, e que eu *nunca* faço nada para os outros a não ser para mim mesma, o que também está longe da verdade. Eu queria dizer-lhe onde ele estava errando, mas conservei a calma porque estivéramos progredindo em nossa relação mútua nos últimos meses.

Desse modo, inspirei e expirei profundamente o ar. E com o meu mais tranqüilo e inabalável tom de voz, disse, "Pai, me preocupo com o senhor e quero fazer algo que seja bom para nós. Vamos falar sobre isso com calma e chegar a alguma coisa que nos agrade. Deve haver alguma forma de eu poder ajudar meu filho a estudar para a prova e também fazer com que os convidados saibam que eu também os considero importantes".

A princípio, o meu pai ficou meio na defensiva, e acabou dizendo, "Com calma? Posso falar sobre isso com calma. É você que perde a cabeça toda vez". Bem, não mordi a isca dessa vez. Simplesmente repeti aquele tipo de resposta com uma ligeira variação, dizendo, "Pai, me preocupo com o senhor e sei que podemos chegar a algo satisfatório para nós dois".

Nos dez minutos seguintes, tivemos uma conversa decente, de adulto para adulto, ao cabo da qual chegamos a um acordo excelente. Ficaria aqui para ajudar meu filho, mas às oito em ponto naquela noite iria visitar meu pai em sua casa e conversar alguns minutos com os parentes que vinham de longe. Meu pai poderia se sentir orgulhoso de que sua filha se mostrasse educada e eu poderia atender sua solicitação sem deixar de lado meu filho e minhas próprias necessidades.

O mais importante, porém, é que eu tinha a sensação agradável de ver-me no papel de alguém que calma e positivamente facilita as coisas e que é capaz de fazer com que o próprio pai coopere consigo. Por fim, encontrei as palavras que me ajudaram a ter a sensação de agir com maturidade, e não como uma criança rebelde.

Apesar do êxito que Caroline e muitos outros pacientes têm tido ao usar esses tipos de resposta enérgicos mas de respeito, eles podem não funcionar em todas as situações. Você talvez precise aperfeiçoar e tentar outras abordagens, que lhe dêem a oportunidade de se sentir calmo e no controle das coisas, independentemente do quanto os seus pais se perturbem ou exijam coisas de você. Quando por fim você descobrir que pode ter uma conversa de adulto para adulto, de igual para igual, com os seus pais, a despeito de seu temperamento difícil, isso lhe parecerá um grande passo no seu processo de cura.

Etapa nº 3: Descobrir a melhor forma de ajudar seus pais à medida que eles envelhecem ou que a saúde deles declina

Uma das principais razões para o Quinto Mandamento, em conformidade com o que diz a maioria dos comentadores da Bíblia, é que a prova máxima de honrar seu pai e sua mãe ocorre quando eles se sentem isolados, ficam doentes ou contam cada vez mais com você no que diz respeito a apoio financeiro, emocional ou a cuidados em geral.

Sua primeira reação à dependência de seus pais quanto a você, ou ao fato de eles necessitarem mais de você do que antes, talvez seja certa sensação de perda ou confusão. É possível que sinta até um pouco de raiva em função de eles esperarem coisas de você as quais não sabe como dar.

Um paciente em terapia me disse, "Quando minha mãe morreu e meu pai começou a depender do meu apoio, foi deprimente a princípio. Como é que de repente se muda de criança que um pai quer proteger para pai de um adulto que parece criança em suas necessidades?"

No século XVII, um estudioso da Torá chamado Gur Aryeh ha-Levi sugeriu, "É natural que os velhos sejam desprezados pela população em geral quando não podem mais atuar como atuavam. O mandamento 'Honra teu pai e tua mãe' foi criado especificamente para essa situação".

Mesmo que você tenha realizado muito trabalho interior para perdoar seus pais e tenha aprendido a estabelecer limites de respeito com eles, essa fase seguinte da relação entre pai e filho ainda apresentará alguns desafios a que você terá de aprender a fazer face.

Os fatores-chave para ser uma pessoa que ajude de maneira saudável e eficaz

Se você quiser reagir com êxito à dependência cada vez maior de seus pais com relação a você sem se ver perplexo, impaciente ou tenso com semelhante desafio, exatamente de que modo fará isso? No decorrer dos últimos vinte anos, uma grande quantidade de pesquisas científicas excelentes foram realizadas para identificar os fatores de *stress* e as melhores estratégias de combate com vistas a cuidar de pais idosos ou doentes. Trabalhando com essas pesquisas e com o que observei enquanto aconselhava as famílias e agia como alguém que presta assistência, descobri três fatores-chave que podem ajudar a ser mais prestativo aos pais doentes sem descuidar das próprias responsabilidades e da própria saúde.

Atente para quais dados que se seguem você já sabe pôr em prática de maneira eficaz com seus pais, e quais terá de desenvolver a fim de fazer face ao desafio que mais cedo ou mais tarde a maior parte dos adultos depara:

Chave nº 1: Controlar o medo de pedir ajuda e estar certo de ter as informações e a orientação necessárias à situação dos pais

Sempre que um dos pais adoece ou passa por problemas emocionais ou financeiros relacionados à velhice, você precisa informar-se rapidamente sobre como ajudar seus pais a reagir a esses problemas difíceis. Descobrir onde ter a orientação e a assistência de especialistas é fundamental. Recomendo-lhe telefonar pelo menos para uma fonte de informações a partir de cada uma das categorias seguintes:

- Peritos em problemas e recursos relativos aos idosos. Se você ligar para (800) 555-1212, poderá ter o número de telefone da Area Agency on Aging do seu Estado e da American Association of Retired Persons. Ambos têm muitas informações gratuitas e a baixo custo sobre problemas que afetam os pais idosos.
- Agências locais que querem ajudar os filhos a cuidar melhor dos pais. Se você telefonar para a sua sede local da Jewish Family Service, Catholic Social Services, ou outras instituições de serviço à família, encontrará alguém treinado para responder quase todas as perguntas que você possa fazer ou para encaminhá-lo a alguém que o possa ajudar. Ou pode telefonar para o gabinete nacional dos Children of Aging Parents (disque [215] 555-1212 para conseguir o número atual) e descobrir se existe uma sede local dessas organizações úteis perto de você.
- Organizações nacionais e centros de informação sobre todo tipo de doença por que seus pais estejam passando. Você pode receber uma série de folhetos úteis e boletins se ligar (800) 555-1212 e pedir o número de canal direto para comunicação de emergência da organização especializada no problema dos seus pais (i.e., a Alzheimer's Association, a American Cancer Society, a American Heart Association, o Better Hearing Institute, a National Alliance for the Mentally Ill, e assim por diante).

Fazer contato com aconselhamento e assistência especializada é um passo fundamental que muitos filhos de pais idosos *deixam de dar* por três razões simples:

1. Por terem ouvido de suas famílias que é errado deixar que os estranhos venham a saber de quaisquer problemas na família.
2. Porque equivocadamente acreditam que assistentes sociais e os serviços na área da saúde são apenas para quem não tem dinheiro.
3. Erroneamente crêem que ser bom filho requer que você faça cem por cento em termos de dar atenção e não peça a ajuda nem o conselho de ninguém.

Recusar-se a pedir ajuda por causa de crenças desse tipo pode não só fazer com que a pessoa se sinta sobrecarregada e confusa, mas também pode ser extremamente nocivo no que concerne ao nível de atenção e apoio que os pais recebem. Quando eu estava pesquisando para meu livro de 1990, *When a Loved One is Ill: How to Take Better Care of Your Loved One, Your Family AND Yourself*, entrevistei dezenas de peritos no campo e indaguei deles, "Qual é o erro que a maioria dos filhos adultos comete quando os pais estão doentes?" Quase todo perito deu a mesma resposta: o maior erro que se pode cometer é tentar fazer tudo por si mesmo e deixar de lado a ajuda e a orientação especializada, que se acha tão acessível na sociedade.

Chave nº 2: Em vez de ver-se como vítima das necessidades cada vez maiores dos seus pais, comece a se considerar um "administrador de atenção" que lhe assegura o poder de delegar a maior parte das tarefas a alguém em quem você confie

Quer você viva perto ou longe dos seus pais, você pode ajudar a realizar seu trabalho de atenção diário pedindo a alguém ou a instituições de serviço social para que o auxilie a encontrar os recursos necessários e as pessoas certas para as diversas etapas que envolvem o apoio aos pais. Por exemplo, se perguntar aos que o cercam, provavelmente conseguirá: alimentação a preços baixos, transporte, opinião de mais de um médico, tratamento em casa, marcação de consultas diariamente por telefone ou visitas dos voluntários, recursos diários para os pais com doença de Alzheimer ou com demência, observação especializada no lar quanto à qualidade do tratamento e muitos outros serviços de valor que lhe permitirão cumprir as outras responsabilidades em sua vida.

Mesmo que "administrar" o tratamento de seus pais envolva encontrar boas pessoas e delegar-lhes certas tarefas, você ainda pode reservar para si mesmo as coisas que quer fazer pessoalmente para eles segundo o seu próprio estilo de vida. Por exemplo, tem vontade de fazer você mesmo um prato especial pelo menos uma vez por semana para os seus pais que estão doentes? Quer ter certeza de que pretende ser a pessoa a levá-los a um encontro específico em que resultados de exames fundamentais ou opções importantes serão discutidos? Quer reservar tempo para momentos de aproximação com respeito a eles, momentos em que há maior probabilidade de união? Quer ajudá-los a ter vínculos sinceros com velhos amigos, netos e outros que possam lhes acender a chama no espírito?

Vez por outra, a maneira mais amável de honrá-los durante a doença é reconhecer seus próprios limites e ter certeza de que encontrou o melhor tipo de tratamento da saúde em casa, recursos de qualidade ou serviço hospitalar que possa ajudar seus pais a viver com dignidade e sem sofrimento. Infelizmente, muitas pessoas se sentem tão culpadas sobre deixar que os pais sejam tratados por outras pessoas, que deixam de procurar as melhores opiniões disponíveis.

Entretanto, até os comentadores religiosos mais tradicionais do Quinto Mandamento nos incitam a que conheçamos nossos próprios limites e tenhamos boa vontade em procurar a melhor assistência disponível para o que não podemos fazer por nós mesmos. Há mais de oitocentos anos, o grande erudito Moisés Maimônides escreveu, "Se a condição dos pais piorou, e o filho não é mais capaz de suportar a tensão, ele pode deixar o pai ou a mãe e delegar aos outros a função de dar-lhes o tratamento adequado".

Tomar esse tipo de decisão nunca é fácil; mas recomendo-lhe que leve em conta o que é melhor para todos os envolvidos: seus pais, os membros de sua família e você mesmo. Se você discutir essas decisões com um geriatra, um rabino, um padre, um pastor e com seus pais, se isso for possível, acredito que tomará a decisão mais certa. E quando nos ocorre deparar dilemas tais como esses, por vezes temos de procurar o que é "satisfatório" ou o "melhor disponível", o que amiúde parece menos do que imagináramos pudéssemos proporcionar a nossos pais.

Chave nº 3: Superar a culpa e achar um modo de permanecer saudável de modo a sair-se bem com respeito aos pais

Um número demasiado grande de filhos adultos com pais doentes se sentem culpados por pensar na própria saúde e bem-estar quando os pais se encontram em estado pior; mas digo ao leitor que não é egoísmo reservar tempo para recuperar as energias despendidas; com efeito, é essencial que você cuide bem de si mesmo a fim de "recarregar as baterias" e recuperar a paciência, a visão clara das coisas e a calma necessária para se ter sucesso no tratamento dispensado aos pais doentes e no apoio dado a eles.

Há uma frase extremamente sábia e útil que a maioria das pessoas já ouviu. Se você fez uma viagem de avião e ouviu a fala segura e exemplar do comissário de bordo, talvez não tenha compreendido como essas instruções podem ser úteis quando usadas no desafio que envolve cuidar de um pai doente. Você provavelmente lembra que pouco antes de decolar, o comissário de bordo diz, "Em caso de emergência, cubra o rosto com a máscara de oxigênio antes de ajudar a pessoa que está do seu lado".

Essa nunca seria sua primeira reação. Numa emergência, é natural precipitar-se e ajudar a criança, o pai ou o amigo doente; contudo, se você não colocar no rosto a máscara de oxigênio em primeiro lugar, em pouco estará sem forças e não será capaz de respirar, nem de tomar decisões importantes, tampouco sentir-se bem e calmo o bastante para ter êxito ajudando a pessoa que precisa desesperadamente de você.

Quero deixar claro que *não* estou dizendo que ignore seus pais doentes ou fuja ao desafio, mas estou afirmando que em vez de se sentir culpado por cuidar de você mesmo, esteja consciente de que, quando reservar alguns momentos todos os dias para meditar, orar, fazer exercícios ou coisas de que gosta, você pode transmitir a seus pais mais energia de cura. Da próxima vez que sentir aquela ponta de remorso por pensar nas suas próprias necessidades, trate de lembrar da sabedoria da voz do comissário de bordo: "Relaxe, respire um pouco do oxigênio e se conserve são e compenetrado de modo que possa tomar a decisão mais certa e ser delicado com a mãe ou com o pai que precisa de você."

"UMA OPORTUNIDADE PARA ESTAR PERTO"

As etapas descritas neste capítulo podem mudar-lhe o relacionamento com os pais que lhe possam dar trabalho, transformando-o de fardo a oportunidade de união e de vínculo sincero.

Você talvez lembre que, no início deste capítulo, apresentei-lhe Gordon, um membro do clero estimado e dinâmico, e a mãe dele, que era viúva e que constantemente lhe dizia que ele não fazia o bastante por ela. Tornado filho único desde que o irmão mais velho fora morto no Vietnã, Gordon sabia que se aproximava rapidamente o momento em que a responsabilidade maior pela mãe anciã lhe pesaria nos ombros. Durante uma de suas primeiras sessões de terapia, ele me disse, "Fico aborrecido com o fato de não poder satisfazer minha mãe. Nunca nos demos muito bem com respeito a isso quando ela tinha uma saúde razoável. Fico pensando em como vai ser estressante se ela ficar gravemente doente".

Depois de alguns meses de terapia, contudo, Gordon tinha esperanças. O aconselhamento que recebia estava indo bem, e ele tivera êxito em colocar em prática a atitude do perdão e as etapas do estabelecimento de limites e lograra uma nova perspectiva sobre como lidar eficazmente com as exigências da mãe. Ele descreveu-me a situação no dia em que parou de fazer terapia:

"Minha mãe ainda tem atitudes negativas e críticas com muita freqüência, mas agora que consegui superar a maior parte de meus ressentimentos e estabelecer limites mais definidos com respeito a ela, é bem mais fácil esquivar-me à sua negatividade e usufruir o lado amável e brincalhão que ela também tem. Apesar de ela por vezes fazer observações mordazes, estivemos mais unidos e felizes nesses poucos meses do que em muitos anos em que passamos juntos."

Não ouvi falar de Gordon durante quase um ano, mas um dia recebi um telefonema dele e ele parecia muito preocupado. Sua mãe sofrera um grave ataque, e de repente o desafio de honrá-la havia mudado, de modo que Gordon naquele momento assumira o encargo de cuidar dela diariamente.

Quando Gordon veio de novo para o aconselhamento, discutimos as três etapas fundamentais arroladas anteriormente. Como a maioria das pessoas, Gordon relutou a princípio em procurar o apoio do serviço social ou em admitir suas próprias limitações. Gordon disse, "Tenho a impressão de não cumprir minha responsabilidade quando começo a pedir a outras pessoas que venham cuidar de minha mãe. Apesar de tudo, somos do mesmo sangue, assim, ninguém pode ficar a seu lado como eu posso".

Depois de algumas semanas, todavia, Gordon começou a se sentir esgotado e se tornou irascível com respeito a sua mãe. Ele explicou, "Tento levá-la a fazer os exercícios de reabilitação e a se alimentar com propriedade, no entanto, tudo o que ela faz é se opor a mim. Às vezes, é como se eu a chacoalhasse e dissesse, 'Mãe, não quer melhorar? Por que está brigando comigo?'"

Isso ocorre com muita freqüência quando qualquer um tenta fazer tudo pelos pais doentes. Esgotamento, impaciência e certa luta pelo controle forçosamente devem ocorrer.

Durante uma sessão seguinte, Gordon começou a ponderar sobre os meios de que se podia valer com vistas a certas tarefas que ele próprio queria realizar, como fazer pratos especiais para a mãe e levá-la para passear em sua cadeira de rodas e conversar agradavelmente nos fins de semana; mas ele também sabia que estava pronto para começar a delegar algumas das funções cansativas que não poderia desempenhar sem se sentir esgotado.

Nas poucas semanas seguintes, Gordon discutiu com os médicos da mãe, com uma instituição de serviço social da região e com um conselheiro em linha direta da American Heart Association no que concerne a achar estratégias criativas para tomar conta de sua mãe. Perguntando aos outros, foi capaz de providenciar um programa diário de baixo custo para tratamento da saúde em casa, alimento gratuito, transporte para as visitas dos médicos, um excelente programa de reabilitação e algumas atividades sociais agradáveis para a mãe.

Em vez de continuar confuso e isolado, Gordon descobriu que poderia fazer muito por ela. "Com tantas pessoas experientes ajudando com conselhos, fontes e programas que eu ignorava", disse ele, "consegui sair-me bem com minha mãe e tornar a vida dela um pouco mais fácil e mais cheia de esperança. Ainda há dias em que ela tem uma recaída e ambos nos sentimos acovardados. E ela também ainda me critica às vezes, mas sei no fundo do coração que consegui honrá-la muito mais do que poderia imaginar".

Gordon também me disse posteriormente, "Uma conseqüência inesperada do ataque de minha mãe e das novas responsabilidades quanto a tomar conta dela foi que tivemos algumas oportunidades para relaxar e ficarmos juntos como nunca havíamos ficado. Na semana passada, comprei-lhe uma fita de um de seus musicais favoritos, O *Rei e Eu*, e nos sentamos para ouvi-la juntos. Foi como uma união mística, estar sentado lá com ela em seu quarto, a luz do sol se filtrando ali na hora do pôr-do-sol fora da janela, e a música fazendo com que relaxasse e lhe trazendo um sorriso ao rosto. Todas as brigas e sofrimento em nossa relação se dissiparam por um momento, e tive verdadeiramente a sensação de integração com ela. Jamais me esquecerei disso".

Supõe-se que honrar seu pai e sua mãe não é fácil, mas você *pode* encontrar uma forma de cura interior, de estabelecimento de limites mais claros e de respeito perante os pais de temperamente mais difícil. Independentemente da tensão que haja no relacionamento que você tem com eles, sempre existe a possibilidade de alguma melhoria e de alguns momentos de união que haverão de lhe tornar precioso o restante de sua vida.

6

O SEXTO DESAFIO

O que Você Pode Fazer para não Oprimir Espiritualmente uma Pessoa

Reza o Sexto Mandamento do Livro do Êxodo, "Não matarás", e por muitos séculos ele tem ajudado a lembrar as pessoas de que, embora sejamos passíveis de ímpetos de cólera destrutivos, podemos também reagir de modo racional a quaisquer insultos, problemas ou atos contrários a nós. O Sexto Desafio, "Não deixe que a sua raiva ou que o seu desespero o façam aniquilar uma vida humana", também se aplica ao suicídio. Esse desafio é visto por muitos estudiosos como uma das principais contribuições espirituais para a civilização. De acordo com um respeitado comentário cristão das Escrituras, intitulado *The Interpreter's Bible*, "Se se fosse aquilatar o êxito dos Dez Mandamentos, talvez o Sexto Mandamento houvesse sido o mais bem-sucedido de todos. Ele nos tem lembrado de que a vida de uma pessoa é o bem terreno mais precioso que se tem, e o direito de usufruir a vida deve ser resguardado da irresponsabilidade ociosa que privaria uma pessoa desse bem por 'trinta moedas de prata'. O respeito pela vida humana desenvolveu-se definitivamente por causa do Sexto Mandamento. É mais difícil dissimular o assassinato usando um nome respeitável do que fazer isso com qualquer outro dos atos proibidos nos Dez Mandamentos".

Apesar dessa clara advertência quanto a não destruir a vida, muitas pessoas com o correr dos anos tentaram contorná-la; no entanto, mesmo quando alguém afirma que há uma razão de caráter opressivo e religioso, político ou psicológico para matar alguém, a maioria dos estudiosos dos Dez Mandamentos, se não todos eles, salientam que essa pessoa está errada. Por exemplo, quando Yigal Amir, o assassino confesso do primeiro ministro israelense Yitzhak Rabin, insistiu que encontrara uma justificativa religiosa superior parta matar o líder de sua nação, quase todos os rabinos e teólogos no mundo disseram que Amir estava terrivelmente enganado e que a sua arrogância constituía um claro exemplo de por que necessitamos ser humildes e atentar para as palavras do Sexto Mandamento, a injunção contra o assassinato.

Como destacou o mestre e intérprete do século II, o rabino Yishmael, "Quando você acredita no Primeiro Mandamento, que afirma a existência de um Deus que se revela na criação e no espírito humano, o Sexto Mandamento passa a combinar com ele — não destrua o espírito divino que se encontra em todo ser humano".

O SENTIDO MAIS PROFUNDO DAS PALAVRAS

Além disso, o Sexto Mandamento pode ser interpretado como que nos convocando a fazer tudo o que pudermos para impedir que o assassinato ou o suicídio ocorram. A frase hebraica encontrada no Êxodo 20:13 apresenta muitos significados mais profundos também. De acordo com um dos guias mais completos para o hebraico da Bíblia, *The Hebrew and English Lexicon of the Old Testament*, de Brown, Driver e Briggs, a advertência "Lo *tirtza-akh*" tem sua raiz na palavra *rahtz-akh*, que pode ser traduzida como:

1. Não mate ninguém nem você mesmo.
2. Não quebre, machuque nem esmague, o que pode significar romper com a vontade de alguém ou oprimir esse alguém. Isso se aplicaria sobretudo às crianças, a um parceiro, uma pessoa que estivesse com problemas financeiros, ou a alguém que não pode defender-se.
3. Não bata nem estraçalhe, o que pode significar não cair de assalto sobre alguém física ou verbalmente, não humilhar os outros.

O Talmude apresenta diversas advertências quanto a humilhar alguém ou usar palavras de desprezo como o equivalente a cometer um crime. De fato, no hebraico, a palavra que designa humilhar alguém, *mahlbeen*, que significa literalmente "deixar branco" ou fazer com que o sangue desapareça do rosto da pessoa por encontrar-se ela em desgraça. Eis por que no Talmude se lê, "A pessoa que envergonha alguém mais na presença dos outros — é como se ela derramasse sangue", e por que no Judaísmo tradicional fazer alguém se envergonhar é considerado algo equivalente a um crime.

PÔR ESSES PRINCÍPIOS EM PRÁTICA NO SEU DIA-A-DIA

Quando tentamos observar esses sentidos mais sutis do Sexto Mandamento — não estraçalhar, bater nem magoar o espírito das pessoas com quem lidamos todos os dias, isso passa a ser sobretudo um desafio diário. Mesmo que você jamais pudesse se imaginar matando alguém ou tirando a sua própria vida, você provavelmente *poderia* se imaginar numa situação em que se visse tentado a rechaçar, a reprimir emocionalmente ou a dizer algo desrespeitoso a alguém que nos aborreceu. É possível que tenhamos momentos em que acidental ou inadvertidamente tratamos alguém mal, o que acabou por magoar a pessoa durante algum tempo. Ou é possível que tenhamos descoberto que nossas críticas severas ou nosso perfeccionismo insensibilizaram nosso espírito por vezes.

Como explica o rabino Harold Schulweis, "Enquanto o Sexto Mandamento, 'Não matarás', se refere a matar outra pessoa, num nível mais profundo significa que você não deve se matar. Como uma pessoa se mata? Há formas de escolher a morte, morrer mil mortes, remoer-se por meio das torturas da auto-recriminação e da culpa".

Chamei esse Sexto Mandamento de "Não oprimir espiritualmente uma pessoa", porque achei que ele diz respeito ao âmago do problema levantado pelo Sexto Mandamento — como ter certeza de que não destruímos a essência divina em cada ser humano, incluindo nós mesmos. Quando você pensa no Sexto Mandamento — "*Lo tirtza-akh*" — como "Não cause danos a si mesmo nem magoe o espírito dos outros", você tem a oportunidade de começar a tratar as demais pessoas e a si mesmo de modo muito melhor. Isso nos lembra de que vivemos juntos como uma família e precisamos cuidar uns dos outros. Dá-nos motivação para procurar modos de poupar vidas humanas e pôr um termo às ofensas, pressões e agressões que ocorrem num grande número de famílias, ambiente de trabalho e situações sociais.

Se você olhar ao redor e se perguntar, "Há algum modo de eu poder fazer algo sobre as agruras da vida, ou para proteger os espíritos humanos que correm o risco de ser prejudicados?", poderá perceber que o Sexto Mandamento sugere idéias úteis para a sua vida diária. Dessa perspectiva que envolve prevenção e cura, você pode passar a três etapas específicas para diminuir a probabilidade de dano ou de atos cruéis sendo cometidos a alguém no seu cantinho do mundo.

Conquanto não possa assegurar que a maioria dos crimes e dos atos de crueldade deixará de existir em função dessas sugestões, posso prometer-lhe que se você *poupar ou melhorar até mesmo uma vida*, terá valido a pena. Como lemos em um dos livros do Talmude, "A pessoa que salva até mesmo uma vida salva o mundo todo".

Procedimento para a Ação nº 1: Descubra um modo de resolver e curar as mágoas e o sofrimento que você possa estar carregando do seu passado e que podem ter efeitos colaterais duradouros

Com respeito à primeira etapa: Há muitas experiências dolorosas na vida que podem oprimir ou magoar o espírito de alguém, a não ser que esse alguém encontre um modo de resolver o trauma e seus sentimentos duradouros. Estes incluem os maus-tratos por que uma pessoa passa na infância; o ter sido testemunha de violência física e emocional mútua por parte dos pais; o ter sido alvo de caçoada e crueldade por parte de colegas ou amigos; o ter tido um parceiro dado à violência física; as ofensas por parte dos pais, parentes, namorados ou chefes; bem como outros traumas tais como violência sexual, espancamento e outros tipos de infrações violentas.

Você ficaria surpreso com descobrir apenas de que modo muitas pessoas levam dentro de si essas mágoas. Conquanto exteriormente pareçam ter dado conta desses traumas, na verdade podem se sentir à beira de uma crise emocional por causa das coisas dolorosas por que passaram mas que nunca assimilaram de todo. Sem que tenha intenção disso, uma pessoa que foi vítima de violência emocional ou física pode inadvertidamente ser levada por circunstâncias posteriores a cometer atos dolorosos ou autodestrutivos de que no fundo se lamenta mas que lhe parecem não passíveis de ser controlados. Anos ou até décadas depois dos acontecimentos dramáticos, as emoções dolorosas em nós ainda esperam ser assimiladas e liberadas.

De acordo com inúmeras pesquisas no campo da psicologia, quando um trauma doloroso do passado não é devidamente assimilado em nossa psique, ele pode levar a uma ou mais das situações seguintes:

- Um problema cada vez maior com respeito à comida, a drogas ou ao álcool, que serve ao propósito de neutralizar o sofrimento duradouro que a pessoa leva dentro de si.
- Certa sensação de retraimento ou de ser incapaz de relaxar em algumas situações que fazem lembrar o acontecimento doloroso no passado.
- Uma espécie de entorpecimento do espírito, de modo que a pessoa por vezes não consegue sentir a alegria, ignora a experiência da intimidade ou chora justamente por causa desse embotamento psicológico dentro dela.
- Problemas de pele, de estômago, e outros sintomas relacionados ao *stress* que se podem dever a fatos traumáticos no passado.
- A tendência para querer punir os filhos ou para erguer uma muralha com respeito a eles, ao parceiro ou aos colegas de trabalho, quando há pressão ou desrespeito por parte deles, o que traz à tona uma vez mais o sofrimento oculto.

Se você quer ter certeza de não oprimir o espírito de alguém, inclusive o seu, uma primeira medida importante é procurar ajuda para minorar as lembranças dolorosas que ainda se agitam em sua alma. Mesmo que você tenha prometido a si mesmo, "Nunca farei a ninguém o que fizeram comigo", as pesquisas sugerem que continua a haver uma probabilidade de grau médio ou elevado no que concerne a você ter um "curto-circuito", uma sensação duradoura de agitação, ou certa tendência de ser cruel consigo mesmo ou com as pessoas que ama em função dos acontecimentos traumáticos do passado. Mesmo que você não tenha intenção de transmitir esse sofrimento a seus filhos, a seu parceiro ou a seus amigos, seus problemas não resolvidos podem vir à luz e fazer que você pratique atos prejudiciais aos outros ou a seu próprio bem-estar.

Por exemplo, Trina é uma mulher de trinta e seis anos, mãe e divorciada, com dois filhos muito teimosos — um menino de oito e uma menina de três. Quando Trina veio me procurar pela primeira vez para aconselhamento, ela me disse, "Preciso de ajuda para ter certeza de que não estou tratando meus filhos do modo como fui tratada pelos meus pais. Quando eu era criança, apanhava de meu pai só de vez em quando, mas até hoje minha mãe é capaz de me dizer as coisas mais desprezíveis e cruéis. Jurei que nunca ia bater nos meus filhos nem falar com eles dessa forma, mas há vezes em que sinto que aumenta dentro de mim essa tendência de proibir os dias de sol e de alegria na vida dessas duas crianças teimosas".

A exemplo de muitos pais de boa índole, Trina viu-se presa de um dilema. Se fosse por demais complacente sem se preocupar com assegurar a disciplina e estabelecer limites claros para os filhos, fracassaria perante eles como mãe. Por outro lado, se recorresse ao mesmo tipo de disciplina cruel que quase a oprimira quando criança, acreditava que também fracassaria com respeito aos dois.

Nos meses seguintes, Trina tomou várias atitudes que a ajudaram a começar a agir à vontade e com responsabilidade no que tange aos filhos. Começou indo a alguns encontros de um grupo chamado de Pais Anônimos, no qual falou com um grande número de pais às voltas com problemas semelhantes, quanto a não querer maltratar os filhos teimosos ou geniosos. Depois, fez um curso para pais num centro educacional próximo, em que aprendeu modos específicos de estabelecer limites de forma amável mas firme, sem refrear a curiosidade natural e a disposição dos filhos. Entrementes, em suas sessões de aconselhamento individual, Trina examinou os medos e a tristeza que acumulara em si por muitos anos como conseqüência de ter crescido numa família emocionalmente instável.

No seu último dia de aconselhamento, ela me disse, "Durante anos estive tentando fingir que esquecera o passado; mas quando me vi próxima de perdê-lo com meus filhos, tive consciência de que esses problemas ainda estavam se agitando dentro de mim. Hoje me sinto muito mais controlada, e tenho coisas que posso fazer para ter certeza de que meus filhos não passam das medidas, me induzindo a fazer aquilo de que mais tarde me arrependeria. Meus filhos ainda são terríveis, mas sinto mais vitalidade e controle agora que tive essas aulas e trabalhei em certos sentimentos dolorosos de há muito. Acho que tenho de agradecer a eles por me dar um motivo para resolver tantos problemas que eu estava tentando esconder dentro de mim".

Quer você precise curar o seu espírito das experiências anteriores envolvendo emoções negativas na infância ou qualquer outro tipo de trauma, há inúmeros grupos de apoio, cursos, livros úteis, conselheiros qualificados e centros de informação arrolados na seção Referências no final deste livro. Independentemente daquilo por que você passou, você *pode* se curar das lembranças dolorosas que teve na vida e que podem ter deixado uma marca em seu espírito ou diminuído a sua vitalidade.

Procedimento para a Ação nº 2: Atente cuidadosamente para ver se há alguém na sua vida cujo espírito seja por vezes subjugado inadvertidamente por algo que você faz ou diz

A maior parte das pessoas não tem intenção de ferir nem de subjugar os outros, mas às vezes as palavras que dizemos ou as coisas que fazemos, ou mesmo as que deixamos de fazer, podem deixar uma cicatriz funda no espírito de alguém por quem nos preocupamos do fundo do coração. Arrolados a seguir estão diversos modos comuns em que magoamos os outros sem dar conta disso. À proporção que ler a lista, seja honesto com você mesmo. Se você tem tendência para fazer uma ou mais dessas coisas, isso não o torna uma pessoa ruim, mas você deve querer mudar algum comportamento negativo para que não termine ofendendo o espírito de alguém de quem você gosta:

- Na condição de pai, você às vezes tenta proteger tanto o seu filho, que pode estar inconscientemente anulando a sua independência, motivação ou capacidade de tomar decisões com confiança?
- Como cônjuge ou namorado, você às vezes sente que está competindo com seu parceiro, e diz ou faz coisas que minam a confiança da pessoa que ama?
- Como membro de uma família, vê-se tão ocupado com seu serviço ou com outras atividades, que às vezes parece sobrecarregado, triste ou impaciente quando um outro membro da família precisa da sua atenção quanto aos seus problemas reais?
- Na condição de chefe ou de supervisor, você às vezes controla demais, fiscaliza as coisas em demasia, ou sem perceber cerceia a criatividade e as boas idéias das pessoas que trabalham com você?
- Na condição de pessoa tomando conta de uma pessoa doente ou de um ente querido inválido, você às vezes se precipita e faz coisas para essa pessoa as quais ela mesma preferiria fazer de maneira independente — o que leva você a desestimulá-la espiritualmente?
- Quando alguém lhe chega com uma idéia ou com o começo de um projeto que precisa de apoio ou orientação, você às vezes prejudica o entusiasmo dessa pessoa com suas dúvidas céticas ou medos e preocupações excessivas?
- Quando alguém chega até você procurando apoio emocional, você às vezes interrompe a pessoa tentando se fixar no problema com conselhos que não foram solicitados em vez de ser um bom ouvinte?

AS DIFERENÇAS ENTRE DAR FORÇA A ALGUÉM E FRUSTRÁ-LO

Se você quer sinceramente ajudar e não inibir o espírito dos seus filhos, do seu parceiro, dos seus colegas de trabalho, dos membros da sua família ou dos seus amigos, você pode precisar atentar para o erro mais comum que pode prejudicar ou frustrar inadvertidamente as pessoas que são alvo da sua estima. Esse engano ocorre quando você ou eu mesmo nos precipitamos com conselhos ou com tentativas de abordar o problema de alguém, enquanto, na verdade, aquilo que a pessoa solicita de nós é justamente atenção a ela e apoio quanto a resolver o problema à maneira dela mesma.

Todos sabemos que há vezes em que um ente querido tem necessidade de que nos sentemos e apenas demos ouvido, mas o motor dentro de nós continua ligado. Nesses momentos, é difícil não se precipitar e tentar resolver o problema com conselhos ou críticas, o que por vezes pode deixar a outra pessoa se sentindo "podada", manipulada ou não compreendida de todo.

Para lhe dar uma idéia do que quero dizer com a diferença entre dar força a alguém e frustrá-la, eis um poema que tem ajudado muitas pessoas a se tornar melhores ouvintes no que concerne a seus amigos, colegas e parceiros no amor. Esse poema apresenta sugestões específicas de que às vezes todos nós precisamos nos lembrar de não anular nem magoar inadvertidamente alguém que só precise de nossa atenção e de nossa presença enquanto procura sua própria solução. É possível que você queira ler esse poema mais de uma vez, primeiro se imaginando como alguém que diz o poema a uma outra pessoa que lhe toma a palavra para dar conselhos, e depois imaginar o poema sendo dito a você por uma pessoa determinada em sua vida a quem *você* às vezes frustra com conselhos que não foram solicitados.

OUÇA, POR FAVOR

Quando lhe peço que me ouça
e você começa a me dar conselhos,
você não fez o que eu pedi
nem soube do que eu preciso.

Quando lhe peço que me ouça
e você começa a me dizer por que eu não deveria me sentir desse modo,
você está passando por cima dos meus sentimentos.

Quando lhe peço que me ouça
e você sente que tem de fazer algo para resolver meus problemas,
você não me ajudou — por estranho que pareça.

Escute, por favor!
Tudo o que lhe pedi foi que me ouça.
Não que converse nem "faça" — só me ouça.
Conselho é coisa barata.
Cinqüenta cents *pagam "Dear Abby"*
e previsões astrológicas no mesmo jornal.

Isso eu faço por mim mesmo. Não sou indefeso.
Talvez desestimulado e indeciso — não desamparado.
Quando você faz algo por mim
que eu posso e preciso fazer por mim mesmo,
você contribui com meu medo e fraqueza.

Mas quando você considera algo simples o fato de que eu me sinto assim,
Independentemente do quanto isso pareça irracional,
então posso deixar de tentar convencê-lo
e posso começar a entender o que está por trás
do que digo e faço — o que estou sentindo.

Quando isso é claro, há chances de haver respostas,
e de que eu não precise de conselhos.
(Ou então, vou ser capaz de ouvi-los!)

Talvez por isso, para algumas pessoas, rezar funciona,
porque Deus é mudo,
e não dá conselhos nem tenta resolver
o que é da nossa conta.

Assim, por favor, ouça, só ouça.
E se você quiser conversar, combinemos quando será a sua vez:
prometo que lhe darei ouvidos.

— Anônimo

Essa tendência que a maior parte das pessoas tem para dar conselhos em vez de ouvir com atenção àqueles por quem se preocupa pode ser muito delicada às vezes; no entanto, do modo como foram descritos pela especialista em lingüística e autora dentre os escritores mais vendidos, a dra. Deborah Tannen, que escreveu o aclamado *You Just Don't Understand*, esses erros sutis entre as pessoas podem frustrar ou diminuir grandemente o amor próprio da pessoa que você está tentando ajudar.

Como explica Tannen: "Alguém que lhe fale sobre um problema solicita uma expressão de entendimento ('Sei como você se sente') ou uma queixa semelhante ('Me senti da mesma forma quando algo parecido me aconteceu'). Por outras palavras, a conversa se destina a reforçar a relação enviando a metamensagem 'Somos o mesmo; você não está sozinho'. As pessoas se frustram quando não só não conseguem esse reforço, mas também, pelo contrário, sentem-se distanciadas pelos conselhos, que parecem enviar a metamensagem 'Não somos o mesmo. Você tem os problemas, e eu, as soluções'."

Se alguém no trabalho ou na sua vida pessoal já lhe disse, "É frustrante quando você tenta resolver meus problemas em vez de me ouvir", você talvez precise examinar de que modo convive com seus colegas de trabalho, com a sua família ou com seus amigos.

Rompendo com o hábito

O caso de Brad exemplifica como é difícil — e importante — ouvir pacientemente numa conversa. Brad é gerente de *marketing* numa companhia de sistemas de informação de alta tecnologia, e ele veio procurar-me para aconselhamento por causa de sua noiva, Julie, que estava pensando em cancelar o casamento marcado e que dissera a Brad, "Veja bem, você é um sujeito legal e ainda o amo. Mas às vezes você simplesmente não ouve. Você diz que gosta de mim, mas então você me toma a palavra e tenta resolver meus problemas com conselhos padronizados e comentários que não agradam e que dão a impressão de que você não me entende". Nos últimos seis meses de trabalho, Brad estivera perdendo algumas das maiores contas para o seu competidor. Quando começamos a examinar nas sessões de aconselhamento por que isso estava acontecendo, Brad admitiu, "Alguns deles nunca dizem por que, mas alguns me disseram diretamente que sentem que eu estou 'empurrando' demasiadamente os itens que quero vender e que não estou de fato dando ouvidos ao que eles realmente necessitam. Um cliente antigo disse que o meu competidor é melhor por ajudar os outros a encontrar sua única forma de resolver problemas complexos, e que eles se sentem muito melhor sobre o modo como ele ouve e determina o que eles estão passando antes de entrar com detalhes específicos para tratar".

Assegurei a Brad que ele não estava sozinho na tentativa de ajudar pessoas dando conselhos e fazendo sugestões para resolver os problemas; mas algo sobre o modo como ele entrava na questão com comentários e soluções sem estar inteiramente atento e sem ajudar a outra pessoa a se sentir compreendida estavam lhe custando muito na sua vida pessoal e no seu trabalho.

Nos meses seguintes, Brad trabalhou para se tornar um melhor ouvinte. Aprendeu algumas técnicas específicas que podem ser importantes nos relacionamentos pessoais e no trabalho:

- Pratique manter a calma e estar muito atento quando alguém está tentando contar-lhe sobre seus sentimentos e frustrações sobre algo.
- Pare de se precipitar lançando mão de conselhos, fazendo crítica ou tentando resolver o problema, o que pode magoar a pessoa que você está tentando ajudar ou deixá-la alienada.
- Faça perguntas para ter certeza que entendeu inteiramente o que o outro está dizendo antes de tentar tecer comentários ou sugestões.
- Certifique-se de descobrir na pessoa o que ela precisa *em vez de tentar impor o que você acha que ela precisa.* Trabalhem juntos como colegas ou parceiros iguais, em vez de como um professor com respeito ao aluno ou um perito com respeito ao iniciante.

Quando Brad começou a usar essas técnicas de atenção e parceria com sua noiva e com seus clientes mais importantes, ele percebeu uma mudança significativa no modo como as coisas aconteceram. Brad explica, "Eu costumava ficar muito frustrado porque eu estava oferecendo, conforme eu pensava, excelentes conselhos, mas ninguém estava reagindo sem se opor. Agora não estou forçando as coisas para vender meu ponto de vista, mas estou criando oportunidades para ouvir as outras pessoas e trabalhar *com* elas. Isso é muito diferente. Não só consigo mais informações sobre o que a outra pessoa quer, como também a luta em função de quem está no controle e de quem vai vencer a conversa parece não existir agora que estamos trabalhando juntos como iguais".

Alguns meses depois que Brad completou a terapia, fui ao casamento dele e Julie e o ouvi dizer que estava tendo um desempenho muito maior no seu trabalho. No casamento, também encontrei Julie pela primeira vez. Ela me disse,

"Houve dias em que não achava que Brad e eu fôssemos fazer isso. Eu sempre soube que queria casar-me com alguém que não fosse apenas um marido mas também um amigo que desse apoio. Eis por que costumava parecer tão desanimador e revoltante quando Brad começava a me tomar a palavra com seus conselhos constantes e comentários padronizados. Eu tinha medo de deixar Brad continuar falando comigo daquele jeito e acabar perdendo meu amor-próprio, sentindo-me presa no casamento; mas agora, ele raramente faz isso comigo quando estamos conversando. Hoje, ele costuma ouvir como um bom amigo e me ajuda a encontrar forças dentro de mim mesma e um modo de resolver os problemas que aparecem em minha vida. Acho que ele se tornou o meu melhor amigo em vez de alguém que está tentando me controlar ou me deprimir. É um sentimento muito bom ir até ele com um problema e saber que Brad está lá para me ouvir".

Procedimento para a Ação nº 3: Pense nas coisas pequenas e grandes que pode fazer a seu modo para proteger os outros

Um outro procedimento para ouvir a voz do "*Lo tirtza-akh*" — "Você não deverá oprimir ninguém espiritualmente" — é descobrir de que modo você pode ajudar na sua região, no seu país ou internacionalmente a dar apoio a organizações que realizem um trabalho destacado na prevenção de danos ou na salvação de vidas. A maior parte das pessoas habitualmente não pensa na caridade ou nas boas ações como uma forma de viver à altura do Sexto Mandamento, mas, na verdade, muitos assassinatos, suicídios e crueldades dolorosas são impedidos todos os anos pelos esforços de pessoas sem especialização e voluntárias, não muito diferentes de você ou de mim.

Por exemplo, perto de onde moro e provavelmente de onde você vive, há inúmeras organizações para a prevenção da violência, as quais precisam de voluntários apenas algumas horas por mês, ou de contribuições que podem ser de alguns centavos por dia do seu dinheiro. Essas organizações são notadamente importantes no que concerne a impedir que as pessoas sejam vítimas de opressão, agressão ou de crimes. Darei a lista de apenas algumas formas de você agir para impedir prejuízos no seu cantinho do mundo. Talvez essas sugestões lhe despertem boas idéias sobre como contribuir para poupar almas vulneráveis.

A. *Você pode doar seu dinheiro ou dedicar algumas horas por mês a uma organização que trabalhe para salvar vidas*. Por exemplo, em Los Angeles há um programa notável em que antigos membros de gangues que se tornaram incapacitados permanentemente ou que foram mutilados pela violência das gangues visitam classes do primário e do secundário para falar aos alunos e chamar-lhes a atenção para os perigos de se envolver com gangues violentas. Dar apoio a um grupo como esse ou a alguma outra organização na sua comunidade que chega aos jovens *antes* que eles sejam impelidos a uma vida de violência pode salvar muitos meninos e meninas. Se você não conhece nenhuma organização na sua área, peça apenas aos professores do seu filho ou a sua igreja que lhe sugiram sobre como contribuir para impedir a violência.

B. *Você pode ajudar a levantar dinheiro ou pode dedicar algum tempo ou boas idéias a uma organização que se concentre na prevenção da violência no lar*. Há programas de prevenção da violência contra a criança nos quais pais e mães de adolescentes aprendem a partilhar técnicas que visam o controle do conflito. Há linhas diretas, abrigos e programas de aconselhamento para cônjuges que foram vítimas de espancamento, crianças que sofreram abuso sexual e pessoas idosas que foram alvo de maus-tratos, bem como para os próprios agressores. Perto de onde moro existe até um novo serviço de voluntários que envia conselheiros para estarem juntos, no tribunal, com pessoas que foram alvo de violência de seus parceiros, a fim de ajudá-los a ter coragem e não deixar que retirem as acusações nem minimizem os fatos no que concerne a parceiros ou namorados violentos, que têm de ser presos com sentenças rígidas. Se a violência que oprime o espírito das crianças, dos velhos indefesos ou dos cônjuges assustados são coisas que o sensibilizam, existem muitos lugares em que você pode ter uma atuação importante.

C. *Você pode dar uma contribuição semanal ou mensal ou oferecer-se voluntariamente como profissional especializado para uma organização que ajuda as pessoas a encontrar emprego e a voltar a viver normalmente*. Na maioria das comunidades, há inúmeros serviços para voluntários e com baixa remuneração que se destinam a ajudar pessoas que perderam o emprego. Esses serviços ajudam-nas a se reeducarem, fazem com que se aprimorem na sua área, desenvolvem técnicas de taquigrafia e para entrevistas para a concessão de cargos, e dão às pessoas treinamento e aconselhamento para despertar-lhes o ânimo. No Talmude, lê-se que tirar a vitalidade de aguém não só lhe oprime o espírito mas também é equivalente a um crime. De modo semelhante, o erudito do século XII Moisés Maimônides professava que a suprema forma de caridade diz respeito a ajudar alguém a se amparar e a ser capaz de cuidar de si e de seus entes amados sem contar com a caridade. Assim, quando você presta assistência num serviço de treinamento para emprego ou trabalha como voluntário para ajudar as pessoas que perderam o seu ganha-pão, você está essencialmente vivendo à altura da sugestão do Sexto Mandamento, qual seja a de que ninguém deve ser oprimido espiritualmente nem deve ser morto.

D. *No seu dia-a-dia, você pode tratar as pessoas que conhece de um modo que as fortaleça espiritualmente por meio do seu verdadeiro interesse ou respeito a elas*. O modo como você fala aos membros de sua família e aos seus amigos pode ter relevância no que concerne a eles se sentirem derrotados pela vida ou estimulados a enfrentar cada dia com dignidade e otimismo. Ademais, há muitos ensinamentos na Bíblia sobre a importância de tratar toda pessoa estranha que se conheça como um ser humano digno de respeito. Não estou dizendo que você deva se aproximar de pessoas estranhas com um sentido padronizado ou falso de sinceridade, porém, se você puder perceber no seu coração um interesse verdadeiro e o respeito por todo indivíduo que depare na vida, decerto exercerá sua influência sobre mais almas do que é capaz de imaginar.

Para lhe dar uma idéia da importância de tratar uma pessoa estranha com dignidade e respeito, quero relatar-lhe uma história contada pelo arcebispo episcopal Desmond Tutu, da África do Sul, que ganhou o Prêmio Nobel por seu empenho de longo prazo contra as políticas de opressão econômica e racial do seu país antes da mudança do governo em 1994. Quando indagado sobre qual fora a experiência determinante em sua vida, Tutu respondeu, "Um fato me ocorre imediatamente. Quando eu era criança, vi um homem branco cumprimentar com o chapéu uma mulher negra. Peço que entenda que tal gesto era totalmente desconhecido em meu país. O homem branco era um bispo episcopal, e a mulher negra era minha mãe".

Por que até mesmo algum tempo de dedicação, uma pequena quantia em dinheiro ou a demonstração de respeito são coisas importantes

Há uma outra história que quero incluir sobre a importância de como uma pequena demonstração de zelo e dignidade pode ajudar uma pessoa em vias de ser vítima da opressão espiritual. Colhi essa história em fontes judaicas e cristãs, e sua mensagem de inspiração diz respeito a todos, independentemente da formação e das crenças. Mais recentemente, ouvi essa história contada por um membro da minha congregação o qual trabalha como voluntário algumas horas por semana passando o seu tempo com pacientes de AIDS que não podem sair de casa e organizando visitas a eles. É a história da menina e da estrela-do-mar.

Era uma vez uma menina que estava na praia em companhia do avô, um homem um tanto cínico e cansado de ver muitos exemplos de crueldade humana. Ao longo da linha litorânea a menina observou atentamente como uma estrela-do-mar delicada, que fora lançada à areia, lutava para voltar à água a fim de sobreviver.

A menininha pegou a estrela-do-mar e gentilmente a colocou de volta na água salgada, onde foi boiando para longe em segurança; porém, enquanto a garota e o avô olhavam ao longo da linha da costa, viram que havia centenas de estrelinhas-do-mar que também tinham sido lançadas à areia. Quando a menina curvou-se e apanhou uma segunda estrela-do-mar para jogá-la de volta à água, o avô fez uma observação, "De que adianta ficar pegando essas estrelas-do-mar? Há muitas: as que você devolver ao mar não farão diferença".

A menina pensou por alguns momentos. Depois, respondeu, "Fará diferença para cada uma que eu ajudar".

Todos os dias, haverá oportunidades para oferecer apoio aos espíritos frágeis que você deparar, ou mesmo para tirar-lhes o ânimo. Se esse livro o inspirou a tratar de algum aspecto do seu espírito ou a certificá-lo de que você está tratando com respeito o espírito de outra pessoa, espero que reconheça que seus atos têm um impacto duradouro em cada pessoa que você encontra. É uma grande responsabilidade levar a sério de que modo você trata as pessoas na sua vida, e uma grande alegria saber que você agiu com zelo, afeto e amor.

7

O SÉTIMO DESAFIO

Como Melhorar a sua Sexualidade ao Ponto da Condição Sagrada e da Realização

O Sétimo Mandamento do Livro do Êxodo apresenta pontos de vista úteis e importantes sobre como ter uma vida sexual melhor. Isso pode surpreender as pessoas que acham que a espiritualidade e a sexualidade são opostos não passíveis de ser conciliados. Como um colega psicólogo me disse certa vez, "Do modo como as pessoas compartimentalizam sua vida, o sexo está num extremo e a santidade no outro". Ou, como explicou certa feita um paciente, "Não quero pensar em Deus quando as coisas estão 'pegando fogo' com outra pessoa. Isso me faz sentir culpa e mal-estar".

O Sétimo Mandamento *une* espiritualidade e sexualidade sugerindo que uma profunda intimidade erótica só pode ser conseguida quando se tem um vínculo espiritual e um compromisso de longa data com outro ser humano. As palavras das Escrituras simplesmente afirmam, "Não cometerás adultério", mas com os séculos muitos estudiosos têm interpretado essas palavras como uma diretriz com vistas a verificar o rico potencial espiritual inato a nossa sexualidade.

DEPENDE DE COMO VOCÊ DEFINE O SEXO

Mesmo nos anos de 1990, em que houve avanços que envolvem a sexualidade, muitas pessoas ainda pensam nela como algo sujo ou vergonhoso. Numa gíria urbana que surgiu há pouco, a relação sexual é até chamada de "sacanagem". O termo bíblico que designa intimidade sexual é a palavra hebraica *yada*, que significa conhecer. Não significa conhecer nem encontrar alguém breve e superficialmente, mas conhecer essa pessoa como um ser humano completo, como um par espiritual complexo e surpreendente.

De acordo com o rabino Michael Gold, autor de *Does God Belong in the Bedroom?*, "A Torá usa o termo *yada* — 'conhecer' — para indicar a relação sexual. O sexo é assim considerado mais do que um simples ato biológico; ele envolve conhecimento íntimo partilhado por dois seres humanos". Ou, do modo como foi descrito pelo rabino Rolland Gittelsohn em seu livro *The Extra Dimension*, "É mais do que uma coincidência lingüística o fato de a Bíblia usar *yada* — conhecer — para designar a relação sexual. Nossos ancestrais sabiam que o coito no nível humano se destinava por meio de Deus e da natureza a ser mais do que apenas contato e liberação física. Ele envolve dois indivíduos *se conhecendo* um ao outro — respeitando-se mutuamente e zelando um pelo outro de maneira profunda numa dimensão física e espiritual — amando-se mutuamente de maneira madura o bastante para desejar uma partilha permanente de sua existência".

Ponto de vista semelhante é expresso pelo padre Morton Kelsey, um sacerdote e autor dentre os mais vendidos, que descreve em seu livro *Caring: How Can We Love One Another* esse processo que envolve "conhecer alguém" da seguinte maneira: "Um dos desejos mais profundos dos seres humanos é ser completo, singular, único, em contato com todo o ser da pessoa, tanto com o lado masculino como com o feminino. Apaixonar-se é um modo quase sacramental de chegar a essa completude desejada. No entanto, pessoas ideais não existem. Quando descobrimos que a outra pessoa é bem diferente da pessoa ideal que estivemos esperando, um relacionamento *real* pode começar entre duas pessoas. Quando chegamos à compreensão, que desfaz as ilusões, de que a pessoa que amamos é diferente do que pensávamos ou queríamos, ou podemos desfazer o relacionamento ou *começar verdadeiramente a nos conhecer a nós mesmos e a outra pessoa, dando início à forma legítima de amor recíproco*".

A BUSCA DA VERDADEIRA INTIMIDADE

Em vez de considerar o Sétimo Mandamento como uma restrição inflexível quanto a fazer sexo com alguém novo, considere por um momento se ele poderia estar sugerindo algo mais íntimo e profundo. "E se...?" — o Sétimo Mandamento parece dizer — "E se você deposita seu coração e sua alma nessa relação inicial e trata o seu parceiro com tanta atenção, respeito e alegria quanto trataria alguém que estivesse paquerando ou tentando seduzir? E se você depositou tantas idéias criativas e tanto sentimento de compaixão nesse relacionamento com essa pessoa especial, que nenhum dos dois se sentiu desprezado ou carente de algo mais?"

A mensagem que está por trás do "Não cometerás adultério" é a de que conhecer plenamente o seu parceiro é fundamental para descobrir a realização sexual. Esse vínculo foi explorado por muitos estudiosos bíblicos em toda a história. Por exemplo, no século XIII um livro altamente influente publicado na Espanha, chamado *Iggeret Há-Kodesh* (traduzido como *A Carta Sagrada*), apresentava a abordagem espiritual para a elevação da sexualidade da pessoa. Os eruditos divergem sobre quem escreveu esse livro; muitos alegam que ele foi escrito pelo grande estudioso e místico Moisés Nachmanides, conquanto a maioria concorde em que o autor é desconhecido. Em todo caso, esse ensaio sobre a riqueza espiritual da sexualidade da Idade Média recomenda a observância de um respeito mútuo mais iluminado do que os conselhos em muitos livros sobre sexualidade publicados no século XX.

O autor judeu da era medieval escreveu, "Quando te envolveres no ato sexual, deves começar falando a ela de modo a trazeres o coração dela para ti, a lhe acalmares o espírito e a fazeres com que seja feliz. Assim, as mentes de ambos estarão confinadas uma com a outra como se fossem uma, e tua intenção se unirá com a dela. Fala-lhe de modo que tuas palavras provoquem desejo, amor, vontade e paixão, bem como dize-lhe palavras que levam à reverência a Deus, que levam à piedade e à modéstia.

"Um homem não deve se forçar com respeito à mulher e jamais a deve sujeitar, pois que o Espírito Divino nunca pousa sobre alguém cujas relações conjugais ocorrem na falta de desejo, amor e livre-arbítrio. Uma pessoa nunca deve discutir sobre sexo nem castigar a mulher por conta de assuntos relacionados ao sexo. Em vez disso, age para que lhe acalentes o peito falando a ela com palavras de ternura e sedução. Fala também de assuntos apropriados e dignos de nota, para que tua intenção e a dela sejam para o bem da eternidade.

"Um homem nunca deve relacionar-se sexualmente com sua mulher enquanto ela estiver dormindo, pois que em tal situação ela não pode concordar quanto ao ato. Não te apresses a acordá-la enquanto ela não for receptiva. Sê calmo, e, à proporção que tomares a senda do amor e da vontade, deixa que o orgasmo dela se realize primeiro."

No século XX, inúmeros escritores cristãos também analisam a sexualidade em termos de respeito e espiritualidade mútua. O *best-seller* que é um guia protestante para o ato de fazer amor, escrito por Clifford e Joyce Penner, intitulado *The Gift of Sex*, explica, "Sexo não é algo que 'fazemos' a alguém, tampouco algo que fazemos 'para' alguém... Sexo é uma experiência 'com' alguém. Temos de nos conceder o direito de receber prazer. Deus já nos deu esse direito. Decisões quanto ao sexo devem ser tomadas num ambiente de liberdade e franqueza. Tem de haver liberdade para expressar o que queremos, o que precisamos, o que parece bom ou mau. Ao trabalhar nossos problemas, a negociação baseada no fato de cada pessoa ter uma deliberação igual também será amiúde uma dimensão necessária para a comunicação".

A maior parte dos eruditos cristãos e padres isolam essa necessidade humana de respeito mútuo como a razão que está por trás da proibição do adultério. Por exemplo, a qualificada *New Interpreter's Bible*, que inclui a obra dos teólogos protestantes e católicos, dá a seguinte interpretação do "Não cometerás adultério":

"O Sétimo Mandamento indica o reconhecimento de que a sexualidade é assombrosa e muito perigosa. O assombro diante da sexualidade só ocorre quando ela é praticada com respeito e segundo uma disciplina. O perigo da sexualidade é que ela é capaz de evocar desejos nocivos a uma pessoa e às relações na comunidade. Em sua interpretação mais ampla, o mandamento contra o adultério visa relações mútuas de acordo, que são genuinamente favoráveis à vida, gratificantes, enriquecedoras e respeitosas. Semelhante idéia de confiança a longo prazo é tratada como algo quase ultrapassado numa sociedade narcisista preocupada com a liberdade e a satisfação pessoal."

O movimento de encontro de casais na igreja católica é responsável por fins de semana para casais que querem aproximar sua vida espiritual de sua vida sexual. Um dos líderes, o padre Chuck Gallagher, diz, "Os encontros de casais começam com a premissa básica de que o casamento é um caso de amor entre duas pessoas total e irrevogavelmente comprometidas uma com a outra. São duas pessoas que escolheram partilhar uma vida de autodescoberta mútua e de autorevelação".

Para o estudioso protestante Walter Harrelson da Vanderbilt University, o "pecado" de cometer adultério *não* é que o sexo seja sujo, mas, de preferência, que ser desonesto ou manipulador é algo desrespeitoso para com o parceiro. Harrelson descreve, "O mandamento contra o adultério simplesmente traz em si grande sabedoria e poder. Em sua natureza, a atividade sexual visa a partilha da vida e do amor com o parceiro. O aspecto principal é que os seres humanos se comprometem uns com os outros honesta, sincera e amorosamente, evitando o engano, a exploração e a conduta irresponsável de todo tipo. Uma prova dos nove é evidente: seria o relacionamento [extraconjugal] aquele em que encontro prazer à custa de alguém mais? A exploração dos seres humanos é errada e inadmissível".

Num mundo em que muitas pessoas contam mentiras grandes ou pequenas para levar alguém para a cama, o Sétimo Mandamento parece estar dizendo, "Não seja subserviente, manipulador nem superficial com algo tão maravilhoso e sagrado quanto a sua sexualidade. Ela é uma dádiva que merece cuidados especiais.

O DESAFIO DE CONCRETIZAR UMA "NOBRE MONOGAMIA"

Além dos mestres judeus e cristãos, muitos especialistas seculares em psicologia e espiritualidade tratam da sexualidade como sendo o desafio de conhecer alguém intimamente e construir uma vida de profundos vínculos sentimentais. O aclamado jornalista e perito em aikidô George Leonard escreveu um livro controvertido sobre as dificuldades e alegrias de buscar uma "nobre monogamia", que ele descreveu como uma aventura desafiadora em que ambos os parceiros num relacionamento de longo prazo procuram juntos um caminho espiritual que estabeleça o amor criativo e de transformação.

Afirmando que a nobre monogamia era uma opção mais gratificante do que o casamento liberal ou do que os casos esporádicos, Leonard escreve, "É fácil ligar os múltiplos parceiros sexuais com a mudança pessoal e a monogamia com a estase pessoal. Isso às vezes pode ser verdadeiro; mas os casos extraconjugais e a busca do sexo como diversão *muito provavelmente estão relacionados com a evitação da mudança.* Depois que as novidades superficiais do erotismo declinaram, e o ego perfez seu ciclo (todos os fatos da vida foram narrados, todos os truques de sedução demonstrados), a aventura da transformação e de um erotismo mais profundo pode ter início; mas é precisamente a essa altura que a maioria de nós se inclina a perder a cabeça e a pular para outra cama, onde podemos de novo contar nossas histórias, fazer os nossos truques ou qualquer coisa que não seja nos encarar lucidamente e tomar alguma providência quanto a isso. O sexo feito como diversão casual é um regime de *fastfood*, servido em embalagens plásticas. O banquete da vida só está disponível a quantos têm a tendência e são capazes de envolver-se num nível profundamente pessoal, dando tudo sem esperar receber nada".

E SE OS SEUS OLHOS OU A SUA IMAGINAÇÃO COMEÇAREM A DIVAGAR?

Mesmo que você ache que a idéia de uma paixão por toda a vida e de um conhecimento profundo com respeito a uma pessoa especial seja um objetivo atraente, pode haver ainda obstáculos para tanto. Por exemplo, uma das grandes controvérsias que envolvem o Sétimo Mandamento versa sobre se é ou não adultério ter pensamentos de lascívia sobre alguém além do seu parceiro.

Muitas pessoas lembram que durante a campanha presidencial de 1976 nos Estados Unidos, o antigo e dedicado governador da Geórgia, Jimmy Carter, foi interrogado por um entrevistador da revista *Playboy* sobre a idéia pública de que Carter podia ser um presidente "rígido e inflexível" por causa de seus sólidos valores religiosos.

O candidato respondeu, "Aprendemos a não julgar as outras pessoas. Eu não condenaria alguém que olhasse para uma mulher com lascívia... olhei para várias desse jeito. Cometi adultério várias vezes em meu coração".

Esse comentário foi o estopim de uma enorme controvérsia. Algumas pessoas ficaram perplexas com o fato de que um candidato a presidente falasse publicamente sobre lascívia e adultério. Outros acharam que Carter estava falando sinceramente sobre a complexidade de ser espiritualizado e humano. O dr. William Wolf da Episcopal Divinity School em Cambridge, Massachusetts, comentou, "A mim me parece boa teologia e experiência humana boa e honesta unidas".

Algumas seitas protestantes debatem o que Jesus quis dizer em Mateus, 5:27-28 quando ele disse, "Ouvistes: 'Não cometereis adultério', mas vos digo que aquele que olhar para uma mulher com lascívia já terá cometido adultério com ela em seu coração". Alguns afirmariam que isso significa que encarar uma pessoa ou fantasiar sobre alguém é o mesmo que cometer adultério. A outros, há uma diferença significativa entre ter pensamentos de sexo e levar a efeito um caso sexual.

Escrevendo na revista *Christianity Today*, R. Kent Hughes e John H. Armstrong, membros do clero protestante, explicaram a diferença do modo como segue: "Em Mateus 5 e em Tiago 2 parece que não há nenhuma diferença essencial entre adultério mental e ato físico real. Pelo contrário, acreditamos, de comum acordo com a interpretação histórica da igreja, que as manifestações físicas da lascívia são pecados maiores por causa do dano que cometem tanto à pessoa que peca como àqueles contra quem se peca. O adultério físico é um grande pecado porque rompe com o pacto do casamento. Viola o corpo de outra pessoa. Pode constituir prova para o divórcio. O adultério mental não faz nada disso. A intenção de Jesus em Mateus 5 não foi reduzir o adultério ao nível da lascívia, mas mostrar que esta destruiria a alma de modo tão certo quanto o adultério."

O QUE FAZER COM OS PENSAMENTOS LASCIVOS

Se você foi criado numa igreja católica, protestante ou ortodoxa do Oriente que igualam os pensamentos de lascívia ao pecado, lembre-se de que a intenção foi a de guiá-lo quanto a criar um relacionamento de respeito e duradouro. Na maior parte das igrejas e das seitas, o perdão para os pensamentos de lascívia é sempre possível quando você admite os pensamentos a si mesmo e a Deus. De acordo com o padre episcopal William S. Stafford, professor no Virginia Theological Seminary e autor de *Disordered Loves: Healing the Seven Deadly Sins*, "A lascívia faz as pessoas procurarem o amor em todos os lugares errados e se esquecer da característica do amor do modo como Deus ama — de maneira completa; no entanto, a vigilância contra pensamentos de lascívia é menos importante do que incutir em nosso coração as histórias e imagens da sabedoria e do amor de Deus. Meditem sobre a fidelidade de Deus no amor e sobre o anseio dele pela justiça, o tipo de amor que libertou seus povos amados da servidão. E busquem o perdão em Jesus Cristo, pelo qual Deus perdoa e nos aceita inteiramente".

No Judaísmo, o contraste entre pensamentos de lascívia e atos adúlteros é visto de modo um pouco diferente. Por outro lado, o Judaísmo reconhece que os pensamentos sobre sexo podem tornar-se obsessivos, desviar-nos de nosso objetivo na vida, e nos levar a casos que arruínam o casamento. Muitos escritores judeus fizeram fortes advertências para que não deixemos nossos pensamentos e inclinações mais íntimos se transformarem em ações nocivas. Em conformidade com a maioria dos estudiosos e intérpretes judeus, contudo, ter pensamentos lascivos passageiros não é causa de espanto nem de vergonha. Assim como pesquisas recentes na área de psicologia realizadas por Harold Leitenberg da University of Vermont e Kris Henning da University of South Carolina Medical School têm mostrado que 95% das pessoas pensam em sexo pelo menos uma vez por dia, o Judaísmo reconheceu que os pensamentos lascivos estão fadados a fazer parte da mente da pessoa.

De acordo com o rabino Joseph Telushkin, autor de *Jewish Wisdom*, "Com um realismo considerável, os antigos rabinos consideravam os pensamentos sexuais como onipresentes: o rabino Isaac comenta, 'Até no momento em que um homem está de luto, o impulso dele é capaz de sujeitá-lo'. Num período muito posterior, diz-se que um homem perguntou a Baal Shem Tov, fundador no século XVIII do Hassidismo, de que modo uma pessoa poderia discernir um verdadeiro líder religioso de um falso. O Baal Shem Tov respondeu, 'Pergunte a ele se conhece um modo de impedir os pensamentos impuros. Se disser que sim, é um charlatão'".

O Baal Shem Tov supostamente também ofereceu outro meio de fazer face aos pensamentos de lascívia que nos podem desviar do caminho, sobretudo quando vemos uma pessoa extremamente atraente. De acordo com a lenda, o fundador do Hassidismo disse aos seus discípulos que, em vez de resistirem ou de se sentirem envergonhados por ter um pensamento lascivo passageiro, era melhor apreciar a beleza dada por Deus à pessoa. Concentrando de novo nossos pensamentos no Criador e na beleza da criação de Deus, podemos elevar nossa sexualidade da lascívia a uma apreciação renovada da santidade de todas as coisas.

E SE OS SEUS PENSAMENTOS DISPERSIVOS ESTÃO CAUSANDO DANO AO SEU RELACIONAMENTO?

Na condição de psicólogo, ouço quase diariamente de homens e mulheres que estão tendo casos, que estão próximos de ter um, ou que estão lutando com fantasias difíceis de deixar sobre alguém além do seu parceiro legítimo. Na psicoterapia, os pensamentos lascivos não são vistos como nocivos por si mesmos. Esses pensamentos se tornam janelas que se abrem sobre a psique da pessoa, indicando um problema fundamental, um aborrecimento ou um anseio em sua vida.

Por exemplo, se um paciente me conta que ele tem fantasias sobre uma amante mais jovem, posso pedir-lhe que fale sobre seus sentimentos com respeito ao ato de envelhecer. Ou, talvez, ele esteja chegando a um acordo quanto a desapontamentos em função de suas atitudes retraídas na sociedade ou em termos de sexualidade. Com muita freqüência, a fantasia é menos sobre a pessoa atraente e comumente desejada do que sobre o próprio paciente que quer resgatar certo sentido de jovialidade, vivacidade, controle ou liberdade que ele nunca usufruiu de todo. Minha função como terapeuta não é fazer um julgamento moral sobre a pessoa que tenha fantasias sexuais, mas orientá-la a usar esse desejo como informações valiosas sobre sua própria vida, assim como haveríamos de analisar um sonho interessante ou um desejo de criar algo, para descobrir que sofrimento ou que problema não resolvido está por trás da fantasia e das necessidades a ser atendidas.

Em quase todos os casos, a conseqüência *não* é que a pessoa sai e tem um caso, mas, de preferência, que a fantasia se torna um toque de despertar para satisfazer algo que está em desequilíbrio ou que falta na vida. Elaboramos então um curso prático de ação que remedie o problema real, o que por vezes inclui fazer melhorias importantes no relacionamento conjugal da pessoa.

Para que se veja como esse tipo de auto-análise funciona, reserve um momento para pensar sobre suas fantasias mais recentes ou recorrentes, e considere os seguintes problemas possíveis:

1. Se você continuar tendo fantasias sobre amantes muito mais jovens que você, você pode querer conversar com um conselheiro, com um amigo ou com um padre sobre seus sentimentos confusos no que concerne a envelhecer, sobre seu desejo de ser um guia ou um mentor para alguém jovem e impressionável, ou sobre sua tristeza no que diz respeito a não ter sido mais amado e realizado sexualmente quando era adolescente. Em vez de expressar sua fantasia acerca de um ser humano vulnerável, você pode aprender muito sobre o que se agita em sua psique quando você se vale dessas fantasias para uma auto-análise sobre sua vida interior.

2. Se você continuar com fantasias sobre alguém muito mais velho ou que pareça mais bem-sucedido na vida do que você, essa poderá ser uma oportunidade importante para tomar nota em seu diário, conversar com um amigo ou buscar aconselhamento no que concerne a seu desejo secreto de ser alvo da atenção e do carinho de alguém em quem possa se apoiar. Ou poderia tratar-se de um desejo de encontrar um mentor amigo ou um orientador capaz de guiá-lo numa fase importante de seu desenvolvimento, em vez de um parceiro no sexo ou de um relacionamento físico.

3. Se você tende a ter fantasias apenas sobre homens ou mulheres casados, com compromisso, ou de alguma outra forma inacessíveis, você pode querer examinar por que é incapaz de se apaixonar por alguém que lhe possa retribuir esse afeto inteiramente. Acha que merece ser amado? Precisa de tempo para se recuperar de um relacionamento doloroso que teve no passado? De alguma forma se sente mais seguro quando sabe que não terá de criar um verdadeiro relacionamento com todas as complexidades que o envolvem? Quer dizer que *a outra pessoa* era inacessível?

4. Se continua tendo fantasias sobre alguém que pareça mais alegre e animado do que o parceiro que o acompanha há muito, isso pode ser uma indicação de que você deseja secretamente resgatar a alegria e a liberdade que antes usufruiu com seu parceiro, mas ignora como recuperar esses sentimentos perdidos. Você e seu parceiro agirão corretamente se procurarem um conselheiro, um livro, um curso ou um amigo perspicaz que possa ajudá-los a discutir sobre formas de incutir no seu relacionamento a centelha da alegria uma vez mais. Um livro a considerar é *Hot Monogamy*, da dra. Patricia Love e de Jo Robinson, que oferece diretrizes específicas sobre como recuperar a alegria num relacionamento duradouro.

Nós, seres humanos, apresentamos complexidades psicológicas e, sobretudo, sexuais. Infelizmente, quando as pessoas se sentem culpadas, envergonhadas ou procuram esconder seus desejos sexuais, elas se acham habitualmente muito pouco à vontade para comprar um livro útil ou para falar sobre o problema com um conselheiro que as possa ajudar a examinar os problemas fundamentais, posto que por vezes ainda expressem esses desejos. Examinar e tornar conscientes os pensamentos de lascívia e as fantasias sexuais pode levar a idéias agudas sobre você mesmo e a novos modos de entender como ter um relacionamento mais gratificante.

"Fiquei assustado com o quão rapidamente comecei a ter obsessão por Ginny"

Grant está casado há 22 nos com uma mulher linda chamada Julianne, e eles têm quatro filhos. Grant me disse, "Tive alguns casos no começo do nosso casamento, mas depois comecei a ficar confuso sobre minha falta de atenção para com ela. Resolvi parar de me comportar de modo estúpido porque não queria destruir o que eu e Julianne havíamos construído juntos; porém, no mês passado, estava numa viagem de negócios e conheci uma mulher incrível chamada Ginny que não é só muito mais bonita do que Julianne mas também muito mais cheia de vida. Fiquei assustado com o quão rapidamente comecei a ficar obcecado por Ginny. Não tenho dormido bem. Parece que não consigo me concentrar no trabalho. E minha mulher e meus filhos estão começando a se queixar de que eu tenho parecido distante e um pouco irritadiço ultimamente.

"Não sei se minha mulher suspeita de algo, e eu odiaria fazê-la passar por mais mentiras, atitudes lacônicas e vilania. Não me considere errado — nunca toquei em Ginny, mas não consigo parar de pensar nela. Preocupa-me a idéia de que perderei tudo se me deixar envolver em outro caso. Ao mesmo tempo, estou apavorado com a possibilidade de estar cometendo o maior erro de minha vida se não for atrás dessa mulher surpreendente."

Como na maioria de casos como esse, Grant pensou que a razão para fazer terapia era ajudar a resolver ter ou não um caso; contudo, no aconselhamento, descobrimos nas primeiras sessões que seu desafio era muito mais amplo do que isso. Quando pedi a Grant para falar sobre sua vida anteriormente ao encontro com Ginny, ficou claro que ele estivera se sentindo infeliz e nervoso por vários anos. Estava preocupado com o fato de que seu interesse sexual por sua mulher andava declinando, e ele havia passado por algumas experiências no que concerne a conservar a ereção. Tinha frustrações profundas com o emprego sem futuro e o horário estafante que ele seguia no trabalho. Também estava preocupado com o fato de envelhecer, e estivera um pouco deprimido durante os três meses depois que sua mãe (seu pai já havia falecido) morrera de câncer.

Nas semanas seguintes, Grant e eu discutimos como melhorar sua situação frustrante no trabalho. Também fizemos sessões de aconselhamento sobre o pesar e o sentimento de perda de Grant quanto aos pais e quanto a seu medo de envelhecer. Então, começamos a nos concentrar no interesse sexual que declinava e que ele sentia com relação a Julianne.

Quando perguntei a Grant se ele alguma vez fora feliz sexualmente com sua mulher, ele me assegurou que por muitos anos ambos tiveram uma vida sexual boa. Ele sabia que Julianne era uma amante alegre e sensível. Como acontece a muitos homens que se vêem tentados a se desviar do caminho, a perda de desejo de Grant por sua mulher parecia estar ocorrendo por motivos que não eram culpa de Julianne. Grant simplesmente se sentia cansado de seu serviço, com medo sobre o futuro, e curioso sobre se alguma mulher nova poderia ser capaz de reacender a chama que ele antes sentia sobre o sexo e sobre a vida em geral.

Perguntei a ele, "Se houvesse alguma forma de você se sentir alegre, jovial, com esperanças, muito animado por estar com Julianne de novo, se interessaria por isso?" Grant me olhou um tanto surpreso, quase como se eu estivesse dizendo algo fantasioso e impossível. "De que modo isso poderia acontecer?", perguntou. "Estamos juntos há mais de 22 anos. A alegria simplesmente não pode durar tanto."

Perguntei-lhe, "Está disposto a experimentar um exercício um pouco incomum que poderia mudar seu ponto de vista?" Grant sorriu e disse, "Depende do quanto incomum".

Durante as sessões seguintes, ensinei Grant a usar um exercício de visualização e respiração da yoga tântrica para desenvolver o apetite sexual e mudar sua atitude no que tange ao sexo com Julianne. Baseado nas antigas técnicas encontradas na tradição que o Hinduísmo tem da kundalini bem como na doutrina cabalista mística do Judaísmo, esse exercício deve ser feito em três etapas, pelo menos uma vez por dia, de dez a vinte minutos. Você pode realizá-las sozinho ou com um parceiro:

1. Encontre um lugar tranqüilo em que não seja perturbado, e certifique-se de que o telefone está desligado. Sente-se numa posição confortável — numa cadeira que propicie uma postura correta ou na postura da yoga com as pernas cruzadas e sentado no chão, se tal posição lhe parecer agradável.

2. Sente-se por alguns minutos e deixe que os pensamentos lhe passem pela mente sem julgar nenhum deles. Lenta e calmamente aspire o ar e o expire cinco vezes, fundo o bastante para se sentir relaxado, mas não tão fundo, a ponto de oxidar em demasia o sangue. Cada vez que fizer isso, visualize uma luz tépida e dourada se deslocando da base de sua espinha, subindo pelo coração até o cocuruto da cabeça. Enquanto exala o ar, sinta a energia à proporção que a luz dourada retorna à espinha por meio do coração, e de lá até as nádegas e o aparelho genital. Respire o ar de novo enquanto visualiza essa luz dourada subindo pela espinha, passando pelo coração até chegar ao cocuruto da cabeça. Depois disso, exale o ar, enquanto imagina a luz de novo descendo pela espinha até a área da pélvis.

3. Quando você estiver consciente da respiração e começar a imaginar a luz dourada subindo e descendo pela espinha, inspire e expire por cinco vezes o ar. Dessa vez, imagine essa luz dourada e cálida atravessando-lhe o coração e envolvendo-o, bem como envolvendo o seu parceiro de longa data. Você pode imaginar a luz dourada e quente curando vocês dois ou envolvendo-os enquanto vocês se abraçam dentro do seu coração. No ato de inspirar o ar, imagine a luz dourada e cálida subindo da pélvis até envolver você e o seu parceiro no seu coração. No ato de expirar o ar, visualize essa luz dourada e tépida descendo do cocuruto da cabeça até envolver vocês dois dentro do seu coração.*

---

* Para mais informações sobre técnicas de respiração e de visualização da tradição hindu do Tantra e da Yoga da Kundalini, ou das doutrinas cabalistas judaicas que podem ajudar a integrar os aspectos espirituais e sexuais do relacionamento com seu parceiro legítimo, ver a seção das Referências no final deste livro.

As primeiras vezes que Grant tentou fazer esse exercício espiritual, ele observou que começava a divagar. Isso é normal quando a pessoa tenta pela primeira vez praticar a meditação ou fazer um exercício de visualização. Aos poucos, porém, à proporção que Grant foi fazendo o exercício uma ou duas vezes por dia nos dias seguintes, ele percebeu uma série de sentimentos muito fortes. De acordo com Grant: "Fiquei cético a princípio porque nunca fui muito bom na meditação e não sou uma pessoa muito voltada às coisas do espírito; mas quando me sentei e comecei a inspirar e expirar lentamente o ar, enquanto imaginava uma luz dourada e cálida envolvendo a mim e a Julianne dentro do meu coração, as lágrimas começaram a rolar pelo meu rosto. Eu havia esquecido simplesmente o quanto eu a amo. Havia muita energia subindo pela minha espinha e uma sensação de formigamento no cocuruto da cabeça. Algo em mim queria parar, mas eu seguia em frente, e as lágrimas continuavam a rolar pelo meu rosto — quase como se eu tivesse aberto um reservatório de amor não expresso que eu mantivera fechado dentro de mim."

Conquanto cada pessoa tenha uma experiência um pouco diferente fazendo esse exercício, a maioria delas relata um sentimento profundo de ternura e união. Além disso, Grant começou a entender que o "reservatório de amor não expresso" que conservava dentro de si não era sobre Ginny nem sobre nenhuma outra pessoa interessante que pudesse encontrar nesse ano ou no ano seguinte. Diversas vezes constatei que a maioria das pessoas comete o erro de pensar que seus sentimentos sexuais fortes são por causa da outra pessoa; na verdade, porém, quase toda tradição espiritual tem ensinado que a verdadeira fonte desses sentimentos de amor é a Energia Divina que você traz no fundo do seu coração. Você tem de decidir de que modo quer dar vazão ao profundo reservatório de amor — o dom que você carrega consigo.

Como expliquei a Grant, "Você precisa chegar a uma conclusão sobre se quer partilhar essa fonte profunda de energia de amor com sua parceira de toda uma vida — Julianne — ou com a sua paixão atual, Ginny; mas não pense que Ginny é a verdadeira fonte dos seus sentimentos sexuais fortes. Nem que o seu cansaço quanto ao trabalho e quanto às outras formas de tensão na sua vida significam que você não é mais capaz de ter um bom desempenho sexual com Julianne. Você traz em si uma enorme capacidade de amar e de ser amado. O que você sentiu durante o exercício de respiração e visualização equivale ao quanto você é capaz de sentir esse amor intenso quando você e Julianne estão envolvidos pela luz no seu coração".

Nas semanas seguintes, Grant e Julianne começaram a discutir nas sessões de aconselhamento e a sós sobre algumas formas de instilar a alegria e a animação na sua vida familiar e sexual. De modo específico, trabalharam nessas coisas que haviam estado ausentes de seu relacionamento por muitos anos mas que não eram difíceis de ser trazidas para sua vida do dia-a-dia. Essas coisas eram:

- Diálogos tranqüilos e espontâneos sobre a sexualidade. Como terapeuta responsável pelo aconselhamento de inúmeros casais, observei que a maior parte das pessoas espera o momento em que está discutindo ou se sente cansada e confusa para começar a falar sobre o que gosta e sobre aquilo de que não gosta na sua vida sexual conjunta. Em vez de ter essas conversas importantes nos piores momentos, recomendo aos casais que reservem algumas horas no fim de semana para uma longa caminhada, um piquenique ou um jantar romântico a sós em que possam com calma e naturalidade se revezar enquanto imaginam o que gostariam de mudar na sua vida sexual ou de acrescentar a ela. Em vez de sair com acusações mútuas durante uma briga tarde da noite, ter essas conversas românticas e amenas sobre sexo pode ser o começo de uma nova fase da comunicação mais satisfatória sobre suas preferências e aversões no que concerne ao sexo.

Quando Grant e Julianne deram um passeio à beira de um lago numa tarde de sábado e conversaram sobre o que costumavam gostar em sua vida sexual e o que gostariam de acrescentar a ela para se sentirem mais estimulados de novo, Grant acabou dizendo que sentia "que estava de novo conversando com minha melhor amiga e amante. Era como se fôssemos jovens, fogosos e aventureiros uma vez mais. É triste que apesar desses anos todos, nunca de fato tenhamos reservado tempo para uma conversa inteligente sobre o que ambos apreciamos e sobre o que queremos melhorar no que diz respeito à nossa sexualidade juntos".

• Revezar-se como "coreógrafos". Uma das coisas que Grant queria mudar sobre sua vida sexual era que ele sentia que Julianne sempre o esperava no que diz respeito a dar o primeiro passo e fazer a "coreografia" da relação; porém, quando ele começou a se queixar, dizendo "Você nunca começa", Julianne o corrigiu e explicou, "Às vezes, faço coisas sutis ou não tão sutis para estimular você; mas você não parece querer se deitar e me deixar coreografar a dança por algum tempo. Você às vezes toma conta de tudo muito rapidamente, e não quero me opor a sua energia, de modo que lhe concedo a vez; mas isso atrapalha a descoberta do que poderia ser se você verdadeiramente cedesse um pouco e me deixasse aos poucos explorar meu modo de fazer as coisas acontecerem".

Em conseqüência dessa conversa, Julianne e Grant resolveram reservar pelo menos uma noite por semana em que Julianne era a "coreógrafa", guiando delicadamente seus estímulos sexuais e preliminares. Como Grant admitiu posteriormente, "Eu não tinha idéia de que fosse uma das razões pelas quais Julianne nunca parecia começar as coisas. No entanto, depois que ela me explicou tudo, me senti um felizardo por ter uma parceira tão criativa e sensual".

• Deixar de lado as expectativas e as metas no que concerne a sua sexualidade. A questão final que os ajudou a ter uma vida sexual mais satisfatória foi que Grant e Julianne resolveram parar de ver cada relação sexual como um objetivo que tinha de incluir orgasmos, gestos habituais ou até uma ereção de cada vez. Em vez disso, começaram a olhar para o vínculo sexual entre eles como uma oportunidade de brincar, relaxar, rolar no chão, rir, se sentirem "ligados" ou só se sentirem próximos um do outro. Como Grant descreveu, "Saber que não éramos obrigados a ter um orgasmo toda vez tornou nossas relações sexuais muito mais íntimas e prazerosas. Compreender que Julianne não se importa com eu ter ou não uma ereção toda vez me deixou muito menos voltado para o desempenho do que para a sensualidade com relação a ela. Descobrimos o que só amigos e amantes de longa data vêm a descobrir — que podemos continuar crescendo, mudando e explorando nossa sexualidade, e que sempre há um amor muito mais forte esperando para ser expresso. Esses últimos meses têm sido mais apaixonados e animadores do que qualquer outra época em nosso relacionamento".

Enquanto nem todos os casais têm tanto êxito quanto Grant e Julianne na tentativa de conferir mais energia ao seu relacionamento depois que um dos parceiros quase teve um caso, descobri que na grande maioria das situações pode haver um grande progresso se um ou ambos os parceiros estão comprometidos com tornar o relacionamento mais cheio de vida novamente. É preciso tempo e boa comunicação para que se reacenda a chama do amor e do entusiasmo mútuo pela vida. A seu próprio modo, se um relacionamento importante começar a declinar ou a fracassar, faça o máximo possível para descobrir o que está impedindo você e o seu parceiro de alcançar a intimidade e a alegria de que são capazes. Deixar de lado tudo o que vocês construíram juntos comumente não é necessário quando você se empenha em revitalizar o relacionamento.

O QUE ACONTECE SE A CONFIANÇA NUM RELACIONAMENTO SE DESFAZ?

As estimativas mais altas de adultério foram dadas por Shere Hite, uma autora controvertida que usava um grande número de técnicas de pesquisa informal e não científica para chegar ao dado surpreendente de que três quartos de todos os homens e mais da metade das mulheres têm casos de amor. Mais números elevados vieram de uma pesquisa dos anos de 1970 por parte dos leitores da revista *Cosmopolitan*, que afirmaram que 54% das mulheres casadas haviam tido pelo menos um caso de amor. Um outro estudo, de Morton Hunt, que se concentrava sobretudo em entrevistados de cor branca e da classe média alta, afirmava que 42% dos homens e 25% das mulheres entrevistados haviam-se envolvido em adultério. Mais recentemente, Samuel e Cynthia Janus descobriram numa pesquisa que um terço de todos os homens casados e um quarto de todas as mulheres casadas tinham estado envolvidos numa relação extraconjugal.

Um levantamento mais científico e cuidadosamente selecionado da população inteira dos Estados Unidos, levantamento realizado em 1991 pelo National Opinion Research Center, sugere que cada uma das estimativas arroladas acima era exagerada, em função das técnicas de levantamento tendenciosas.

Numa pesquisa levada a cabo com mais cuidado pelo National Opinion Research Center, que foi apresentada em muitos jornais de grande porte e que foi minuciosamente estudada num livro do padre Andrew Greeley intitulado *Faithful Attraction*, encontramos as seguintes estimativas:

- Aproximadamente nove por cento das mulheres casadas têm casos extraconjugais.
- Aproximadamente onze por cento dos homens casados têm casos extraconjugais.

Quer você acredite que o número certo é dez por cento, quer cinqüenta por cento, milhões de homens e mulheres todo ano têm de definir seus sentimentos sobre alguém em quem confiavam e que amavam, mas a quem mentiram pelo menos uma vez com relação a quem foram ver e a que propósito; no entanto, até mesmo quando a confiança se desfaz num relacionamento a grande maioria dessas pessoas ainda quer ficar junta. Como fazem isso?

De acordo com Frank Pittman, M. D., psiquiatra e terapeuta da família, que escreveu o excelente *Private Lies: Infidelity and the Betrayal of Intimacy*, "A maior parte dos homens traídos, como a maioria das mulheres traídas, se vira e faz tudo que pode para manter o casamento. Alguns homens e mulheres ficam com ódio e se recusam a voltar atrás, passando toda uma vida alimentando a mágoa, mas esse fato incomum é mais freqüente no que diz respeito aos homens do que às mulheres. O casamento pode sobreviver à infidelidade do marido ou da mulher, se ela for interrompida, trazida à baila e discutida. Purifiquei-me de mais casos de amor do que um batalhão de arrumadeiras de quarto de motel; mas a infidelidade é uma coisa muito bagunçada".

Alguns casais se divorciam, enquanto outros tentam deixar de lado os sentimentos dolorosos para entrar em harmonia de novo meses ou anos seguidos. O dr. Pittman e a maioria dos peritos no campo recomenda que se termine o relacionamento paralelo o mais cedo possível e se converse sobre ele abertamente, em vez de continuar a fazer algo furtivo, desonesto e próprio de manipulação. Então, passa a ser necessário lidar com as razões fundamentais que levaram um dos parceiros ou ambos a errar. Só encarando e definindo as emoções complexas e os problemas dolorosos é que um casal pode transformar a infidelidade numa oportunidade para que o relacionamento se aprofunde e desenvolva.

A ESTRADA QUE LEVA DE VOLTA À CONFIANÇA DEPOIS DA TRAIÇÃO

Se você e o seu parceiro estão procurando formas de se recuperar de um acontecimento doloroso envolvendo a perda da confiança ou segredos que ergueram uma parede entre vocês dois, recomendo-lhe que fale com um conselheiro espiritual, um psicoterapeuta ou um conselheiro de família ou do casamento, ou até compre um exemplar de um guia excelente chamado *After the Affair: Healing the Pain and Rebuilding Trust When a Partner Has Been Unfaithful*, da psicóloga e médica Janis Spring, Ph. D.

A dra. Spring sugere que uma das primeiras providências para reconstruir a relação é resolver de que modo vocês querem considerar o caso de amor que afetou o seu relacionamento. Ela aconselha, "Alguns de você podem não querer se arriscar a começar e se expor para serem alvo de futuras mágoas e decepções. Dar as costas a um relacionamento com problemas pode ser a solução mais simples ou sensível, a que o liberta da tirania da esperança; mas pode ser um modo de fugir ao desenvolvimento, escapar a verdades amargas.

"Se vocês escolherem se aproximar de novo, em tempo podem vir a considerar o caso de amor não apenas um trauma lamentável mas também um alerta. Podem posteriormente descobrir que precisavam de uma explosão nuclear como um caso extraconjugal para pôr abaixo a antiga relação e deixar que uma versão mais saudável, mais consciente e madura dela ocorresse. Eu o encorajo a começar esse processo de reconstrução, a desafiar os traumas e a ver aquilo que vocês podem construir juntos."

"Acho que ela está jogando fora doze anos de trabalho duro"

Depois de se conhecerem durante três anos na faculdade, Marissa e Stan se casaram na pós-graduação e tiveram uma vida alegre com duas carreiras, três filhos e um grande círculo de amigos. Ninguém esperava que qualquer um deles tivesse um caso extraconjugal. De acordo com Marissa, "Todos achavam que éramos o casal perfeito".

Nenhum dos amigos deles suspeitava que Marissa se sentia só. Ela explica, "Sempre achei que devia haver algo errado comigo por não ser feliz em meu casamento. Eu tinha tudo, e mesmo assim me sentia muito insatisfeita. Só quando comecei a sair para almoçar com um colega de trabalho chamado Evan foi que passei a perceber o que estava faltando no meu casamento".

Marissa encontrou no seu colega um bom ouvinte e um amigo que lhe dava apoio — o que ela nunca tivera em seu casamento com Stan. Como Marissa admitiu posteriormente nas sessões de aconselhamento, "Stan é um profissional de opiniões fortes e apaixonado pelo que faz, que está sempre tentando ter a razão e o comando em cada conversa. Ele nunca foi capaz de sentar-se calmamente e ouvir sem tentar me dizer como fazer as coisas mais rapidamente, de modo melhor ou mais parecido ao seu modo de cortar as coisas pela raiz e passar por cima dos sentimentos. Na cama, ele era assim também. Stan sabe o que quer e também sabe como pegar o atalho mais rápido para chegar lá. Preciso dizer mais?"

Como muitas mulheres e homens que gostam de ter um amigo com algumas qualidades que lhes faltam, Marissa teve de resolver se mantinha a amizade com Evan sem sexo ou se acabava tendo um caso extraconjugal. Como lembra Marissa, "Sabia no fundo do coração que seria um erro ir para a cama com Evan, porém, certa tarde, quando estávamos tendo uma pausa para o almoço mais longa, começamos a segurar na mão um do outro. Então, Evan me beijou, e logo não éramos mais só amigos".

De acordo com muitos especialistas em infidelidade entre casais, a necessidade de um bom ouvinte que depois se torna um amante é uma das razões mais comuns para um caso extraconjugal. Citando uma vez mais o terapeuta da família e autor Frank Pittman, M. D., "Na maior parte das vezes, as pessoas não estão buscando uma alternativa para seu casamento, mas um suplemento a ele. Só querem um amigo por tudo o que não estão tendo em casa. Algumas pessoas não compreendem que podem ter amigos de qualquer sexo sem ter de acrescentar o sexo ao relacionamento, nem esconder esse relacionamento, tampouco considerá-lo uma ameaça ao seu casamento. Assim, acrescentam o sexo à amizade, que transformam inadvertidamente em algo diferente de sua função original. O sexo não era o objetivo do relacionamento, mas apenas um selo da amizade".

Alguns meses depois que Marissa e Evan começaram a se relacionar sexualmente às escondidas nas suas horas de almoço, Stan começou a suspeitar que Marissa estivesse tendo um caso. Quando ele encarou-a e quis saber se ela fora para a cama com Evan, Marissa diz que se sentiu acuada, e, por isso, mentiu, afirmando, "De maneira nenhuma".

Stan não estava seguro quanto a acreditar nela, e, com o correr dos dias, suas dúvidas aumentaram. A tensão e a distância aumentaram entre eles, até que, quase um ano depois, Stan começou a ter um caso com sua antiga secretária.

Por essa época, Stan e Marissa conversaram com amigos sobre os casos extraconjugais de cada um, sobre toda a tristeza e desconfiança que haviam acumulado. Stan saiu e contratou um advogado famoso pelo caráter combativo para ajudá-lo a preparar o divórcio. Marissa encontrou uma advogada com fama de muito mais severa para defendê-la. Enquanto o padre não lhes recomendou sessões de meditação e de aconselhamento, momento em que os conheci, nenhum deles se sentiu inclinado a considerar a possibilidade da reconciliação.

Na sua primeira sessão de aconselhamento, Stan e Marissa fizeram o que muitos casais fazem depois que um ou ambos os parceiros foram surpreendidos tendo um caso de amor: ambos tentaram provar quem era a maior vítima. Stan ficou furioso pelo fato de que Marissa tivesse mentido a ele tantas vezes durante quase um ano, quando ele lhe suplicou que confessasse os sentimentos que ela tinha por Evan. Com os olhos marejados de lágrimas, Stan disse, "Acho que ela jogou fora doze anos de trabalho duro". Marissa ficou furiosa com Stan por ele ser "De novo hipócrita e arrogante, sem demonstrar nenhum interesse quanto a ouvir a outra versão da história".

Durante as sessões seguintes, eles começaram a examinar suas opções: divorciar-se, separar-se temporariamente, ou tentar reconstruir o relacionamento aos poucos vivendo sob o mesmo teto. Durante sua quinta sessão de aconselhamento, Stan e Marissa começaram a admitir para si mesmos e mutuamente que de fato não queriam o divórcio. Para Stan, era preciso ter em vista os filhos, como ele insistia, "Não quero que nossos filhos fiquem pulando de casa em casa, entre famílias rivais". Para Marissa, a questão era não querer desistir do casamento. Ela explicou, "Ainda acho que temos o que é necessário para tornar essa relação mais satisfatória a ambos; mas será preciso algum trabalho conosco, mas agora posso ver que meu caso com Evan foi um modo fácil mas prejudicial de fugir aos problemas que tenho de encarar com Stan".

Nas poucas semanas seguintes de aconselhamento, começaram a progredir com vistas a corrigir os erros que causaram sofrimento e que haviam aflorado em função dos casos extraconjugais. Marissa começou a trabalhar duro no seu hábito de guardar para si suas decepções, de não se dispor a discutir com Stan o que a estava frustrando nem a ajudá-lo a ser o tipo de amigo de que ela necessitava. Stan começou a trabalhar no costume que tinha de ser arrogante e desprezar Marissa, sem levar a sério os sentimentos dela.

Além de se ocuparem das tensões específicas de seu relacionamento particular, Marissa e Stan também trabalharam no aconselhamento em quatro problemas importantes que dizem respeito a todo casal que procure um modo de se curar e de se recuperar de uma relação dolorosa. Se você ou alguém que você conhece está buscando a reconciliação depois de a confiança ter sido perdida, eis aqui as providências essenciais para transformar uma crise devida ao adultério numa oportunidade para o desenvolvimento:

1. Orientação médica cuidadosa. Na era da AIDS e de muitas outras doenças sexualmente transmissíveis, os casais precisam saber verdadeiramente se os parceiros se infectaram durante um caso extraconjugal. Já que algumas dessas doenças ficam incubadas por algum tempo antes de ser passíveis de detecção, Stan e Marissa precisavam entrar em acordo quanto a *diversos* exames médicos regulares para poder se certificar de que a saúde dos dois não corria risco. Descobri que, se um ou ambos os parceiros se recusam a fazer os exames médicos, é extremamente difícil reconstruir o sentido de confiança e respeito que constitui o fundamento de uma relação.

2. Uma compreensão clara do porquê da traição. Marissa e Stan precisaram de muitas sessões de aconselhamento para identificar e explicar um ao outro as razões pelas quais haviam procurado apoio emocional e estímulo sexual com alguém à parte o relacionamento. Ao discutir esses problemas com o seu parceiro, há duas normas gerais para se ter em mente. Em primeiro lugar, a conversa visa que você dois compreendam como impedir que aconteça de novo; o objetivo não é culpar nem envergonhar a outra pessoa pelo que já se deu. Em segundo lugar, é importante que cada parceiro atente com cuidado para as fraquezas pessoais que podem levar alguém a ser atraído a um caso extraconjugal que, em algum nível, a pessoa sabe que é prejudicial e destrutivo. Durante semelhante exame sobre as fraquezas individuais, Marissa descobriu pela primeira vez que ela sempre fora um tanto reservada e discreta em sua vida. Ter crescido sob a guarda de pais dominadores e de uma irmã mais velha "mandona" fizera com que ela erguesse uma muralha que infelizmente levara para seu casamento com Stan. Marissa resolveu começar a se abrir mais para Stan e a ter certeza de que não partiria para um relacionamento secreto com Evan nem com mais ninguém como sua única alternativa para falar sobre suas necessidades e sentimentos do dia-a-dia.

Quando pedi a Stan para se concentrar não no que Marissa lhe fizera mas no que o levara a ter um caso extraconjugal, ele também descobriu algo interessante sobre si mesmo. Stan admitiu, "Acho que em mim existe uma parte insegura que quer controlar as coisas na maior parte do tempo. Quando percebi que não poderia controlar Marissa, recorri imediatamente a minha antiga secretária, que sempre fora muito tímida e complacente. Talvez eu precise aprender que não pode haver controle no meu relacionamento com Marissa. Quero aprender como deixar de lado um pouco minha sede de poder para ser capaz de tornar nossa relação bem-sucedida".

Em vez de se acusarem mutuamente e de ficarem na defensiva, Marissa e Stan começaram a dar o passo fundamental que equivale a encarar suas próprias fraquezas, que os tinham levado a buscar uma relação paralela.

3. Um projeto realista do que fazer da próxima vez que um dos parceiros se vir tentado a errar. Esse é um passo crucial. Em vez de insistir, "Nunca serei tentado de novo", os parceiros precisam refletir e se comprometer exatamente com o que farão na próxima vez que se virem infelizes e procurando outra pessoa, ou o que farão se forem abordados por alguém fora da relação, o qual esteja buscando um amante secreto.

No caso de Marissa e Stan, ambos fizeram um voto de conversarem em frente de um conselheiro assim que um dos dois sentisse o menor impulso de errar de novo. Outros casais haviam concordado com falar a um padre, a um pastor ou a um rabino, pedindo-lhe que os ajudasse a se concentrar de novo em seu relacionamento conjugal. Um outro casal fez a promessa de que sairia em férias programadas num ambiente romântico na próxima vez em que um dos dois se visse tentado a trair. Dois dos meus amigos íntimos me disseram que estão certos de que, cada vez que se vêem ligeiramente tentados a se envolver com alguém mais, eles se valem dessas energias "da corte" e do "flerte" e as canalizam para seu relacionamento conjugal, de modo que acabam por namorar e flertar com seu parceiro de longa data; no entanto, um outro casal prometeu que faria um curso para casais a fim de revitalizar o relacionamento se um ou ambos começassem a se sentir insatisfeitos ou tentados a procurar outra pessoa. Descobri com muitos casais que é extremamente útil fazer um acordo para a prevenção como esses arrolados acima antes que os problemas venham à luz. Por isso, se um de vocês ou os dois estão sentindo impulsos de procurar outra pessoa, podem começar a refazer seu relacionamento conjugal *antes* que as coisas piorem.

4. Certa consciência de que demandará tempo e diversas conversas francas para recuperar uma parte da confiança e da boa vontade — se não recuperá-las integralmente — que se viram ameaçadas pelo caso extraconjugal. Enquanto alguns casais fingem que podem dar um beijo e fazer as pazes, ou ter sexo e esquecer todo o acontecimento, os especialistas no relacionamento entre as pessoas enfatizam que leva anos para reconstruir os sentimentos bons e o sentido de segurança que um relacionamento teve um dia. Saber que é um processo lento e cuidadoso descobrir de que modo o caso extraconjugal os afetou a ambos e quais medos vieram à tona pode ajudá-los a retardar o passo e a não querer se precipitar a quaisquer conclusões. Essa consciência do caráter gradual da reinstauração da confiança pode ajudá-los a evitar a montanha-russa de emoções da reconciliação duvidosa e das rupturas múltiplas.

Para Marissa e Stan, foram necessários pelo menos três anos para que o pleno sentido da confiança, da alegria e da segurança voltasse ao casamento deles. Durante essa época, Stan trabalhou duro para deixar de ser controlador e se tornar um melhor ouvinte. Marissa empenhou-se arduamente em se abrir mais e em ser mais franca, mais disposta a se arriscar no que concerne a falar a Stan sobre suas necessidades e sentimentos de um modo delicado, em vez de os acumular até não saber como lidar com eles. Alguns meses atrás, recebi um cartão de Stan e de Marissa. Haviam saído numa segunda lua-de-mel e prometido um ao outro que iam assumir um novo compromisso quanto a "amar, honrar e cuidar um do outro". Enquanto se trata de um desafio definido, a pessoa pode criar um relacionamento que se desenvolve e floresce por toda uma vida.

8

O OITAVO DESAFIO

Realizar as suas Metas sem Maltratar as Outras Pessoas

A maioria das pessoas descobre quando adultas que a integridade e os valores superiores não são sempre fáceis de conservar. No trabalho, nos relacionamentos e em situações familiares de tensão, às vezes pode ser extremamente difícil viver à altura de nossas boas intenções. Vez ou outra, somos obrigados a tomar decisões difíceis quanto ao que consideramos certo e ao que nos é conveniente.

Alguns anos atrás, uma paciente minha chamada Ruth me disse, "Durante toda a minha vida, tentei ser honesta e atenciosa; mas, no meu serviço, ultimamente eles vêm 'reduzindo' o quadro de pessoal 'às suas proporções essenciais', que é um modo estranho de dizer que estão demitindo pessoas que deram seu sangue a essa companhia. A princípio, achei que ia ser uma das pessoas postas de lado, mas depois descobri com meu chefe que minha tarefa seria ainda mais angustiante. Ele disse que era minha responsabilidade achar um meio de cortar metade dos funcionários e fazer com que nosso departamento continuasse a funcionar bem. Sinto-me como um tipo de carrasco, só eu sei dos homens e mulheres cuja vida nunca mais será a mesma depois que forem demitidos".

Um antigo colega de faculdade chamado Trevor viu-se numa batalha semelhante pela integridade no ano passado, quando se mudou para uma bela casa. Quando Trevor pegou o cheque para pagar o pessoal da mudança, o motorista comentou, "Você tem uma bela casa. Como teve dinheiro para comprá-la?"

Trevor me disse depois, "Naquele momento, senti uma pontada de culpa. Lá estava eu, diante de um trabalhador, olhando para uma casa que provavelmente nunca poderia ter. Eu quase tinha a impressão de que devia ter feito algo escuso ou imoral para ser tão rico. Vi-me pensando sobre como economizara e provavelmente fora um pouco desonesto às vezes em meu trabalho. Mesmo que eu tente agir com integridade, em algumas ocasiões fiz algumas coisas questionáveis para ter sucesso. Não queria que fosse assim, mas às vezes me sinto um pouco desonesto e receoso de ser desmascarado".

A BUSCA DA COMPLETUDE

As palavras do Oitavo Mandamento, "Não roubarás", a princípio parece não tratar senão do fato de apropriar-se do bem alheio; no entanto, as verdadeiras palavras hebraicas encontradas no Êxodo 20 dizem respeito a algo muito mais complexo do que o roubo. Essa antiga doutrina espiritual mostra claramente como podemos agir com integridade.

A palavra *integridade* vem do latim *integritas*, que significa ser inteiro ou completo. No hebraico, a palavra que designa completude e inteireza é *shalom*, que também significa paz entre as pessoas e paz para si mesmo. Em árabe, a palavra é *salaam*. Independentemente do modo como sua tradição espiritual denomina essa idéia de completude e paz, ela é a meta da maior parte das pessoas voltada às coisas do espírito. O Oitavo Mandamento nos leva a essa paz interior.

APROFUNDAR-SE

Para entender a sabedoria dessa doutrina útil, contudo, você precisa ir além da interpretação comum, "Não roubarás", para que chegue a dimensões mais profundas. Há muitas formas de roubar na vida além de ir até uma loja, uma casa ou uma pessoa e pegar alguma coisa sem pagar.

Rashi, um sábio da França do século XI, e Samson Raphael Hirsch, da Alemanha do século XIX, descrevem o Oitavo Mandamento como uma advertência contra "roubar a liberdade de alguém". Antigamente, isso comumente significava raptar e vender alguém para a escravidão. Na época moderna, exemplos da privação da liberdade de alguém podem incluir: um supervisor que fique "em cima de você" controlando tudo, ou que o trate como um escravo; um parceiro amoroso possessivo que passe a exigir muitas coisas e se torne ditatorial quando o outro parceiro passa o tempo com antigos amigos; um pai, um namorado ou um amigo que não deixa você ter momentos só para si; um pai despótico que se recusa a deixar que o filho crescido tome decisões ou tenha uma vida independente.

Além dessa interpretação, muitos estudiosos sugerem que o Oitavo Mandamento é uma advertência contra o engano e a manipulação. Por volta do século II, o rabino Ishmael afirmava que "O pior tipo de ladrão é o que usa o engano para roubar a boa opinião das pessoas". No século XX, uma interpretação semelhante foi dada pelo rabino Nosson Scherman em *The Stone Edition Chumash*, um guia muito influente para o Livro do Êxodo elaborado pela Mesorah Publications of Brooklyn, Nova York, que classifica no Oitavo Mandamento "Conseguir a gratidão ou a atenção de alguém por meio do engano é uma forma de roubo".

Pode ser um político que mente para roubar seu voto, um vendedor ou um propagandista que apresenta falsamente as qualidades de um produto que quer vender, ou um amigo ou colega de trabalho que finge estar do seu lado enquanto trabalha contra você às escondidas. Quando alguém se vale do logro ou da manipulação para roubar-lhe a confiança, iso não só magoa no momento mas também pode deixá-lo menos propenso a confiar nas pessoas ou a se abrir a coisas potencialmente boas no futuro.

O dr. Lewis Smedes, um estudioso protestante e professor de teologia e ética na Fuller Theological Seminary em Pasadena, Califórnia, oferece uma ênfase semelhante sobre o engano e a confiança desfeita como o ensinamento-chave do Oitavo Mandamento. Smedes sugere, "O mandamento dá-se a uma cultura moderna que aceita a cobiça como um estilo de auto-afirmação. Reconhecer a diferença entre roubar e ser íntegro é uma arte que se perdeu. Ainda sabemos que, quando um bandido agarra uma mulher pelo pulso, ele está roubando; não estamos certos sobre se um publicitário que tenta conseguir dinheiro das pessoas com mentiras sedutoras está roubando. Sabemos que um ladrão que se apropria da televisão de uma família pobre está roubando. Mas não estamos sempre conscientes sobre se uma companhia está roubando quando explora os recursos de uma nação pobre".

APROPRIANDO-SE DA AUTO-ESTIMA DE ALGUÉM

Alguns rabinos, pastores, padres e eruditos têm sugerido uma interpretação diferente do Oitavo Mandamento, que afirma que ser rude com alguém, tratar qualquer ser humano de modo desprezível ou até deixar de responder a uma saudação é um roubo da auto-estima das pessoas. Se você já foi alvo da frieza ou da indiferença de alguém, ou já passou pela experiência de estar de bom humor até que uma pessoa o tratou como se você não existisse, você tem alguma idéia do que significa roubar o amor-próprio que alguém possa ter.

Interromper uma pessoa durante a conversa é mais uma forma de roubar esse amor-próprio. Sobretudo quando quem está falando tem necessidade de ser ouvido e entendido, o caráter brusco da interrupção ou uma frase sarcástica e de desprezo como "Vá direto ao ponto!" pode ser um tanto áspera. Em algumas famílias, uma pessoa várias vezes toma a palavra dos outros membros. Em algumas relações, a incapacidade ou a má vontade de um dos parceiros quanto a ouvir pacientemente o outro pode ser a causa de inúmeras brigas ou até de uma ruptura. A frase comumente usada para esse hábito na conversa é "tomar a palavra". Não há sentença a ser cumprida, tampouco penalidades por causa disso, porém, de um ponto de vista espiritual, tal ato é, não obstante, um roubo.

Um outro tipo do engano que é roubar ocorre muitas vezes em círculos acadêmicos, literários, de corporação e para criação, quando os co-autores, os assistentes de pesquisa e as fontes importantes de informação não são reconhecidos. Aumentar as próprias credenciais recusando-se a reconhecer o trabalho duro e a contribuição dos outros é chamado de "roubar o mérito". As pessoas que monopolizam a glória ou que se fingem criadores de algo cuja idéia anteriormente pertenceu a outra pessoa são, em última análise, ladrões.

Muitos estudiosos também ressaltam que maltratar as pessoas que trabalham para você equivale a roubar-lhes a auto-estima. Em seu livro excelente sobre como ter integridade na sua vida no trabalho, intitulado *Being God's Partner: How to Find the Hidden Link Between Your Spirituality and Your Work*, de Jeffrey Salkin, sugere que é roubo tirar vantagem do empregado, atrasar os salários de alguém ou deixar de pagar esse alguém pelo que ele merece no desempenho de sua função.

DESCOBRIR O LIMITE ENTRE A INTELIGÊNCIA E A DUPLICIDADE

Por fim, uma interpretação tradicional do Oitavo Mandamento revela a complexidade de como realizar o que você quer na vida sem enganar ou sem maltratar as outras pessoas. Para entender essa interpretação particular, você precisa conhecer um pouco de iídiche, a língua baseada no hebreu, no alemão e em várias línguas eslavas a qual, por séculos, foi falada pelos judeus na Europa oriental e contribuiu com muitas palavras para a língua inglesa, inclusive *schlepping* (carregar um pesado fardo), *chutzpah* (fibra ou caráter afirmativo), e *schlemiel* (vítima ou tolo).

O fraseado bíblico no Livro do Êxodo para o Oitavo Mandamento diz, "*Lo tig-nove*". A palavra *lo* significa não ou não faça. A palavra *tig-nove* tem como sua raiz hebraica a palavra *gonnif*, que no iídiche tem um significado positivo e ao mesmo tempo negativo. No seu livro incluído entre os mais vendidos, *The Joys of Yiddish*, Leo Rosten explica que *gonnif* pode significar ladrão, velhaco, alguém desonesto nos negócios, ou uma personalidade sombria e ardilosa em quem seria sensato não acreditar; mas *gonnif* também pode significar uma pessoa muito inteligente, uma criança brilhante ou precoce, uma pessoa que excede em inteligência algum tipo de burocracia inflexível.

Rosten explica que, se você falar de alguém com admiração e encanto na voz, dizendo, "*Que gonnif* ", isso significa que você avalia quão brilhantemente essa pessoa pode superar em inteligência o sistema e tirar vantagem de um atalho. Por vezes, na vida, a inteligência é apropriada. Por outro lado, se você disser com desaprovação e com um tom de voz de decepção, "*Que gonnif* ", isso significa que você está falando sobre alguém que magoa as pessoas, que as engana ou só procura satisfazer seus próprios interesses à custa dos outros. Essa única palavra — *gonnif* — pode significar inteligência e brilhantismo ou insensibilidade e crueldade, a depender de se os sentimentos dos outros são ou não levados em conta e respeitados.

Portanto, quando o Oitavo Mandamento diz "*Lo tig-nove*", ou "Não seja um *gonnif* ", ele não nos está dizendo para que nos sintamos culpados por ser perspicazes, ambiciosos, positivos ou bem-sucedidos. Ele nos adverte quanto ao fato de haver um limite entre a perspicácia, a ambição ou o caráter positivo e o ato de magoar injustamente alguém mais. As palavras bíblicas que lhe dizem para não roubar nem enganar também o desafiam todos os dias a resolver se você quer buscar uma vida de integridade e de completude. O Oitavo Mandamento o obriga a concluir conscientemente se você quer partir para uma vida de conquistas do que você julga querer, e nunca estar em paz porque sabe no fundo do coração que passou por cima de muitas pessoas ao longo do caminho.

CONSERVAR A INTEGRIDADE ATÉ NAS SITUAÇÕES DIFÍCEIS

Se você resolver levar a sério o Oitavo Mandamento e comprometer-se com você mesmo (e também com Deus) quanto a ter mais piedade e responsabilidade, quatro princípios-chave podem ajudá-lo a ter mais completude e integridade no seu dia-a-dia:

Princípio de Integridade nº 1: Reserve tempo para tomar decisões conscientes. Ao se deparar com um grande dilema, não procure uma solução rápida que magoe você mesmo ou alguém mais. Reserve tempo extra e peça ajuda para ver se há outra alternativa que se combinará muito mais com as suas necessidades e que não permitirá que os outros fiquem magoados

Como psicólogo, orientei muitas pessoas a tomarem decisões importantes. Antes de tomar uma atitude apressada e de lamentar essa decisão posteriormente, dê a si mesmo tempo para pensar bastante nas conseqüências que a sua decisão acarretará quanto a você mesmo e aos que o cercam. Se tiver condições, também reserve tempo para pedir a opinião dos amigos em quem mais confia, da sua família, dos membros do clero ou do terapeuta.

Volte a pensar nas decisões difíceis que teve de tomar em sua vida. Você se certificou de reservar tempo o bastante e pedir conselhos? No seu trabalho, já fez algo questionável porque não queria desapontar o seu chefe? Se tivesse tido mais tempo, teria sido capaz de pensar numa solução melhor? Na sua vida sexual, já se sentiu impelido a dizer sim a alguma coisa, só para descobrir no dia seguinte que queria ter dito não? Na sua vida familiar e com os seus amigos, sempre concordou com dar prosseguimento a um projeto mal-elaborado?

A professora Teri Bernstein, que ensina ética nos negócios e pessoal no Santa Monica College perto de Los Angeles, tem uma teoria sobre por que a maioria das pessoas procura soluções sem perspectiva que lhe comprometem a ética. Ela sugere, "A maior parte das pessoas pensa instantaneamente em apenas duas opções — uma que envolve o sacrifício pessoal, e uma que é egoísta e magoa os outros. Em meus cursos, tento ensinar os estudantes a encarar cada dilema como uma oportunidade de descobrir que há uma terceira opção — a que leva em conta as suas necessidades e também não deixa que os outros saiam magoados. Por vezes, chegar a essa terceira opção requer um pensamento criativo e não-linear, ou pontos de vista diversos, mas isso é importante quando se quer conservar a integridade".

Para um bom exemplo da necessidade de encontrar uma terceira opção criativa, voltemos ao dilema de Ruth, mencionada no começo deste capítulo. Ruth deparou com a solicitação do supervisor quanto a desenvolver um projeto para "reduzir o número" de funcionários do departamento em 50%. A princípio, Ruth me disse que só pôde pensar em duas opções drásticas. Ou teria de dizer ao chefe, "Recuso-me a fazer seu trabalho sujo e demitir todas essas pessoas. Vou-me embora". Ou poderia ser uma funcionária leal e projetar um programa que de maneira insensível se livrasse de inúmeros homens e mulheres. Quando pedi a Ruth que discutisse comigo sobre qual poderia ser uma terceira opção mais criativa, ela e eu chegamos a diversas possibilidades.

Uma era oferecer a diversos empregados a oportunidade de meio turno com horários flexíveis e uma semana de trabalho mais curta até que os negócios melhorassem de novo. Em vez de demitir pessoas, a companhia poderia manter as que pudessem trabalhar menos horas. Uma segunda possibilidade era elaborar um programa que levasse em conta a piedade e a vontade de ajudar as pessoas a encontrar um novo emprego. Sugeri a Ruth que falasse com alguns especialistas no aconselhamento para casos de transferência e de treinamento para um novo emprego para descobrir que opções viáveis poderia ter para ajudar os empregados demitidos a realizar uma transição mais fácil para um emprego de horário integral. Uma terceira possibilidade era não só fazer um novo planejamento do departamento de Ruth mas também trabalhar com outros departamentos na companhia para ver quem se poderia beneficiar de algumas das pessoas talentosas que o chefe de Ruth queria demitir.

Depois que Ruth passou alguns dias pesquisando os custos e os pormenores dessas três opções, ela as apresentou ao chefe. Como ela me disse depois, "Não tive um êxito completo em salvar o emprego de *todos*; mas tive a satisfação de ter ajudado várias pessoas a continuarem empregadas. Ajudei a estabelecer uma série de opções de aconselhamento úteis e práticas para aqueles que de fato tínhamos de dispensar".

Princípio de Integridade nº 2: Atente para os seus próprios hábitos de ser mesquinho, enganador ou insensível

Todos passamos por situações em que caímos no engano e na desonestidade. Pense no seu próprio comportamento no trabalho, nos relacionamentos, nos conflitos familiares ou na educação dos filhos, e observe quais dessas situações e tendências seguintes constituem para você um desafio:

- Você tende a ser impaciente e a atalhar?

- Você às vezes solapa os fatos ou absorve aquilo de que necessita numa situação e mente para encobrir o que fez?
- Você às vezes é rude ou frio com as pessoas, sobretudo com aquelas que você percebe como estando abaixo do seu *status* ou da sua inteligência?
- Exagera ou falsifica as suas credenciais, ou mesmo a sua contribuição a projetos a fim de impressionar as pessoas?
- Às vezes se pega fazendo coisas que você mesmo considera indelicadas, imorais ou ilegais nos negócios porque não foi capaz de ter opiniões melhores nem de se inclinar a elas?
- Sempre tem a impressão de que está "falsificando algo" ou fazendo tudo o que levará as pessoas a gostarem de você?
- Você às vezes se torna controlador, possessivo ou excludente quanto a alguém, mesmo que esse alguém provavelmente aja de maneira responsável se tiver "mais corda"?
- Você às vezes se aproveita da inocência das pessoas, do seu bom caráter ou confiança?

Meu objetivo em pedir-lhe que atente para essas perguntas *não* é fazer com que você se sinta culpado, mas de preferência ajudá-lo a ver em que aspecto da sua vida você precisa empenhar-se dedicadamente a fim de que seu comportamento esteja à altura dos seus valores. Você pode começar a trabalhar nesses problemas agora mesmo, ou pode torná-los prioridade durante a Quaresma, o Ramadã, os feriados judeus ou sempre que você tender a examinar seu desenvolvimento espiritual.

Para mudar esses hábitos, ajuda entender que numa época no começo de sua vida, você provavelmente precisou agir dessa maneira. Com muita freqüência, tenho percebido no aconselhamento das pessoas que elas desenvolveram um comportamento desonesto ou baixo a fim de sobreviver em suas famílias de origem. Por exemplo, se você teve pais demasiado controladores ou que se irritavam facilmente, é provável que você tenha aprendido a ser reservado no que concerne a falar de sua vida para burlar esse ambiente limitador. Como adulto, você precisa se tornar consciente desses hábitos, reconhecê-los como inapropriados, e desenvolver outras atitudes e outro comportamento que não comprometam sua integridade nem magoem outras pessoas.

Superar um velho hábito

Recentemente, fiz o trabalho de aconselhamento para um projetista criativo de *software* de computadores chamado Edwin, que veio para a terapia porque sua namorada, Claire, e o colega de trabalho dele, Michael, haviam-se queixado a Edwin de que ele tendia a ser calado e um pouquinho desonesto com eles.

Especificamente, na relação dele com Claire, Edwin fingia que estava contente em acompanhar Claire em tudo o que ela queria fazer mas depois ficava impaciente e triste; no entanto, insistia em que Claire sempre determinasse tudo a seu modo e ele jamais fez o que quis no relacionamento. Em sua parceria com

Michael, Edwin comumente deixava o amigo tomar a iniciativa, mas depois ficava triste e revoltado.

Como Edwin admitiu durante o aconselhamento, "Eu sempre tento ser bom, e deixar os outros tomarem a maior parte das decisões; mas então eu começo a me sentir frustrado pelo fato de as coisas saírem errado". Em conseqüência disso, Edwin tornou-se uma pessoa impaciente, às vezes tomando a palavra de Claire numa conversa ou rebaixando-a por pequenas coisas. Edwin também começou a se revoltar com o trabalho e recentemente deixou Michael sem saber sobre um novo cliente importante que Edwin estava pensando em reservar para si mesmo.

Pedi a Edwin que examinasse exatamente de que modo ele aprendera a guardar as coisas só para si e a ser tão cauteloso com pessoas que eram mais decididas e objetivas. Edwin explicou, "Quando eu era pequeno, meu pai e minha mãe eram extremamente insistentes e teimosos. Nunca pude fazer as coisas do meu modo, e aprendi que não havia por que professar minhas opiniões, já que eles tinham sempre a última palavra".

Depois de alguns meses de aconselhamento, Edwin conseguiu romper com o hábito de ser por demais complacente. Teve de aprender aos poucos que, diferentemente de seus pais, Claire e Michael *queriam* saber das necessidades de Edwin e não o iriam dominar se ele começasse a falar decididamente mais cedo — *antes* que ficasse triste. Embora tenha demorado um pouco para mudar esse hábito de toda uma vida, Edwin aos poucos começou a relatar suas opiniões de início e a deixar que os outros soubessem como ele mesmo estava se sentindo sobre cada situação.

Atualmente, ainda tem a fala mansa e é um tanto polido, mas sua confiança em si mesmo e sua felicidade se desenvolveram enormemente. Há pouco tempo, deu-se um fato em que Edwin teve de resolver se dizia a Michael que não concordava com sua estratégia um tanto desonesta para "fisgar" um novo cliente importante ou não dizia. Edwin não só falou a viva voz com Michael, como também o ajudou a criar uma maneira honesta e franca de ganhar esse cliente importante.

Princípio de Integridade nº 3: Previna-se ao perceber que a atitude correta pode vir a ser impopular

Ações que se pautam por princípios às vezes fazem as pessoas se voltarem contra você. Se o seu chefe não é ético e se você não dá ouvidos a suas ordens quanto a se comportar da mesma forma, você terá problemas. Se você é um agente da Bolsa de Valores que se recusa a ir em frente e mexer nas contas dos seus clientes, alguns colegas vão lamentar a sua honestidade. Se você é um advogado que se recusa a aumentar o número de horas a serem cobradas a seus clientes, e trabalha para uma firma que gosta de cobrar em demasia, pode se ver privado de parceria ou de outros privilégios no serviço. Ou se você trabalha para uma companhia que com freqüência superfatura seus preços para contratos com o governo, você pode causar a ira de seus supervisores não aceitando o logro.

Para se proteger de maneira prática em situações em que a sua honestidade e integridade podem prejudicar a sua vida, a sua família e a sua carreira:

- Descubra quem mais na sua companhia se comporta eticamente. Tente cultivar bastantes aliados que lhe darão apoio no caso de você se ver maltratado em função de ter sido íntegro. Tome nota das vezes em que agiu com propriedade e foi criticado, ironizado ou frustrado por alguém mais.
- Reserve alguns momentos todos os dias para rezar, meditar ou ler obras iluminadoras que ajudarão a preservar sua força interior independentemente de você estar ou não sozinho.
- Encontre um grupo de apoio, ou organize um, com pessoas que partilham dos seus princípios e do seu compromisso quanto a agir de modo humano.
- Empenhe-se no seu ramo para que possa cultivar aliados importantes e ter apoio emocional para todos os conflitos éticos que possam ocorrer onde você trabalha.

"NÃO SEI QUANTO TEMPO VOU AGÜENTAR"

Charlene, uma paciente minha, foi estudar direito anos atrás porque queria contribuir de modo positivo com a sociedade; mas quando teve dificuldade em achar emprego, tornou-se advogada especializada na representação de corporações envolvidas com questões judiciais na área de seguro. Depois de passar por um divórcio doloroso, ela precisava manter o emprego para dar apoio aos dois filhos.

Como Charlene me disse quando veio para a sessão de aconselhamento pela primeira vez, "Para mim, é difícil passar uma semana sem ter pelo menos um dilema moral. Quer seja fazer algo desonesto para ajudar um cliente corrupto, quer seja ouvir meu chefe insistindo que eu preciso começar a cobrar mais pelas nossas horas de trabalho, estão sempre exigindo que eu comprometa meus valores pessoais. O pior desafio até hoje aconteceu recentemente, quando um dos meus colegas de trabalho mais antigos me disse que eu precisava agir de modo mais 'elegante' com respeito a um cliente que parece intimidar-se por qualquer mulher que entre na sala. Não sei quanto tempo mais posso suportar, mas também tenho de pagar uma hipoteca e cuidar da educação dos meus filhos".

No aconselhamento, Charlene e eu trabalhamos com vistas a diminuir a tensão emocional e psicológica por que ela passava no emprego, e para resolver os problemas espirituais que advinham disso. Nas semanas seguintes, Charlene começou a dar os passos mencionados acima para aumentar sua capacidade de agir de modo ético. Começou a ler textos voltados às coisas do espírito, e pôs-se a meditar por meia hora todas as manhãs a fim de ter mais bem-estar; ela começou a cultivar aliados no trabalho, os quais partilhavam os mesmos valores que ela; uniu-se a um grupo de apoio de advogadas vindas de várias firmas, no qual fez novos amigos e contatos importantes.

Seis meses depois que ela viera pela primeira vez para as sessões de aconselhamento, Charlene ouviu de uma das advogadas do grupo que ia haver uma vaga numa outra firma. Charlene candidatou-se ao cargo e conseguiu o emprego, que envolvia trabalhar na defesa dos direitos do consumidor, o que ela sempre quisera fazer. Mesmo que haja alguns dilemas morais em seu novo trabalho, Charlote afirma, "É muito melhor aqui, porque, nessa nova firma, não tenho só um ou dois aliados, mas uma dúzia ou mais de pessoas que partilham dos meus valores. É muito mais fácil tomar decisões sensatas quando estou cercada de pessoas atenciosas. Por fim, estou num lugar em que não preciso calar a boca a metade do tempo".

Princípio de Integridade nº 4: Reparta o que você tem com as pessoas que têm menos

Muitos dos escritos eruditos sobre o Oitavo Mandamento indicam que não só não devemos roubar das outras pessoas mas que temos uma obrigação moral com respeito ao corolário do Oitavo Mandamento: assegurar que os outros não precisam roubar a fim de alimentar ou de vestir seus familiares. Essa idéia da responsabilidade partilhada para com os que passam fome e são pobres entre nós é encontrada em diversas passagens do Êxodo e do Levítico, bem como em muitos outros ensinamentos desde aquela época. Levítico, capítulo 19, explica o Oitavo Mandamento pormenorizadamente como a chave para encontrar a realização e a satisfação numa vida estressante de trabalho duro.

No Levítico, capítulo 19, versículo 11, o Oitavo Mandamento é repetido como "Não roubarás; não agirás falsamente com as outras pessoas". Nos versículos 9-10, lê-se, "Quando fizerdes a seifa em vossa terra, não cortareis as espigas até o limite de vosso campo, e não recolhereis o que resta a respigar de vossas colheitas. Não respigareis tampouco a vossa vinha, nem colhereis os grãos caídos no campo; deixá-los-eis para o pobre e o estrangeiro". Por outras palavras, temos o dever para com os outros de ajudar um pobre ou alguém que tem fome a usufruir uma parte de tudo o que criamos, sem que isso seja vergonhoso a essa pessoa. Sem ter de suplicar ajuda, os que estão em sérias dificuldades podem ser alimentados por nós. Cada um de nós tem o obrigação de dar uma parte de nosso dinheiro, de nossos produtos ou de nossa criatividade a quantos podem estar com fome, sem um lar ou sem possibilidade de ter o que podemos oferecer. A razão para essa generosidade é explicada em termos semelhantes pelos judeus, pelos cristãos, muçulmanos, ameríndios e outras tradições espirituais.

No Judaísmo, há uma sugestão quanto à humildade: "Uma pessoa deve meditar sobre o fato de que a vida é como uma roda girante, e, no final, uma pessoa, ou os filhos de alguém, ou mesmo os netos de alguém podem ser obrigados a aceitar caridade. Portanto, a pessoa não deveria pensar 'Devo diminuir minhas rendas dando parte delas aos pobres?'; em vez disso, deveria compreender que nossas propriedades e nossa criatividade não nos pertencem, mas apenas nos foram entregues em confiança para que possamos agir conforme o desejo daquele que nos deu essas coisas (Deus)".

Muitos escritores católicos e protestantes e diversos membros do clero também afirmaram que nossa obra e nossas recompensas pertencem a Deus e não apenas a nós. Por exemplo, um capítulo recente sobre o Oitavo Mandamento escrito pelo reverendo protestante Robert Schuller de Garden Grove, Califórnia, diz, "Se vocês acreditarem em Deus, que acredita em vocês, então acreditarão que Deus lhes dá — a todos — alguma idéia, algum sonho, algum desejo de alcançar ou adquirir. O dever de vocês é ver isso como uma oportunidade divina dada para a conservação da sua imaginação, da sua inteligência e do seu trabalho duro. Vocês devem aproveitar os momentos, concretizar uma possibilidade e devolver suas realizações como uma oferenda a Deus, digna de ser uma graça a Ele, que lhes deu a oportunidade abençoada de fazer algo".

No Islã, há também um acentuado sentido de justiça e piedade para com os pobres. O Corão insiste em que o desejo humano de adquirir riquezas e posição social deve ser equilibrado pela justiça, pela honra e pelo "dever" anual quanto à distribuição de uma parte de nossos bens aos desfavorecidos. De acordo com a doutrina islâmica, não dar aos pobres essencialmente interrompe a continuidade do modo como o dinheiro e as dádivas divinas devem ser distribuídos. Continuar retendo o que se deve aos pobres é como bloquear uma artéria de circulação do sangue e impedir uma passagem vital.

Muitas tribos ameríndias acreditam que partilhar a sabedoria e as dádivas com cada um da comunidade é um dever natural. Do modo como foi descrito por Bear Heart, um curandeiro ameríndio do Novo México que escreveu *The Wind is My Mother*, partilhar com os pobres o que temos e sabemos é benéfico para nossa alma. Ele explica, "Para sermos reabastecidos, precisamos continuar a nos esvaziar para receber mais. Dessa forma, tornamo-nos vasos, estendendo a mão para receber as bênçãos e fechando a outra para nos tornarmos canais — deixando essas bênçãos fluírem para a vida dos outros".

Passar da sensação de falta de alguma coisa para o sentimento de plenitude e generosidade

Depois de anos aconselhando pessoas com toda sorte de situação econômica, posso assegurar ao leitor que muito poucos seres humanos se satisfazem com o que lhes garante a sobrevivência. Mesmo que alguém tenha uma renda enorme, essa pessoa por vezes tem dívidas equivalentes, projetos arriscados ou medos que lhe aumentam a sensação de falta de alguma coisa ou tensão.

No entanto, sempre que alguém segue os conselhos do Levítico 19, o de deixar de lado a "respiga de vossa colheita", e partilhar seus bens e oportunidades com aqueles que passam dificuldades sem essas coisas, uma forte sensação de inteireza e completude é a conseqüência disso. Em vez de sentir que você nunca terá o bastante, aos poucos sua mente começa a perceber que partilhando diversas vezes com os outros, você tem mais do que imaginou e mais do que o suficiente.

Um ditado judaico tradicional é "Até um pobre que sobreviva de caridade deve fazer constantemente caridade". Em outras palavras, não importa quão pouco você tenha, existe um sentimento profundo de liberdade que acompanha o ser generoso e prestativo aos outros habitualmente. Faz bem à alma praticar regularmente a caridade e exercer funções como voluntário quando se foi demitido, dispensado ou quando se passa por tempos de crise. Em vez de se sentir incompleto e isolado do mundo, você se sentirá útil e valorizado.

Muitas tradições espirituais estimulam o reservar e dar aos necessitados pelo menos dez por cento (o dízimo) de sua renda ou de sua produção. Como destaca o reverendo Robert Schuller, "Você nunca vai se sentir pobre se for rico o bastante para dar dez por cento de tudo o que ganhar. Não importa quão pequena seja a sua renda, você nunca sentirá o embaraço nem a vergonha da pobreza enquanto sua mente e seu estado de espírito estiverem inclinados à filantropia. Esse tipo de cargo de intendente é o segredo da paz de espírito financeira".

Em sua análise do Oitavo Mandamento, o rabino Isaac Klein propõe um ponto de vista semelhante: "Só fazemos conservar como intendentes tudo o que temos e nos foi confiado por Deus. É significativo que não haja nenhuma palavra no hebraico que designe os mendigos ou a esmola. O equivalente hebraico, *Tzedakah*, que dizemos quando falamos sobre dar aos pobres, na verdade significa probidade ou ação correta. Em conformidade com nossa doutrina, os pobres têm o direito de ser apoiados por quantos são mais afortunados porque estes são apenas intendentes do que pertence a Deus."

Diz o Talmude, "Aquele que quer doar (generosamente) não deve dar mais do que um quinto de sua renda, para que não venha a necessitar de caridade". O rabino Joseph Telushkin explica essa imagem do modo como segue: "A sabedoria que há em especificar doações mínimas e máximas na caridade é dupla. Ela estimula as pessoas a dar mais do que dariam de outra forma. Tenho observado que as pessoas que dão dois ou três por cento de sua renda para a caridade comumente pensam em si mesmas como generosas. E isso ajuda as pessoas sensíveis que têm feito as doações necessárias a usufruir seus bens sem culpa".

Além de dar dinheiro, há muitas outras formas de partilhar seus bens com pessoas que precisam deles mas que não podem pagar por eles. Você poderia dedicar uma porcentagem do seu tempo ao trabalho voluntário, ou reservar uma porcentagem de seus produtos ou de sua energia para projetos que talvez não sejam muito lucrativos mas que possam ser importantes para os outros. Por exemplo, quando trabalhava para a Doubleday Publishing Company nos anos de 1970, dedicávamos uma parte de cada lista de novas publicações a livros infantis com temas pertinentes e multiculturais que raramente davam lucro.

"Voltei a me sentir bem com relação a minha vida"

Um paciente meu, um tanto voltado às coisas do espírito e com um senso de humor sarcástico, chamado Jeremy, atualmente trabalha como contador para uma firma de médio porte. Ele veio para o aconselhamento porque estava frustrado e esgotado depois de anos trabalhando para companhias de serviço financeiro e sendo muito pressionado.

Jeremy me disse, "Há muito tempo, eu realmente acreditava que seria bom ter uma profissão segura e respeitada como a de contador para me ajudar a pagar os tênis de atleta do meu filho e a ortodontia da minha filha; contudo, quanto mais trabalho e chego a escalões superiores de números esmagadores em várias firmas, mais vazio eu me sinto".

Três meses antes de ele vir para as sessões de aconselhamento, Jeremy perdeu a mulher, Marianne, que morreu de câncer. Em conseqüência de sua morte, disse, ele sentia sobretudo frustração com as suas longas horas e com o que chamava de "o dilúvio anual de novos regulamentos do imposto e brechas que tenho de aprender e utilizar para que meus clientes associados possam declarar todo tipo de coisas com que você e eu só podemos sonhar".

Durante os quatro meses que vi Jeremy nas sessões de aconselhamento, ele teve longos momentos de pesar, mas também examinou maneiras pelas quais pudesse recuperar um sentido mais forte de satisfação e determinação. De modo específico, Jeremy começou a trabalhar como voluntário algumas horas por mês para ajudar organizações sem fins lucrativos com conselhos na área das finanças. Uma dessas organizações estava ligada aos doentes de câncer, doença que causara a morte de sua mulher, e a outra organização desenvolvia programas de arte depois do período da escola para crianças de regiões pobres e populosas da cidade. Também trabalhou com antigos colegas em sua companhia de serviços financeiros para desenvolver um serviço de *pro bono publico* (em favor do bem público). Esse seguimento gratuito ou de baixa renda da firma permitiria aos funcionários passar algumas horas por semana fazendo planejamentos de impostos e financeiros para pessoas de baixa e média renda que normalmente não podem pagar pela orientação de um profissional qualificado na área de serviços financeiros.

No dia que Jeremy concluiu sua terapia, ele me disse, "Encontrar um modo de ajudar as outras pessoas tem significado mais para minha satisfação diária do que todos os anos que trabalhei para ganhar a vida. Costumava ter horror em acordar de manhã e pegar o ônibus para o trabalho porque era sempre a mesma coisa. Mas quando comecei a ver um sentido superior para todos esses números esmagadores, voltei a me sentir bem com relação a minha vida.

Viver com mais integridade e com o sentimento de completude é uma meta que muitas pessoas consideram inacessível ou irrelevante nesses tempos de competição; porém, como atestam esses exemplos e diretrizes do Oitavo Mandamento, é extremamente gratificante encontrar um modo de ser ético e piedoso em situações nas quais anteriormente a pessoa foi desatenta ou insensível. Viver com integridade é mais uma forma de acender a centelha de luz na sua alma e de sentir uma riqueza espiritual maior.

9

O NONO DESAFIO

Diminuir no seu Cotidiano as Intrigas e as Conversas que Magoam

Um dos Mandamentos mais mal-interpretados e desprezados é o nono, comumente traduzido por "Não levantarás falso testemunho contra o próximo". À primeira vista, ele parece aplicar-se apenas a fazer declarações falsas num tribunal, do modo como é solicitado a cada um dos participantes de um julgamento: "Não falsifique as provas. Não minta testemunhando. Não deixe que seus preconceitos sobre alguém influenciem no modo como você fala sobre ele no tribunal." É o Mandamento que diz a todos os envolvidos num conflito legal, "Não minta nem exagere, porque não podemos ter um sistema decente de justiça nem uma sociedade íntegra se as pessoas fazem acusações falsas ou forjam provas ilegítimas umas contra as outras".

Alguns estudiosos têm sugerido, contudo, que, se o Mandamento simplesmente tivesse de ver com prestar depoimento no tribunal, o texto em hebraico começaria com a frase "*Lo ta-eed*", que significaria "Não *testifique* falsamente contra o próximo"; mas não é isso o que se lê na Bíblia. O texto hebraico na Torá é "*Lo taahneh*", que se traduz por "Não *responda*, nem *reaja* nem *repita* contrariamente ao próximo", e diz respeito a muito mais situações do que o comportamento durante um julgamento.

Por muitos séculos, eruditos e comentadores têm analisado o Nono Mandamento para entender o que significa "Não repita contrariamente ao próximo". A maior parte dos peritos interpreta o sentido como sendo "Não minta nem exagere quando falar das outras pessoas", "Não maldiga os demais", ou "Fique de boca fechada e recue de toda possibilidade de dizer coisas nocivas ou íntimas sobre os outros".

De um ponto de vista psicológico, esse Nono Desafio do "Não repita contrariamente ao próximo" sugere que se ouvimos algo negativo ou embaraçoso sobre alguém mais *nós nos sentimos tentados a repetir* o que ouvimos, porém, ao fazer isso, podemos de fato prejudicar essa pessoa. Tomar parte em conversas negativas sobre as pessoas no trabalho ou em outros ambientes sociais também pode ser perigoso.

COMO A FOFOCA ENTROU NA LISTA DOS DEZ MANDAMENTOS?

Quando comecei a estudar pela primeira vez os sentidos mais profundos dos Dez Mandamentos, lembro que me indagava, "Como a fofoca entrou na lista dos Dez Mandamentos?"; uma pessoa com certeza pode considerar que o crime, o roubo e o adultério merecem figurar na lista. Mas, e a fofoca? Atualmente, ela é o alimento econômico que move o noticiário na tevê e os *talk shows*, os livros, as revistas e o rádio. O que seria de nós sem as fofocas maliciosas? Até as colunas sobre finanças e os analistas políticos atualmente contam com a fofoca e com os boatos como base para antever tendências fundamentais. Será possível que a Bíblia está ultrapassada ou simplesmente equivocada quando diz "Não faça fofocas"?

RECONSIDERANDO O HÁBITO DE FALAR PELAS COSTAS

A maledicência é um problema complexo, e não estou me referindo aos tablóides que anunciam casos de amor entre estrelas do cinema, suas crises emocionais, vícios e frutos do seu amor.

Para entender o que a fofoca significa para você pessoalmente, considere que tudo o que ela requer é uma pessoa onde você trabalha, no seu caminho para a escola, no lugar do seu culto religioso ou na sua vizinhança, espalhando uma história desonesta, exagerada e negativa sobre você mesmo. A essa pessoa, pode levar apenas cinco segundos para que espalhe um boato sujo sobre você, porém, talvez lhe sejam necessários cinco meses, cinco anos ou todo o resto da sua vida para que você recupere o respeito e a confiança que perdeu por causa da intriga que seus colegas, amigos ou vizinhos ouviram.

A fofoca se difunde tanto e é tão comum que a maioria de nós mal percebe o grau em que ela existe em nossa vida. Pense nas conversas maldizentes que você ouve todos os dias. No trabalho, por acaso conhece um grupo que almoça junto, na sala do xérox, no resfriador de água, no telefone ou no *fax* e nos *e-mail* trocando histórias maliciosas sobre os outros no escritório? Na sua igreja ou na sua sinagoga, um boato sobre um membro destacado ou sobre a vida privada do pastor, do padre ou do rabino viaja com a velocidade da luz? Na sua vizinhança ou no prédio em que você mora, se alguém está se divorciando, tendo um caso ou um problema com os filhos, essas coisas são conservadas em segredo ou as notícias se espalham como fogo?

Muitas pessoas boas foram prejudicadas pessoal e profissionalmente pela língua solta de alguém. Por exemplo, qual das situações seguintes *você* conheceu, ou com relação a sua própria vida ou à vida de alguém que você estima:

- No passado, já foi alvo de uma zombaria injusta por parte dos colegas de classe ou de comentários cruéis e fofocas pelo fato de você ser de algum modo diferente da maioria?
- No seu círculo de amizades, de parentes, ou colegas de trabalho, já se sentiu mal pelo fato de alguém ter "língua solta" ou gostar de espalhar boatos e histórias desdenhosas sobre você ou sobre os demais?
- Já esteve num trabalho ou numa situação social qualquer em que um adversário ou competidor notadamente parte para atacá-lo com uma história exagerada ou falsa?
- Já se magoou ou viu-se traído porque um amigo íntimo, um colega de sala no trabalho, um parceiro no amor, ou um membro da família espalharam algo embaraçoso sobre você a pessoas que não tinham por que ouvir essas coisas pessoais?

COMO PENAS AO VENTO

Há uma famosa história hassídica que descreve belamente como é difícil reparar o dano causado pela maledicência e pelas fofocas sobre uma pessoa de boa índole. Nesse conto, um discípulo diz coisas dolorosas e espalha boatos falsos sobre seu mestre; posteriormente, porém, o discípulo se sente culpado, dirige-se ao mestre e pede perdão.

O mestre lhe faz uma sugestão, "Se quiser corrigir os erros que cometeu, recomendo-lhe que pegue alguns travesseiros com estofo de penas, rasgue-os e deixe o vento espalhar as penas".

O discípulo segue o conselho e volta depois ao mestre, que lhe diz serenamente, "Agora, falta fazer uma coisa. Vá e reúna todas as penas".

O discípulo replica, "Como vou fazer isso? É impossível. Os ventos espalharam as penas em todas as direções".

O mestre explica, "Você está começando a ter consciência do poder das palavras. Depois que você começou e repetiu uma série de boatos nocivos, espalhando-os em todas as direções, é muito difícil tentar recuperar-se de todo o prejuízo".

UMA SOLICITAÇÃO CONTROVERSA

Uma coisa é desejar que os outros não façam fofocas sobre você, porém, quão disposto você está no que diz respeito a parar de fofocar ou tratar de assuntos privados sobre as pessoas com quem você vive, trabalha, vai à escola, à igreja ou à sinagoga? Segurar a língua não é uma coisa fácil, sobretudo quando temos pouco interesse em fazer isso.

Para começar a entender como esse Nono Desafio é difícil e controvertido para a maioria das pessoas atualmente, faça a si mesmo a seguinte pergunta: Qual seria a sua primeira reação se alguém lhe dissesse, "Fique de boca fechada quando os amigos, os vizinhos, os colegas de trabalho ou os parentes lhe perguntarem sobre as mazelas de alguém mais"?

A primeira reação da maioria das pessoas a quem se pede para não maldizer é "Nem pensar! Este é um país livre. Tenho o direito de dizer tudo o que eu quero".

Há uma história engraçada sobre uma pregadora nova que faz seu primeiro sermão a uma congregação já estabelecida. O assunto do sermão é os Dez Mandamentos, e, quando a nova pregadora diz "Honra teu pai e tua mãe", os membros da congregação parecem impressionados e dizem uns aos outros, "Ah! grande sermão!" Quando a nova pregadora começa a falar sobre "Não matarás" e "Não roubarás", os membros da congregação meneiam a cabeça num gesto de assentimento e sussurram uns aos outros, "Magnífico sermão! Comovente!"

Mas quando a pregadora começa a falar sobre o Nono Mandamento e sugere, "Se quisermos ter um sentido mais forte de comunidade e parceria, teremos de parar de nos maldizer uns aos outros e de ficar falando coisas pelas costas", um membro um tanto destemido da congregação cochicha a uma pessoa ao lado num tom de voz que permite aos outros ouvir "Agora, a pregadora passou do sermão para a *intromissão*".

Os seres humanos não são muito receptivos a alguém que tente lhes diminuir ou eliminar o "direito inalienável" à fofoca e ao boato com respeito a outras pessoas. A alguns indivíduos, isso parece censura, radicalismo ou moralismo desnecessário. Ouvi muitas pessoas inteligentes e piedosas se referirem à solicitação do Nono Mandamento quanto a não falar mal dos outros como sendo "Algo não natural. Não vai adiantar. A fofoca não é uma coisa da qual as pessoas estão dispostas a desistir de uma hora para outra".

SE VOCÊ DIMINUIR A FOFOCA, A QUE ESTARÁ RENUNCIANDO?

Mister é que se advirta o leitor do fato de que, se a pessoa resolve levar a sério este Nono Desafio e, com êxito, controla a fofoca, o hábito de falar pelas costas e os boatos nocivos que ela aceita no seu dia-a-dia, ela pode estar abdicando de muitas coisas. Há muitas razões psicológicas pelas quais os seres humanos gostam de espalhar boatos, e se você diminuir a fofoca, poderá sentir uma ponta de remorso. Assim como alguém que deixe de comer chocolate e sobremesas com muitas calorias por motivo de saúde, você pode se sentir um pouco privado e impaciente a princípio. Esse sentimento de retraimento e mal-estar pode durar até que o novo hábito de não fazer fofoca se torne mais familiar a você.

As pessoas fazem fofoca porque isso lhes dá:

- A sensação de elas mesmas serem iguais às pessoas que colocaram num "pedestal". Quando elas fazem fofoca sobre as mazelas da realeza britânica, dos milionários americanos, de modelos fantásticos, ou sobre a sua cunhada, cuja casa é imaculadamente limpa, isso pode lhes dar certa sensação de alívio; podem pensar, "Ora, talvez eu não seja tão ruim assim".
- Uma sensação de vingança com relação às pessoas que as maltrataram. Quando você difunde boatos sobre um chefe de que não goste, sua ex-mulher, um amigo antigo ou um rival atual, isso lhe permite liberar um pouco das mágoas que você traz em si mesmo.
- A sensação de união com grupos que têm um adversário comum ou um oponente ideológico. Com certa freqüência, escutamos os conservadores tentando descobrir e espalhar coisas sujas sobre os liberais, ou estes procurando e espalhando mazelas sobre os conservadores. Como o jornalista da esquerda Andrew Kopkind escreveu em seu livro *The Thirty Years War* sobre por que tinha tanto prazer em fazer fofoca especificamente sobre os políticos reacionários, "A fofoca serve para fazer justiça num mundo corrupto".
- O prazer do *voyeur*, socialmente permitido. Você seria preso se tentasse introduzir uma câmera no quarto de Antonio Banderas, Kevin Costner, Sharon Stone, ou Cindy Crawford para ver como é a vida sexual deles; mas se você pegar a revista *People*, *Us* ou a *Entertainment Weekly*, terá uma dose de fofoca "sem que se cometam crimes nem delitos" e informações sobre a vida privada desses e de outros astros.
- A satisfação advinda de se fingir de "expert" em questões e informações privadas que elas conhecem apenas parcialmente. Muita gente se sente poderosa, inteligente, e "por dentro" quando fofoca, mesmo que essas pessoas estejam difundindo meias verdades e informações das quais só têm dados superficiais no que concerne a toda a história. Diz um antigo provérbio espanhol, "Quem sabe pouco fala muito". Até mesmo com informações parciais, contudo, você pode sentir-se orgulhoso por ser a primeira pessoa no seu quarteirão ou no seu escritório a saber de uma fofoca corrosiva que ninguém mais sabe.
- Um modo sutil de afirmar códigos de comportamento. Em qualquer família, grupo ou organização, uma das formas de manter as pessoas informadas sobre "o que é aceitável" e "o que é vergonhoso" é por meio da fofoca sobre alguém que foi além do que os defensores de um código de comportamento determinado consideram inaceitável socialmente. Falar mal de alguém que se rebelou contra alguma coisa, falar mal da família, de um grupo ou de uma organização implica para os seus membros "não seja como essa pessoa, porque, caso contrário, faremos fofoca de você, também".

QUE BENEFÍCIOS VOCÊ PODE USUFRUIR POR DIMINUIR A FOFOCA?

Meu objetivo ao escrever sobre o Nono Mandamento *não* é torná-lo uma pessoa irritadiça, séria, que não pode rir de uma piada, mas proporcionar-lhe algumas razões de fundo espiritual e psicológico para deixar de lado a fofoca e a maledicência no seu dia-a-dia. E você pode achar que esse controle serve a um objetivo útil nas suas atividades pessoais e profissionais.

Na minha vida e no trabalho de aconselhamento, três benefícios principais se tornaram evidentes no que concerne a controlar o vício da fofoca.

Benefício nº 1: Diminuir a fofoca é uma das melhores formas de ver se você tem intenção de viver em conformidade com a Regra de Ouro

Se você diz algo prejudicial e negativo pelas costas de alguém ou longe do alcance do seu ouvido, há certa possibilidade em seu favor de que essa pessoa nunca saiba exatamente quem espalhou o boato. Assim, se você for o tipo de pessoa que gosta de se apropriar das coisas e que não se sente mal fazendo aos outros o que não quereria que os outros lhe fizessem, então a fofoca e os comentários tendenciosos podem parecer um modo eficaz de desabafar e não ser apanhado.

Por outro lado, se você pensa em si mesmo como alguém que tenta viver à altura da Regra de Ouro, então, controlar o impulso de maldizer se torna uma experiência excelente para ver o quanto você quer ser digno da exortação "Ama ao próximo como a ti mesmo".

A Regra de Ouro aparece pela primeira vez no livro do Levítico, capítulo 19, versículo 18, como "Ama o próximo como a ti mesmo, pois sou o Eterno". Posteriormente, ele foi estudado em profundidade pelo grande mestre Hillel, que no primeiro século a. C. foi solicitado por um discípulo impaciente quanto a sintetizar a essência do Judaísmo enquanto esse estudante se equilibrava sobre um pé só. A famosa resposta de Hillel a essa solicitação ousada foi "Não faças ao teu próximo o que te é odioso. O resto é comentário... agora, vai e estuda".

Do modo como foi descrito no Livro de Mateus (19:16-19), quando Jesus de Nazaré ouviu a pergunta, "Mestre, que devo fazer de bom para ter a vida eterna?", ele respondeu, "Por que me perguntas a respeito do que se deve fazer de bom? Se queres entrar na vida eterna, observa os mandamentos... e ama ao próximo como a ti mesmo". No Livro dos Romanos (13:9), o discípulo Paulo acrescenta, "Os mandamentos estão sintetizados numa sentença, 'Amarás teu próximo como a ti mesmo'".

A maior parte das pessoas tem uma idéia vaga de que concorda com essa Regra de Ouro e de que gostaria de viver à altura dela. Ela parece útil ao modo como gostaríamos de lidar com nossos relacionamentos pessoais e à maneira pela qual gostaríamos que o resto do mundo nos tratasse; no entanto, viver à altura da Regra de Ouro depende de um profundo sentido de empatia quanto ao mal-estar da outra pessoa, o que muitas pessoas são incapazes de ter quando estão revoltadas, motivadas pela competição ou quando são vítimas da hipocrisia. Envolve uma grande mudança de ponto de vista ser capaz de perguntar a si mesmo, "Sou capaz de parar de espalhar boatos sobre os outros, que sofrerão as conseqüências em vez de mim?", ou, como sugere o místico muçulmano Al-Ghazali, "Se você quiser ter consciência da infâmia de alguma coisa, considere como você a evita e despreza *quando alguém o maldiz*. Pois você não compreende a infâmia dos seus vícios na sua situação, mas só a compreende quando se trata dos outros".

Assim, pergunte a si mesmo se o princípio do "Não faça aos outros aquilo que você não quer que lhe façam" é um valor que você defende ou que você tentou transmitir aos seus filhos; se esse princípio for justamente isso, você poderá começar a encarar a fofoca como um desafio no que concerne a ver se você está vivendo de acordo com a Regra de Ouro.

Benefício nº 2: Controlar-se quanto a dizer coisas negativas é um modo de purificar o karma ou livrar-se das conseqüências de suas ações negativas nesta vida

De um ponto de vista budista, hindu ou zen, há três tipos de karma, ou conseqüências, que ocorrem em nossa vida. Tudo isso inclui as conseqüências por que passamos nesta vida em função de vidas passadas (Prarabdha-karma); as conseqüências que depararemos em vidas futuras por causa de vidas passadas (Sanchita-karma); e as conseqüências que sofreremos no futuro por causa de nossas ações atuais nesta vida (Agami-karma).

Falar mal das pessoas pelas costas entra na categoria do Agami-karma, as conseqüências futuras que podemos impedir ou piorar bem agora, a depender de como controlamos ou aceitamos *nossas inclinações e desejos atuais quanto a prejudicar os outros*. Essencialmente, de um ponto de vista budista, hindu ou zen, se você se controla e evita falar mal das pessoas, você cria menos sofrimento futuro para si mesmo e para aqueles que você ama. Por outro lado, se você cede ao impulso de espalhar boatos, você cria conseqüências negativas para o futuro.

Um dito talmúdico semelhante professa, "A maledicência é uma língua de fio triplo que prejudica o espírito de três pessoas: aquela sobre quem se diz a maledicência, aquela que a escuta e *também a pessoa que a diz*".

Independentemente da sua inclinação religiosa, quando você tende a acreditar que o modo como trata os outros tem conseqüências sobre você mesmo, a fofoca e os boatos não podem ser considerados inofensivos ou evitáveis. Falar pelas costas de alguém temporariamente pode parecer um modo de roubar alguma coisa, mas quando você acredita nas conseqüências espirituais ou nas almas magoadas, você pode postar-se de modo contrário a acarretar o sofrimento no futuro. E se você acha um meio de controlar a fofoca e os boatos prejudiciais, você adquire certo controle quanto a melhorar o seu karma ou o bem-estar do seu espírito.

Benefício nº 3: Questionar e contradizer a maledicência ou as generalizações que você ouve sobre grupos de pessoas diferentes de você é um ato importante de responsabilidade e de justiça social

O discurso mais nocivo de todos é o racismo e o sexismo. A cumplicidade ou o silêncio em face dessas formas de discurso maligno também são nocivos. Nesse caso também a Regra de Ouro se aplica. Se alguém estivesse maldizendo a *sua* raça, a sua etnia, o seu sexo, ou a sua religião *pelas suas costas*, você gostaria que os circunstantes falassem em seu nome, mantivessem silêncio ou aderissem ao discurso insensível sobre o seu grupo?

Questionar as coisas ruins que as pessoas dizem sobre os outros não só beneficia o alvo da maledicência, como também não deixa que observações maldosas se alojem na mente de alguém presente. Por um momento, pense nas generalizações ou estereótipos falsos a que você foi exposto nos anos de sua formação. Será que você foi capaz de questionar e sobrepujar essas generalizações iniciais, ou elas ainda lhe afetam as reações a outras pessoas?

Repetir *generalizações até mesmo aparentemente positivas* sobre um grupo pode ser doloroso ou causar tensão. Por exemplo, dizer "Todos os orientais que vivem na América são bons em matemática" pode causar ressentimento contra os orientais ou certo embaraço e sensação de pressão a esses mesmos orientais que de fato não se enquadram no estereótipo. Ou dizer "Os judeus não têm o problema do alcoolismo" é uma generalização falsa que pode causar um aumento na vergonha e no desejo de evitar procurar tratamento nos homens e mulheres dessa raça que lutam contra o problema da bebida.

Questionando firmemente os estereótipos, você realiza três coisas:

- Faz com que a pessoa que está inventando coisas acerca de um grupo pense duas vezes antes de prejudicar os outros.
- Impede que os circunstantes aceitem a calúnia como algo verdadeiro.
- Certifica-se de que não interioriza nem depois repete essas mentiras e observações maldosas.

Vez ou outra, cada um de nós depara com o desafio incômodo de encarar alguém que faz uma observação racista, ceticista ou preconceituosa. Você deixa passar, ou diz algo e se arrisca a tomar partido? Se se afirma, qual é o melhor modo de fazer isso?

No dia da explosão da bomba na cidade de Oklahoma, corriam boatos de que o Alfred P. Murrah Federal Building fora explodido por "terroristas árabes". Embora parecesse possível que os propaladores do boato pudessem estar certos, tive uma sensação incômoda no fundo do meu ser de que esses rumores se baseavam em estereótipos e no medo.

Numa reunião, quando um colega disse, "Isso é exatamente o tipo de coisa que os árabes farão em toda a América do Norte", senti que tinha de dizer algo. Tentando manter o tom de conversa entre colegiais, perguntei a esse colega se ele tinha base para tal argumento. Ele pareceu surpreso de que alguém o questionasse. Tossiu, pigarreou, e tentou ostentar um ar de autoridade ao dizer, "Bem, todo mundo sabe como essas pessoas são".

Isso ensejou uma conversa em que diversos colegas admitiram também que estavam intranqüilos sobre a precipitação em julgar e sobre as generalizações perigosas sobre os árabes que se viam nos meios de comunicação de massa e em círculos privados durante as primeiras horas depois da explosão da bomba de Oklahoma. Logo depois, a pessoa a espalhar o boato foi desmentida, e se tornou claro que nenhum de nós ia acreditar nos seus boatos e estereótipos.

Ora, algumas pessoas ao ler isso podem dizer, "Por que se preocupar? Se as pessoas insultadas ou rotuladas não estão nem mesmo presentes, como vão ser prejudicadas?"; no entanto, peritos que estudaram a natureza do preconceito e da discriminação sabem que rumores não confirmados e não contestados se espalham *pelas costas das pessoas* e causam idéias duradouras e negativas, além de suposições cruéis. Numa sociedade em que milhões de árabes que vivem na América são vistos por muitos com suspeita e com falsos estereótipos, algumas pessoas têm afirmado que esses árabes são o último grupo étnico nos Estados Unidos sobre quem as pessoas ainda saem impunes ao fazer observações nocivas.

Como um judeu que cresceu escutando sempre, sobretudo durante a história da Páscoa todos os anos, "Nossos ancestrais eram estranhos numa terra hostil, e precisamos acolher em nosso coração todos os que são minoria em nossas terras atualmente", não me sinto bem quando ouço algum grupo sendo rotulado ou estigmatizado. Partilho da crença de muitos judeus, cristãos, muçulmanos e outros americanos quanto ao fato de nenhum de nós ser verdadeiramente livre enquanto não é tratado com justiça e respeito. As palavras do reverendo Martin Niemoller, pastor cristão na Alemanha que se opôs fortemente ao regime nazista e foi preso nos anos de 1930, ocorrem-me sempre que me vejo numa situação em que um outro grupo está sendo estigmatizado:

"Primeiro, eles se referiram aos socialistas, e eu não afirmei nada — porque eu não era socialista. Então, eles se referiram aos sindicalistas, e eu fiquei calado — porque eu não era sindicalista. Depois, eles se referiram aos judeus, e eu também não expressei meu ponto de vista — eu não era judeu. A seguir, se referiram a mim — e não houve ninguém que falasse por mim."

Ainda que não seja socialmente correto ou educado falar contrariamente a afirmações preconceituosas, o Nono Mandamento nos desafia a refrear quantos espalham rumores ou disseminam o preconceito com relação a pessoas que correm o risco de ser maltratadas a fim de viver juntas numa comunidade.

Os terroristas que mataram todas as crianças e funcionários federais em Oklahoma eram americanos brancos, não árabes, tampouco forasteiros; entretanto, durante muitas horas depois da bomba, o sentimento anti-árabe recrudesceu em todo o país. O Centro Islâmico em Los Angeles recebeu mais de uma dúzia de chamadas telefônicas ofensivas. Um tiro foi disparado contra a janela de uma mesquita em Indianapolis. Muitos muçulmanos que eram cidadãos americanos relataram insultos e acusações contra eles. Fizeram um cidadão americano com um nome árabe altissonante tomar um vôo em Londres e seguir de volta aos Estados Unidos para interrogatório. Numa mesquita em Los Angeles, um islâmico orando a Alá foi mencionado como dizendo, "Rezamos para os que são vítimas inocentes do desastre em Oklahoma, e também rezamos para que a América mantenha sua tradição de aceitar outras fés e outras crenças".

Vez ou outra, pode ser embaraçoso ou triste postar-se contra o preconceito, mas em muitos casos basta apenas que uma pessoa questione uma crença nociva para que a verdade se torne clara ao coração e à mente das testemunhas e ouvintes. Mesmo que palavras de ódio não digam respeito a você ou ao seu grupo, diminuir a possibilidade de dano que tais palavras podem causar ainda vale o esforço de assumir uma posição a viva voz.

DE QUE MODO VOCÊ DIMINUI OS OUTROS TIPOS DE MALEDICÊNCIA E DE CONVERSA NOCIVA?

A maior parte das pessoas tem pouco ou nenhum desejo de se tornar conscienciosas ou zelosas em suas conversas, o que torna ainda mais difícil o seu desafio de restringir essas conversas. Felizmente, estudiosos e mestres têm estado examinando esse problema e vêm oferecendo orientação prática e de cunho espiritual por muitos séculos. No século XIX, um rabino lituano chamado Israel Hacohen Kagan escreveu um texto clássico extenso sobre diminuir a maledicência na nossa vida. O título de seu livro, *Hofetz Hayim* [Aquele que Ama a Vida], foi tirado do Salmo 34, que diz:

Que é o que ama a vida,
cujo desejo é de bondade durante anos:

Se guardares a língua do mal
e teus lábios da fala enganosa.
Se evitares a crueldade e fizeres o bem,
se buscares a paz e a perseguires.

Hofetz Hayim posteriormente foi modernizado num livro de 1975 chamado *Guard Your Tongue*, de um rabino ortodoxo de nome Zelig Pliskin, livro usado em todo o mundo como um guia para a fala conscienciosa e ponderada. Em 1993, um rabino da Reforma chamado Stephen Wylen escreveu um livro intitulado *Gossip: The Power of the Word* para tornar mais acessíveis os ensinamentos de *Hofetz Hayim* a homens e mulheres menos tradicionais. Recentemente, em 1996, o rabino Joseph Telushkin publicou um livro muito elogiado para judeus, cristãos, muçulmanos e adeptos de outras religiões sobre como falar de modo consciente e responsável. Esse guia de fácil leitura para tornar-se uma pessoa mais amável se chama *Words That Hurt, Words That Heal: How to Choose Words Wisely and Well.*

Baseado nesses escritos e em muitas outras fontes eruditas, cheguei às seguintes reflexões breves e práticas para ser fiel ao Nono Mandamento nas situações de todo dia. Elas são úteis para que você tenha certeza de que não causa dano com suas palavras.

Reflexão nº 1: Se você estiver prestes a dizer algo pessoal sobre alguém e se isso for doloroso ou indiscreto quanto a esse indivíduo, pergunte a si mesmo "Qual é minha intenção ao dizer isso? Fazer o bem ou o mal?"

Na maior parte das práticas religiosas e espirituais, diminuir o passo e atentar para nossas próprias intenções é uma medida fundamental. No hebraico, a palavra para intenção é *kahvahnah*, e muitos acham que a essência do caminho judaico (ou *halakhah*) é certificar-se de que não se é regido por instintos inferiores mas tão-só por *intenções superiores*. Nas tradições budista, hindu e zen, sua *intenção* é aquilo que importa a longo prazo, e importa mais do que as conseqüências exteriores de uma ação ao determinar se estamos gerando um karma bom ou ruim. A doutrina cristã também enfatiza aquilo que você intenta no seu coração. Em Romanos (2:14-16) é explicado que "O que a lei requer *se grava em teu coração*" e que "Deus haverá de julgar os pensamentos secretos de todos".

Um primeiro passo importante para pôr em prática o Nono Mandamento na sua vida diária é controlar-se toda vez que se estiver prestes a difundir a maledicência e perguntar a si mesmo, "Será que as minhas intenções são boas, ou estou procurando fazer algo traiçoeiro, relacionado à vingança ou egoísta?"

Reflexão nº 2: Reconheça que o problema não é se a maledicência é verdadeira ou falsa. Há probabilidade de que suas palavras façam o mal ou o bem?

Muitas pessoas que espalham fofocas prejudiciais cometem o erro de dizer, "Ora, o erro não foi meu. Só estava transmitindo a verdade sobre essa pessoa"; mas se você quer de fato parar de magoar as pessoas com as suas palavras, precisa entender que até as afirmações verdadeiras podem ser dolorosas se tomadas de modo errado ou se ditas à pessoa errada. Por exemplo, você pode dizer por acaso a um amigo, "Jane é demais na cama" ou "Bill é terrível com dinheiro", e essas afirmações podem lhe parecer verdadeiras, mas não lhe é difícil perceber que Jane e Bill provavelmente serão prejudicados pelas suas palavras, sobretudo se o atual namorado de Jane ou os sócios de Bill se aborrecerem em conseqüência de ouvir essa indiscrição desnecessária sobre coisas ocorridas no passado.

Reflexão nº 3: Trate quase todas as coisas que lhe forem ditas como um segredo que lhe é confiado, em vez de como um dito malicioso ou uma fofoca para ser espalhada.

Se você começar admitindo que tudo é confidencial, você não se arriscará quanto a falar sobre isso e evitará prejuízos em vez de causá-los. Se você sentir que existe uma razão premente para partilhar informações íntimas com os outros — por exemplo, se perceber que essa informação poderá ajudar uma outra pessoa ou impedir algum agravo — sempre lhe é dado voltar à pessoa que lhe falou e perguntar a ela se não há problema em contar aos outros o que lhe foi dito particularmente.

Reflexão nº 4: *Escolha cuidadosamente uma pessoa digna com quem possa partilhar coisas íntimas, com quem lhe seja dado desabafar ou se lamentar*

Escolha o ouvinte certo como uma medida de impedir a fofoca, e notifique as pessoas de que você está falando confidencialmente e de que espera o sigilo por parte delas. Você será bem-sucedido em colocar um ponto final a muitos boatos e formas de fofoca.

Reflexão nº 5: *Pense seriamente sobre os momentos em que silenciar é um erro*

O Nono Desafio *não* versa sobre censura nem passividade, mas tão-só sobre como criar um sentido de comunidade que inclua a discrição, o respeito e o zelo mútuo. Em qualquer comunidade, por força há situações em que é muito apropriado e saudável que você professe coisas a viva voz e partilhe certos fatos e informações confidenciais. Os estudiosos às voltas com o problema arrolaram diversos exemplos de quando se impede o dano e se realiza um bem necessário difundindo com cautela e responsabilidade pormenores íntimos, tais como:

A. Se alguém está prestes a se casar ou a ir morar com outra pessoa que você sabe é violenta, corrupta ou que já é casada, ainda que não tenha dito isso, você tem a obrigação de dizer a esse alguém o que sabe, porém, deve esclarecer qual é a base real dos seus comentários e o que é ainda obscuro, produto de boato, ou que não foi observado diretamente.

B. Se você estiver dando referências de emprego, referências de caráter financeiro, ou alguma outra opinião que possa especificamente prevenir danos ou perdas para alguém, deverá pronunciar-se mas ser cuidadoso com discutir os atos da outra pessoa em termos descritivos ("Isso é o que eu vi" e "Isso é o que me disseram mas que não pude constatar") em vez de em termos de quem julga alguma coisa ("Ele é um..." ou "Ela é uma..."). Você deverá também deixar a pessoa que lhe ouve saber que se trata apenas de uma opinião sua, e não necessariamente de toda a imagem da pessoa de quem se fala.

C. Você deverá relatar crimes às autoridades ou pronunciar-se para impedir algum delito, tais como alguma ameaça violenta, as suspeitas de abuso sexual infantil ou de maus-tratos aos idosos, mas certifique-se de descrever apenas o que observou com os próprios olhos e de esclarecer a parte que está relatando e que se baseia em boato ou especulação.

D. Com certeza, você tem o direito de chamar a atenção para o mau comportamento de alguém ou corrigi-lo (incluindo o de uma criança), mas proceda assim diretamente com a pessoa em vez de falar pelas costas dela a alguém mais quando houver ocasião. Esteja certo de fazer seus comentários quanto à correção do comportamento num tom de voz que transmita respeito e leve em conta a dignidade da pessoa, além de visar-lhe o *comportamento* impróprio sem julgar nem humilhar o *caráter* dessa pessoa.

E. Esteja pronto para confessar suas falhas e enganos, e tente corrigir quaisquer erros que cometeu diretamente à pessoa que você pode ter magoado.

Reflexão nº 6: Proponha-se a deixar que os outros saibam que você não dá ouvidos às fofocas, mesmo que isso faça de você uma pessoa menos "popular" por algum tempo

Você não precisa ser hipócrita nem antipático no que diz respeito a isso. Você pode dizer, "Eu preferiria não comentar", "Esforço-me para não falar sobre coisas pessoais das quais não tenho certeza", ou "Não me sinto bem julgando o caráter de uma outra pessoa". Se você disser isso com humildade e afeto, em vez de com arrogância e vaidade, você provavelmente será deixado de lado pela sua integridade; mas se você descobrir que certas panelinhas e elementos maldizentes reprovam sua falta de vontade quanto a se pautar pelas normas ditadas por eles, você também descobrirá muitas outras pessoas que o respeitam pela sua discrição. Mesmo que você perca alguns amigos fofoqueiros, outras pessoas buscarão a sua amizade, que é baseada no calor humano e no respeito que você demonstra.

ATENTE PARA SUAS CONQUISTAS LENTAS

À primeira vista, essas diretrizes podem parecer difíceis ou duras de seguir à luz da forte inclinação que temos quanto a maldizer. Eis por que chamo de diretrizes para fazer face a esse desafio importante, e não de mandamentos que você deve seguir absolutamente cem por cento do tempo. De fato, em *Guard Your Tongue*, o rabino Pliskin cita um erudito que escreveu, "Mesmo que alguém tenha aprendido as leis da Loshon Hara ("língua má") inteiramente, esse alguém com certeza não será capaz de observá-las em seu grau mais pleno sem ter de fazer uma revisão constante".

Prestar atenção a esse progresso lento no que concerne a esse assunto é para a maioria das pessoas voltadas às coisas do espírito um processo de toda uma vida. No Budismo, em que a Fala Correta é um dos oito passos da senda rumo à iluminação, a primeira tarefa é *atentar* para a fala e o que ela revela sobre o caráter da pessoa. Em vez de resolver em seguida falar com total integridade, a abordagem budista diz para ser atento e observar quantas vezes por dia julgamos necessário nos desviar da verdade, tagarelar, fofocar, maldizer ou ofender verbalmente. Somos levados sobretudo a observar quando nossas palavras de desprezo são encobertas — quando observações sutis, de humilhação, "acidentais", ou rudes e quando o senso de humor corrosivo revelam os danos fundamentais do que estamos dizendo sobre outras pessoas. Como é possível ver, prestar muita atenção a nossa fala nos proporcionará idéias muito agudas sobre nosso próprio estado de espírito, nosso caráter e integridade.

Se a cada ano da sua vida você se tornar mais cauteloso e tiver êxito em reduzir de dez a cinqüenta por cento da fofoca e das conversas nocivas nas quais costumava se envolver, isso será uma conquista significativa. Será também uma grande realização com conseqüências positivas de longo alcance para muitas pessoas.

UMA MULHER DE TALENTO VERBAL

Para lhe dar uma idéia do que lhe pode acontecer se você começar a pôr em prática o Nono Desafio em sua vida, gostaria de falar um pouco sobre uma mulher fascinante chamada Rita, que veio até mim em busca de aconselhamento depois de ser dispensada do emprego de professora universitária. Rita é uma mulher muito inteligente e bem-falante, que gostava de trabalhar como professora adjunta de literatura numa universidade próxima. Infelizmente, seu brilhantismo verbal às vezes lhe causava problemas na carreira e nas relações pessoais.

Como Rita me explicou, "No meu antigo serviço, eu era a estrela ascendente no departamento em determinada ocasião, fazendo amigos e sempre estando no centro das fofocas no departamento e nas sessões para estratégias. Às vezes parecia que as pessoas eram atraídas a princípio pelo meu sarcasmo e pela minha capacidade de fazer troça dos pontos fracos dos outros, sobretudo quando fofocávamos a respeito de algum professor efetivado".

Ela admite, contudo, que, "De qualquer forma, acabei dizendo a coisa errada sobre alguém que não pôde aceitar a piada, a qual terminou chegando aos ouvidos desse alguém. Nesse último emprego, eu estava num encontro com vários colegas, e estávamos contando uns para os outros histórias maliciosas sobre o diretor do departamento — um palhaço com um ego do tamanho do Alasca. Mal sabia eu que o melhor amigo dele, que estava na sala naquele momento, depois haveria de ir ao chefe para lhe contar com pormenores o que eu dissera. Fui alvo do desprezo geral durante meses e posteriormente fui demitida".

Rita também navegou por águas turvas durante seu casamento com um homem que ela conhecera enquanto se graduava. "Meu ex-marido costumava me ouvir falando mal dos meus colegas e amigos tantas vezes, que começou a comentar, 'Rita, gostaria de saber o que você fala *a meu respeito* quando está com os outros'. Na verdade, eu contei algumas coisas muito engraçadas mas um tanto cruéis sobre ele no decorrer dos anos, e muitas dessas coisas dolorosas foram parar no ouvido dele. Não acho que essa foi a causa de nosso divórcio, mas certamente essas coisas não ajudaram a aumentar a confiança e o bem-estar entre nós".

Como expliquei a Rita durante uma de suas sessões iniciais, o objetivo de meu trabalho como terapeuta junto a ela *não* era acabar com seu senso de humor nem com seu brilhantismo no uso das palavras. Esses dons são o que faz dela um espírito vivaz em qualquer grupo social ou de trabalho. Eu queria ajudá-la a descobrir a discrição que, por sua vez, haveria de ajudá-la a pôr em prática seu talento com as palavras de um modo equilibrado.

Na terapia, descobrimos que o talento verbal de Rita e o seu sarcasmo se relacionavam à raiva que ela armazenara em seu coração por ter sido criada em companhia de dois parentes estimados — seu irmão mais velho, que era "doutor", e sua irmã caçula, "extraordinária". Rita era o segundo filho. Sem o êxito acadêmico do irmão, e sem toda a beleza física da irmã, Rita contara com sua habilidade nas palavras como seu principal expediente para o sucesso; no entanto, com tanta raiva acumulada dentro de si, sua inteligência se havia tornado cada vez mais corrosiva com o passar dos anos.

Quando ofereci a Rita as diretrizes sobre a fofoca arroladas anteriormente, sua primeira reação foi "Pode funcionar para os outros, mas não para mim! Sempre sobrevivi sendo uma guerreira das palavras, e, se eu perder a minha língua afiada, o que é que vai me sobrar?"

Nas semanas seguintes, contudo, Rita começou a trabalhar para canalizar seu ódio por meio de válvulas de escape mais positivas e para encontrar modos mais saudáveis para desabafar, em vez de recorrer a seu velho costume de falar coisas maldosas de modo brilhante, um tanto típico da pessoa fracassada. Ela aos poucos acabou concordando que a meta era conservar seu senso de humor incomum mas parar de usá-lo contra as outras pessoas.

Quando Rita começou suas experiências com essas diretrizes para a vida cotidiana, ela descobriu o seguinte: "Sinto-me bem quando paro e escolho conscientemente que pessoa quero 'espetar' verbalmente e quem quero poupar. Não sou santa, e ainda tenho uma língua muito comprida, mas consegui me satisfazer mais na vida em geral e no trabalho desde que resolvi controlar o que digo e como digo."

Alguns meses atrás, Rita arrumou um emprego numa faculdade de prestígio e começou a se encontrar com um homem interessante que conheceu numa viagem com um roteiro com ênfase no mundo da literatura na Europa. Como me disse durante uma visita ao meu consultório, "Não quero me sujar nesses dois casos. Se isso significa que tenho de prestar atenção ao que digo e não ter um humor agressivo todo o tempo, estou disposta a dar a mim mesma uma chance. Antigamente, costumava me identificar com minha língua afiada, mas agora acho que estou abrindo meu coração e sendo boa depois de todos esses anos".

Se você procura de fato a integridade e a decência na sua vida, está disposto a começar pelo modo como lida com a fofoca e com as conversas que magoam? Do modo como foi mencionado antes, a princípio você poderá se sentir embaraçado por guardar para si mesmo uma boa fofoca em função da qual você poderia ser a primeira pessoa no seu quarteirão a saber algo íntimo e chocante a respeito de alguém; mas se você começar mesmo a fazer opções conscientes perguntando a si mesmo, "Minhas palavras estão contribuindo para o bem ou para o mal?", isso poderá dar o tom para o modo como você quer que sua vida seja e criar a possibilidade de uma existência fundamentada no respeito e no bendizer.

10

O DÉCIMO DESAFIO

O Modo de Sentir-se Satisfeito com o que Se Tem

Você já sentiu vontade de ter nascido com o rosto, a figura em geral, a saúde ou com a energia física de uma outra pessoa? Já quis ter uma casa, uma família ou um grupo social tão interessante quanto o de seus vizinhos, amigos ou parentes? Já sentiu uma ponta de inveja ao ver a segurança financeira de uma outra pessoa, seus projetos criativos e bem-sucedidos, ou os seus filhos educados?

O Décimo Desafio se relaciona com um desejo interessante na psicologia humana, a saber, a vontade que sentimos quanto ao que não temos e a nossa falta de capacidade de nos satisfazer com o que temos. Baseada no Décimo Mandamento do Livro do Êxodo, que diz, "Não cobiçarás", a exortação nos leva a aprender a lidar com a tendência inata aos homens quanto a sentirem inveja ou falta de estímulo no que concerne aos bens de outras pessoas; no entanto, a maior parte das pessoas não se considera invejosa nem ciumenta *enquanto tais sentimentos não afloram*. Por exemplo, eis aqui alguns comentários de pessoas a quem aconselhei. Veja quais deles servem para você ou para alguém que você conhece:

- "Eu costumava me sentir muito bem sobre minha aparência, até que meu parceiro começou a flertar com alguém no trabalho que era uma pessoa extraordinária, e então de repente comecei a perceber mil defeitos na minha aparência."
- "Sempre achei que era inteligente o bastante para ter sucesso na vida, até que entrei na faculdade e passei a ter inveja do quanto aquelas pessoas sabiam e da preparação superior que elas tinham."

- "Nunca pensei muito sobre competir com alguém no que diz respeito a bens materiais, até que minha irmã mais jovem comprou uma casa muito maior do que a nossa e eu comecei a observar pequenas coisas que me incomodam no lugar onde nós moramos."
- "Não costumo ter inveja das pessoas, a não ser quando ouço outros pais se vangloriando dos filhos e começo a me sentir mal por causa dos meus dois garotos, sobretudo pelo fato de eles terem tão pouca motivação e serem tão teimosos."
- "Sei que não é uma boa idéia comparar a nossa vida com a dos outros, porque é apenas uma ilusão que as outras pessoas são mais felizes; mas às vezes, quando meus projetos criativos emperram, ou quando me sinto tenso por causa do dinheiro, não posso deixar de me perguntar se aos outros as coisas não são mais fáceis do que para mim."

O Décimo Desafio examina o que fazer quando percebemos que estamos nos comparando aos outros e querendo o que eles têm. A maior parte das pessoas tem vergonha de sentir essas coisas, mas na verdade tais sentimentos são bem comuns. De acordo com Sigmund Freud, "A inveja é um desses estados emocionais, como o pesar, que podem ser descritos como normais. Se uma pessoa parece não senti-la, justifica-se a inferência de que a inveja passou por grave repressão e, em conseqüência disso, desempenha uma parte muito maior na vida mental inconsciente da pessoa".

Os pensamentos de inveja podem deixá-lo repleto de sentimentos de insegurança e de dúvidas terríveis com relação a si mesmo. Por exemplo, certa feita aconselhei um diretor de cinema famoso que procurou a terapia porque se sentira infeliz e deprimido grande parte de sua vida. Independentemente do que realizasse, sua mente crítica e perfeccionista (o que fizera dele um grande diretor, ainda que fosse uma tortura quando ele a voltava contra ele mesmo) sempre encontrava um modo de invalidar seu êxito. Na maior parte do tempo, *seu sentimento de insatisfação advinha de olhar seus colegas à volta* e querer que os filmes dele fossem um pouco mais envolventes ou mais bem-sucedidos financeiramente. Como muitas pessoas de criatividade, ele sofrera longos acessos de frustração e tivera muitos momentos de insegurança, sobretudo quando estava sem trabalho e inseguro de quando encontraria emprego novamente.

Ainda que esse diretor de cinema fosse um homem amável e generoso, havia momentos em que sua inveja aflorava, surpreendendo-o pela sua força. Jamais esquecerei o comentário que ele fez durante um mês que lhe fora particularmente ruim; ele admitiu, "Toda vez que um amigo se sai bem, morro um pouquinho mais".

UMA CONFISSÃO PESSOAL

Quando ouvi aquilo, minha primeira reação foi de empatia. Que modo difícil de viver, pensei, ter de ler as publicações especializadas na área — *Daily Var-*

iety ou *Hollywood Reporter* — e toda vez sentir tristeza e raiva dos negócios lucrativos de outros diretores. Isso deve consumir-lhe terrivelmente as energias, a saúde e a criatividade.

Até recentemente, eu não compreendia que eu também era capaz de sentir esse tipo de inveja ou ciúme acentuado. Sempre me sinto muito satisfeito com tudo o que ocorre de bom em minha vida e tento me dispor a aprender com os acontecimentos desagradáveis. Raramente despendo tempo querendo que fosse como outra pessoa ou invejando o que os outros têm ou realizam.

Por oito anos, contudo, a contar de 1986, minha mulher, Linda, e eu passamos por provações tentando constituir uma família. Aprendemos que ambos éramos portadores de um raro distúrbio genético chamado doença de Tay-Sachs, o que significava que toda vez que Linda engravidava havia 25% de chance de que o bebê morresse dessa enfermidade congênita. Aprendi muito com o sofrimento causado pela inveja.

Em 1987, ficamos entusiasmados ao descobrir que Linda estava grávida, mas nossas esperanças caíram por terra quando o feto passou por exames e fomos informados de que o bebê não viveria por causa dessa doença. Em 1990, tivemos um segundo raio de esperança quando Linda engravidou de novo, mas a Tay-Sachs surgiu novamente na segunda gravidez.

Então, em 1992, passamos vários meses travando contato com uma adolescente de Iowa que estava grávida e decidira dar a criança para nós em adoção. Tomamos um vôo noturno para estar lá na hora do parto. Viemos a conhecer toda a família dela. Tivemos dezenas de amigos e parentes esperando por nós em Los Angeles, crendo que traríamos a criança conosco no vôo de volta ao lar.

Depois que o bebê nasceu, a mãe de repente ficou indecisa. Continuava nos falando, "Não voltem para Los Angeles ainda; talvez eu queira levar o assunto adiante". Então, se valia de evasivas e dizia, "Não posso fazer isso. Sei que sou incapaz de criar essa criança, mas não posso deixar que se vá".

Por dez dias, ela permaneceu dizendo uma coisa e depois o contrário dessa coisa. A indecisão a torturava, bem como a nós mesmos. Diversos conselheiros, advogados, amigos e parentes não conseguiram ajudá-la a tomar uma decisão lúcida. Por fim, tornou-se óbvio que ela nunca seria capaz de dar a criança, e a adoção teve de ser cancelada. Voltamos para casa sem um filho uma vez mais.

Algumas semanas depois, participei de um jantar de Ação de Graças em que diversos primos e outros parentes brincavam felizes com os filhos, incluindo um menino adorável e três bebês robustos ainda engatinhando. Mais do que nunca em minha vida, senti uma inveja e tristeza enormes. Ao fim e ao cabo, compreendi o que as pessoas solteiras sentem quando são convidadas a uma recepção de casamento do tipo "arca de Noé" em que a maior parte dos presentes são casais. Comecei a compreender por que os namorados abandonados perdem o controle e ficam furiosos. Naquele momento, compreendi verdadeiramente o que o diretor de cinema que foi meu cliente quis dizer com "Toda vez que um amigo se sai bem, morro um pouquinho mais". Ainda que eu não quisesse ter inveja, entristecia-me profundamente com o fato de esses primos terem filhos saudáveis e Linda e eu ainda não podermos tê-los.

"QUERER COM ANSEIO"

Em Êxodo 20, reza o Décimo Mandamento, "Não cobiçarás a casa do teu próximo: não cobiçarás a mulher do teu próximo, nem seu escravo, nem sua escrava, nem seu boi, nem seu jumento, nem nada do que lhe pertence".

Cobiçar é uma palavra incomum; no entanto, a emoção é comum. Batemo-nos diariamente com o desejo de ter coisas que não são nossas. *Cobiçar* implica muito mais do que tão-somente querer algo. De acordo com o dicionário, cobiçar equivale a *querer com anseio*. Não de maneira tranqüila. Não naturalmente nem suavemente. Em inglês, significa desejar de maneira invejosa aquilo que pertence a uma outra pessoa. No hebraico, o Décimo Mandamento, "*Lo takhmohd*", significa, "Não considere precioso nem como uma posse de alta estima algo que não lhe pertence".

Pense sobre as vezes em sua vida em que você ansiou alguma coisa ou alguém, quando não conseguiu parar de pensar sobre o quanto você quis essa pessoa, essa meta ou esse sonho. Cobiçar é querer com tanto anseio, que você sente que nunca estará satisfeito a não ser que realize esse desejo. Isso explica os momentos em sua vida quando você se sentiu aborrecido ou frustrado com o quanto a vida foi injusta com você por ter-lhe privado de algo que uma outra pessoa usufrui com tanta facilidade. Para citar o filósofo John Locke, "Cobiçar ou invejar é uma inquietação da mente, causada pela consideração de um bem ou desejo, que foi conseguido por alguém que julgamos não deveria ter essas coisas antes de nós".

OS PERIGOS DE QUERER O QUE OS OUTROS TÊM

Enquanto manifestações equilibradas de inveja ou ciúme são normais, quando esses sentimentos persistem obsessivamente ou afloram com demasiada intensidade, tornamo-nos espiritual e psicologicamente incapacitados. À medida que observar os exemplos do que quero dizer com agravos espirituais e psicológicos devidos à inveja, tome nota de quando você ou alguém de quem você gosta sofreu da seguinte forma:

O SOFRIMENTO ESPIRITUAL EM FUNÇÃO DE DESEJAR E COMPARAR

As tradições espirituais apresentam várias formas de descrever o que acontece quando cobiçamos ou desejamos o que os outros têm. Por exemplo, na tradição budista a palavra que designa o sofrimento é *duhkha*, e de acordo com os antigos sermões do Buda, a essência do sofrimento humano é "o anseio cego ou o desejo". Do modo como foi descrito por Sylvia Boorstein, mestra de meditação budista em Barre, Massachusetts, "O sofrimento é o que ocorre quando *enfrentamos* uma experiência em vez de aceitá-la ou de nos abrirmos à nossa experiência com uma reação sensata ou piedosa. Certa vez, ouvi alguém dizer que a iluminação é a capacidade de dizer (e querer dizer) a todo momento, 'Ora, isso não é o que eu queria, mas é o que eu tenho, portanto, tudo bem' ".

Na cristandade, há uma longa história de afirmações que descrevem por que desejar o que uma outra pessoa tem pode levar à infelicidade e à insatisfação. No quarto século, um padre chamado Claudiano disse, "O homem que cobiça sempre é pobre". No quinto século, Santo Agostinho escreveu, "O demônio é o soberano dos desejos cobiçosos pelos quais ansiamos tudo o que deixa de existir". No século XVII, William Penn, o inglês que ajudou a fundar a Pensilvânia como colônia Quaker, descreveu como "a cobiça é o pior dos monstros bem como a raiz de todo o mal".

Recentemente ouvi duas perspectivas modernas cristãs que gostaria de relatar-lhe para que você possa concluir por si mesmo qual delas diz respeito a suas próprias crenças pessoais. A primeira interpretação de "Não cobiçarás" me foi feita por uma pastora luterana que advertia sobre nos compararmos aos outros e querermos que nossa vida fosse como a deles. Disse ela, "O problema de querer o que uma outra pessoa tem é que isso nos coloca em desarmonia com o projeto de Deus para nós mesmos. Deus nos põe sobre o prato exatamente o que precisamos para continuar nosso trabalho nesta vida, e se estamos sempre olhando com inveja o prato de uma outra pessoa acabamos por nos distrair quanto ao que Deus nos deu".

A segunda interpretação, também de uma pastora, mas de uma seita congregacional, discorda da primeira. Essa segunda pastora me disse, "Não acredito que 'Deus põe em nosso prato exatamente o que precisamos para continuar nosso trabalho nesta vida' porque isso implicaria que as vítimas de um terremoto, de uma inundação, de uma guerra ou de um estupro estão recebendo exatamente o que Deus sentado num trono reserva a cada indivíduo na forma de recompensa ou punição. Isso parece um ponto de vista simplista e ultrapassado do que Deus é e faz".

Ela explicou, "Uma visão mais moderna é que Deus é uma força em andamento da criação no universo a qual coloca tudo o mais em movimento, inclusive a lei natural e o livre-arbítrio do homem. É possível ter a *impressão* de que Deus intervém, põe à prova, priva, ou nos pune algumas vezes, mas acredito que essas são interpretações humanas dos acontecimentos postos em movimento pela natureza, pelas nossas opções, pelo acaso ou pelas escolhas dos outros. Nossa vida é uma combinação de livre-arbítrio e acaso, mas sempre com a *Presença* de consolação e força que é Deus dentro e ao redor de nós".

Essa segunda pastora então propôs, "No que concerne à inveja e ao desejo de ter o que os outros têm, creio que tais paixões trazem em si um objetivo. Deus criou todas as coisas, inclusive as emoções, com um objetivo. Os problemas afloram quando nossas paixões se tornam desequilibradas.

"Acredito que, quando equilibrada, a inveja tem como objetivo nos motivar a mudar uma situação, a avançar na vida, a fazer com que vejamos e realizemos muitas possibilidades dadas pela criação de Deus, ou mesmo a celebrar nossa riqueza coletiva e procurar um relacionamento mais profundo com o Sagrado.

"Mas quando nossa inveja ou nosso anseio por algo perde o equilíbrio, isso pode ser paralisante, desestimulante e destrutivo para os relacionamentos. Inveja ou desejos por demais fortes podem nos fazer recuar em vez de avançar — tudo isso nos limita o campo de visão aos objetos de nossas obsessões, o que nos pode levar a pôr a culpa em Deus por nossa privação e nos separar do Sagrado. Deus nos criou como seres piedosos não para nos tornarmos obsessivos nem presos numa coisa só, mas para sobreviver, evoluir e nos desenvolver rumo à Santidade de que somos capazes."

Esse mesmo problema teológico — Será que Deus não perde de vista o quanto nos é dado e o quanto é dado a nosso vizinho? — é objeto de atenção não apenas na Cristandade mas também no Judaísmo, no Islã e em muitas outras religiões. Em cada tradição, alguns dizem que Deus distribui a alegria e o sofrimento a cada pessoa, ao passo que outros afirmam que Deus é a fonte da criação, da união e piedade dentro e ao redor de nós, mas que não nos faz ter nem deixar de ter coisas controladas pela natureza, pelo acaso ou pelas decisões humanas.

A HUMANIDADE ESSENCIAL DE QUERER SER COMO OUTRA PESSOA

A doutrina judaica examina como é comum perder de vista os objetivos e dons pessoais porque nossa mente presa da ansiedade tende a se deter em pensamentos tais como "Por que não posso ter o que essa outra pessoa tem?"; de acordo com os sábios e escritos judaicos, o Décimo Mandamento é mencionado como o "mais interior dos mandamentos" porque diz respeito a nossos desejos, anseios e autocríticas mais recônditos. Um comentário descreve como "o coração humano padece dor" quando damos livre curso a nossos desejos ou começamos a nos sentir mal sobre quem somos porque estamos com os olhos postos no êxito de nosso vizinho.

Uma história da tradição mítica judaica que sempre me comoveu profundamente captura o sofrimento espiritual essencial causado por nos compararmos aos outros e nos sentirmos insatisfeitos em conseqüência disso.

A história versa sobre um homem chamado Zusya, que viveu durante o século XVIII e que aspirava a se tornar um grande mestre; às vezes, porém, Zusya era simplesmente bom ou medíocre, ou, a exemplo da maioria de nós, passível de ter um dia ruim quando nada parecia dar certo.

Há muitas histórias sobre a batalha de Zusya para se tornar um mestre sábio e para viver de acordo com os ensinamentos que partilhava com os outros; porém, a mais memorável versa sobre o que aconteceu quando ele estava morrendo e pediu a Deus que o ajudasse a compreender sua vida imperfeita.

Zusya perguntou a Deus, "Peço, diga-me, por que não fui mais parecido com Moisés, o maior mentor em nossa tradição?" Deus respondeu, "Zusya, a questão não é essa. O problema *não* é por que você não foi mais parecido com Moisés, mas *por que você não foi mais parecido com Zusya.* Isso é o que eu quero saber".

Zusya jamais entendeu seu próprio potencial, tampouco viveu à altura dele, porque ansiava ser como outra pessoa. Isso é bem humano, olhar à volta e querer que fôssemos alguém que admiramos, ou querer que tivéssemos o que um outro tem, ou perder de vista nosso próprio caminho na vida por olharmos para o outro à procura de pistas e de orientação.

O SOFRIMENTO PSICOLÓGICO EM FUNÇÃO DE DESEJAR E COMPARAR

Todo um livro poderia ser escrito sobre a psicologia da inveja, mas simplismente arrolarei algumas das conseqüências psicológicas negativas mais importantes para ajudar o leitor a começar a reconhecer as deficiências físicas, emocionais e espirituais que a inveja causa:

1. A inveja aumenta nossos níveis diários de tensão e angústia e nos obriga a um sentimento fundamental de insatisfação e de crítica com relação a nós mesmos.

Se você foi criado por pais ou por outros parentes que diziam "Por que você não consegue ser como fulano?", ou que davam a entender que, independentemente do que você fizesse, isso não seria bom o bastante, há grande probabilidade de que você traga dentro de si essas frases dolorosas até hoje. Você talvez se sinta ansioso ou estressado todos os dias porque ainda está tentando secretamente granjear simpatia, mesmo que não esteja mais em contato íntimo com essas pessoas ou elas não estejam mais vivas. Independentemente de como você é bem-sucedido na sua carreira ou nos seus relacionamentos, é possível que você ainda esteja sentindo a pressão quanto a ser como alguém mais ou viver à altura de uma expectativa nada razoável sobre quem sua família queria que você se tornasse.

Uma das introvisões psicológicas importantes do século XX veio da dra. Karen Horney, uma psicanalista que entrou em conflito com as idéias de Freud nas décadas de 1930 e 40. Horney demonstrou em sua pesquisa e em seu trabalho terapêutico que duas das principais causas dos distúrbios psicológicos são: (a) quando nos comparamos de modo desfavorável a uma imagem idealizada de quem nossa família gostaria que fôssemos; e (b) quando nos comparamos a uma meta não realista que nós mesmos inventamos para nos compensar do sentimento de que, independentemente do que tentarmos, nossa família nunca parecerá satisfeita. Em qualquer dos casos, desconsiderar seu verdadeiro ser e continuar desejando um estilo de vida ou os êxitos de alguém que você não é equivale a candidatar-se a grandes infelicidades.

2. Comparar e cobiçar leva a flutuações de espírito e a sintomas físicos da doença.

Se você caiu no hábito de invejar os outros e querer que sua vida fosse mais parecida com a deles, seu estado de espírito e sua saúde física podem ser afetados.

Toda vez que você começa a se sentir lúcido e concentrado em suas metas, você pode ver-se abalado no âmago por alguém que lhe critica a abordagem ou por ouvir falar do triunfo mais recente de outra pessoa. Ou até pode perder de vista seus próprios objetivos e ver-se atolado na procrastinação, se tem o vício de distrair-se com pensamentos de inveja sobre o que as outras pessoas estão fazendo ou realizando.

Estudos mostram que essa montanha-russa do dia-a-dia quanto a tentar se concentrar nas próprias metas e ser derribado por sentimentos invejosos pode também contribuir para muitos sintomas físicos. Por exemplo, pesquisas recentes no campo da psiconeuroimunologia (que determina o quanto os pensamentos e estados de espírito afetam o sistema imunológico e os processos de cura) têm demonstrado que o sentimento de baixa auto-estima e a crença de que os outros têm um melhor desempenho do que o nosso podem afetar muito a produção de células T e de outros componentes fundamentais do nosso sistema imunológico. Essa pesquisa sugere que somos muito mais suscetíveis a uma variedade de enfermidades e muito menos capazes de nos recuperar de certos distúrbios quando estamos atolados em sentimentos relativos à inadaptação, à perda de controle e à amargura.

Os estudos também mostram que a alta pressão sangüínea, os problemas do coração, os distúrbios do estômago e digestivos, as doenças de pele e os problemas nas costas amiúde estão relacionados com sentimentos de inveja, hostilidade, amargura e insatisfação. Como você lida com esse Décimo Desafio pode afetar não apenas a sua saúde psicológica mas também sua saúde física e sua longevidade.

3. Muitas comparações podem estar afetando aqueles que você ama, e isso pode estar ocorrendo de maneira involuntária.

Mesmo que você tenha prometido a si mesmo, "Nunca farei a alguém o que me fizeram quando criança", é muito comum que as pessoas digam involuntariamente ou sugiram a seus filhos, seu parceiro ou seus colegas de trabalho, "Gostaria que você fosse diferente", ou "Gostaria que você se parecesse mais com fulano".

Se você se pegar se sentindo impaciente ou muito crítico sobre as pessoas que ama, ou mesmo querendo que elas fossem diferentes do que são, você pode precisar fazer uma pausa e perguntar-se a si mesmo, "É assim que quero tratar aqueles que amo? Será que eu quero realmente magoá-los com o mesmo tipo de comparação que ouvi enquanto crescia?" Aprender a controlar seus impulsos de cobiça e de comparação ajudará a melhorar não apenas a sua saúde mas também a saúde e o bem-estar daqueles que você ama.

TRÊS ESTRATÉGIAS SAUDÁVEIS QUE VOCÊ PODE USAR PARA LIDAR COM A INVEJA E COM AS COMPARAÇÕES

Agora, passemos a algumas soluções possíveis. De que modo exatamente você põe um termo ao vício de cobiçar, comparar e desejar o que os outros têm?

Como você começa a viver uma vida que parece mais satisfatória? Como você opta pelo caminho certo entre desejar metas importantes que podem e devem ser perseguidas e não se tornar obcecado nem amargurado sobre projetos e sonhos fora do seu alcance?

Estratégia nº 1: Às vezes você precisa levar a sério seus sentimentos de inveja e perguntar-se, "Isso é um toque de despertar?"

Mesmo que a maioria de nós se sinta embaraçada por ter um desejo invejoso ou cobiçoso, de fato a estratégia certa por vezes é *não reprimir seus sentimentos de inveja mas respeitá-los e torná-los algo positivo*. O desejo invejoso que você sente pode estar tentando motivá-lo a seguir em frente rumo a um objetivo que lhe escapou no passado mas que ainda está a seu alcance, se você estiver disposto a se esforçar um pouco mais da próxima vez.

Em termos de espírito, sua inveja pode ser uma centelha de intuição, um sinal de que você precisa perseguir essa meta ou sonho com paixão extra e com um novo sentido de objetivo e compromisso. Em termos psicológicos, se você reprimir o seu desejo ou se se mostrar com vergonha dele por alguma razão, ele haverá de perdurar e se tornar uma obsessão; mas se você controlar a sua inveja e a transformar em algo positivo e construtivo, não se verá obcecado por ela.

Por exemplo, dois anos atrás uma mulher chamada Suzanne veio me procurar para aconselhamento sobre por que fora malsucedida nos relacionamentos e sobre como poderia ter mais oportunidades de achar alguém que lhe conviesse para um casamento. Durante a sua primeira sessão, ela admitiu com algum embaraço que sentia inveja e tristeza toda vez que uma de suas amigas ou colegas de trabalho se casava. Ela confidenciou, "Sinto vergonha de que esses sentimentos de inveja aflorem sempre que ouço falar que alguém encontrou o seu par. Quem me dera sentir-me feliz por essas pessoas e não tão frustrada por isso não ter acontecido comigo".

Ela tentara ignorar ou reprimir esses sentimentos de inveja, porém, quanto mais resistia a eles, mais eles continuavam a fazê-la sentir-se deprimida, apática e incapaz de fazer algo positivo para melhorar suas oportunidades de manter um relacionamento.

No aconselhamento, a estratégia de que nos valemos *não* foi deixar de lado seus sentimentos de inveja mas, de preferência, encará-los com seriedade. Perguntei a Suzanne, "E se esses sentimentos pudessem ser transformados numa força positiva em sua vida? E se esses pensamentos dolorosos de 'por que acontece para os outros e não para mim?' pudessem ser um toque de despertar que motiva você a tentar alguma forma nova de descobrir um grande relacionamento?"

A reação de Suzanne foi positiva, e durante as várias sessões seguintes conseguimos algumas introvisões de valor sobre por que ela tinha tantos problemas nos relacionamentos e sobre quais bloqueios psicológicos e espirituais a estavam impedindo de realizar seu sonho de um relacionamento amoroso e exemplar. Também começamos a examinar o que ela deveria mudar dessa vez.

No passado, Suzanne fora muito passiva quando buscou um relacionamento. Sentia-se por demais embaraçada quanto a falar aos seus amigos, parentes e colegas de trabalho sobre o tipo exato de homem que estava procurando e, além disso, não se dispunha a tentar outros métodos para conhecer pessoas. Em conseqüência de levar seus acentuados sentimentos de inveja a sério, ela mostrou-se um pouco menos embaraçada sobre relatar aos amigos, parentes e colegas exatamente o tipo de homem que ela não queria e o tipo que a atraía. Também começou a colocar anúncios numa publicação respeitável e a responder àqueles que mais se aproximavam do tipo de pessoa que ela buscava.

Quando ela começou a procurar um parceiro pela primeira vez, eu lhe disse "Você talvez se depare com muitos sapos antes de encontrar um príncipe". De fato, ela saiu com sete ou oito rapazes assustadores antes que encontrasse por fim um homem de coração sensível e de mente brilhante que era exatamente o que ela buscava. Depois de sete meses de se conhecerem um ao outro, ficaram noivos e recentemente se casaram.

Acredito verdadeiramente que, se Suzanne simplesmente não enfrentasse por vergonha seus sentimentos de inveja ela ainda estaria esperando passivamente o senhor Certo aparecer. Transformar os sentimentos dolorosos de inveja em medidas específicas, positivas e dinâmicas, e enfrentar os bloqueios psicológicos e espirituais invariavelmente melhoram a vida como um todo. O Décimo Desafio nos dirige interiormente para o autoconhecimento como o desafio máximo — desafio necessário a que temos de fazer face para nos tornar mais capazes de integrar as outras nove lições em nossa vida.

Essa estratégia de enfrentar sentimentos de cobiça e de usá-los para mudar a vida funciona com um sem-número de casos. Um homem de negócios que veio para aconselhamento depois de quase abrir falência valeu-se dessa abordagem para se ajudar a parar de se concentrar no êxito de outras pessoas e tornar a energia gerada por esse sentimento de inveja em medidas específicas para ter um melhor desempenho no serviço prestado aos clientes, no corte de gastos e na tentativa de fazer seu negócio mais lucrativo. Também recentemente trabalhei com uma mulher que está se recuperando de um acidente que lhe causou problemas físicos e que está se sentindo deprimida pela mobilidade que perdeu, e pela frustração que foi ver a facilidade com que os outros se deslocavam ao seu redor. Usando seu sentimento de inveja como um toque de despertar, ela ficou muito mais motivada e foi muito mais bem-sucedida em sua recuperação diária. Em vez de sentir vergonha por querer mais mobilidade, ela usou essas emoções fortes para acender a chama do espírito e melhorar a sua mobilidade num grau muito superior ao que os médicos haviam previsto.

Essa estratégia também se mostrou útil com o diretor de cinema que mencionei anteriormente, o qual estivera deprimido e insatisfeito com a vida. Quando solicitei dele que encarasse seus sentimentos de inveja como um toque de despertar a fim de que ele se tornasse um diretor ainda melhor, ele relutou a princípio, mas depois resolveu fazer uma tentativa. Ele e eu começamos um debate sobre de que modo ele poderia reviver e conseguir apoio financeiro para um de seus projetos mais elaborados e mais importantes, o qual fora engavetado alguns anos antes em função de uma mudança drástica no quadro de executivos em um dos estúdios.

Em vez de deixar que seus sentimentos de inveja o levassem de volta à depressão, empenhadamente os transformamos em estímulo que o ajudasse a ser mais criativo e persistente. Com entusiasmo ele revisou o projeto do filme, cuidadosamente acrescentou um *trailer* de três minutos aperfeiçoado para propaganda, e começou a mostrá-lo para possíveis fontes de financiamento. Embora levasse vários meses sendo rejeitado antes de encontrar os patrocinadores certos, ele não só teve a satisfação de conseguir a produção do filme, como também conseguiu um retorno financeiro maior do que antes conseguira para qualquer um de seus filmes.

Como ele comentou durante sua última sessão de aconselhamento, "Sempre pensei que, se eu quisesse muito alguma coisa e tivesse inveja das pessoas que pareciam ter essa coisa, isso significava que eu era invejoso, egoísta, uma pessoa ruim; mas agora aprendi que se alguma coisa verdadeiramente nasce do coração e é para um bom objetivo, não há mal nenhum em querer muito essa coisa e trabalhar duro por ela. Não é errado ser apaixonado e batalhador no que diz respeito a alguma coisa, sobretudo quando esse tipo de paixão e persistência é a única forma de coisas boas se realizarem".

Estratégia nº 2: Às vezes você deve deixar de lado o anseio pelo que não tem e aceitar verdadeiramente o que é

Enquanto a Estratégia nº 1 é aplicada às metas que merecem ser procuradas com mais comprometimento, há alguns desejos que não podem nem devem ser atendidos. Por exemplo, se você cobiça algo nocivo à saúde, que contribui para o fracasso ou algo fantasioso, a melhor estratégia é não avivar sua ânsia de conseguir tais coisas mas aprender como deixar de lado essa vontade improdutiva. Ou se você sente inveja de algo que uma outra pessoa tem e que simplesmente não está destinado a ser seu, você precisa encontrar alguma forma de deixar de lado a inveja que lhe está consumindo as energias e substituí-la por algo melhor e mais apropriado a você.

Há uma citação muito inteligente sobre a inveja da autoria da escritora Joan Didion: "Curar-se da inveja é considerá-la pelo que ela é, uma insatisfação com o eu, uma reivindicação impossível de que alguém deveria ser de uma só vez a princesa Rose Bowl, um erudito medieval, Santa Joana, Eleanor de Aquitânia, a irmã de alguém e um estranho com chapéu cor-de-rosa visto uma vez e admirado na esquina da rua 55 com a Madison — bem como a própria pessoa, aperfeiçoada por obra misteriosa."

Já que nenhum de nós pode ser todas as coisas para todas as pessoas, temos de deixar de lado certos desejos fantasiosos e poupar energia para as metas e sonhos que escolhemos como nossas prioridades. Infelizmente, muitos de nós não gostam de dizer não a desejos fascinantes e metas, ainda que eles nos desviem do caminho para realizar nossas prioridades.

Por exemplo, certa feita aconselhei um homem chamado Bruce, um artista talentoso interessado em tecidos, desenho gráfico, escultura e fotografia, que fora incapaz de ter êxito substancial em qualquer desses campos porque continuava a tentar atuar em todos eles ao mesmo tempo. A exemplo de muitos talentos multifacetados, Bruce não queria dizer não a nenhuma de suas capacidades criativas, e se recusava a se concentrar por muito tempo ou a acabar a maior parte de suas boas idéias. Em conseqüência disso, encontrava-se em instabilidade financeira a maior parte do tempo e secretamente se lamentava de que as outras pessoas pareciam ter muito mais tempo para escolher um objetivo e se aferrar a ele.

Na terapia, discutimos sobre como lhe era doloroso continuar a ter boas idéias que era incapaz de desenvolver ou a que não se dispunha, e não começar uma carreira de sucesso. Essa frustração advinha do fato de que Bruce tinha crescido numa família em que ele era comparado freqüentemente ao irmão mais velho, Richard, um corretor de imóveis bem-sucedido que, de acordo com Bruce, sempre fora "um manipulador de primeira classe e um cara inteiramente desonesto".

Bruce viera para a terapia depois que sua noiva insistiu que ele precisava fazer aconselhamento para controlar seus problemas financeiros e seus hábitos derrotistas. O que se tornou evidente em minha segunda sessão com Bruce foi que ele trazia em si um anseio e uma inveja dolorosos no que concerne a Richard. Bruce me disse nessa segunda sessão, "Sempre tive um sonho secreto de que eu iria de alguma forma transformar um dos meus projetos num grande êxito financeiro, o que significaria dizer para a minha família, 'Vejam, eu sou alguém' ".

Mas essa inveja o fizera saltar de um projeto para outro, esperando encontrar uma saída perfeita que haveria de pôr um fim a uma vida de comparações dolorosas.

Na terapia, resolvemos trabalhar com vistas a uma meta mais realista, a saber, deixar de lado o desejo de competir com o irmão abastado e, em vez disso, se concentrar em seu próprio caminho. Em vez de abraçar muitos projetos e não conseguir terminar a maioria deles, Bruce precisava começar uma carreira para si mesmo e construir uma vida com a noiva que fosse realista, importante e satisfatória e que não apresentasse a pressão quanto a ultrapassar o sucesso do irmão.

Começamos a examinar qual de seus quatro interesses — no campo dos tecidos, do desenho gráfico, da escultura ou da fotografia — ele estava disposto a perseguir como uma opção firme, e qual continuaria a ser um passatempo ou uma atividade secundária. Depois de alguns meses de exame e pesquisa, Bruce resolveu juntar-se a uma firma criativa especializada em desenho gráfico para produtos manufaturados na área têxtil. Começou se concentrando em completar seus projetos e em dizer não a idéias e caprichos que o teriam distraído no passado. Após dois anos de trabalho duro e disciplina, conseguiu um portfólio impressionante, um grande número de contatos importantes e clientes fiéis, bem como certo sentimento de satisfação de que era capaz de usufruir uma carreira bem-sucedida como artista que trabalha.

Para lograr isso, Bruce teve de deixar de lado dois desejos de toda uma vida: seu impulso duradouro de ultrapassar o irmão financeiramente e seu antigo hábito de dizer sim a toda idéia criativa sem ter de se concentrar em quaisquer prioridades nem se aferrar a elas; porém, quando Bruce me disse durante a sessão de terapia final, "Pensei que ia estar perdendo algo importante se desistisse do meu ímpeto de igualar o sucesso do meu irmão; no entanto, deixar de lado esse desejo doloroso tem sido uma das melhores formas de libertação da minha vida. Não acordo mais toda manhã me comparando ao meu irmão e me sentindo inferiorizado. Na verdade, tenho mais energia e entusiasmo para os meus próprios projetos e minha própria realização".

Um outro cliente que usou com sucesso a Estratégia nº 2 para deixar de lado sentimentos dolorosos de inveja é uma contadora de 48 anos chamada Barbara que tem dois filhos universitários e que veio para a terapia depois que o seu ex-marido, um homem bonito e muito controlador, se casou com uma mulher um pouco mais velha do que os filhos de Barbara.

Barbara me disse na sessão inicial que estava revoltada com ela mesma por ter a inveja e a insegurança que vinha tendo desde que ficou sabendo do segundo casamento do ex-marido. Ela admitiu, "Olho no espelho e permaneço me comparando obsessivamente a essa mulher, mesmo que eu saiba que realmente não quero ser como ela. Nem mesmo quero estar casada com meu ex-marido; no entanto, fico triste com ela e com todas as moças que vejo e que podem fazer com que as cabeças se voltem para a direção delas".

Durante algumas sessões, examinamos os objetivos de Barbara para a segunda metade de sua vida e seus sentimentos confusos sobre seu corpo, sua beleza e seus relacionamentos. Embora fizéssemos algum progresso definitivo para aumentar-lhe a auto-estima, ela ainda sentia a inveja e a amargura se agitando dentro dela e fazendo com que se sentisse diminuída e deprimida na maior parte do tempo.

Era preciso algo mais profundo do que a terapia para ajudar Barbara a deixar de lado seus sentimentos de inveja. Assim, discuti com ela sobre o fato de que em toda a história certas pessoas religiosas e voltadas ao espírito criaram cerimônias e rituais personalizados para comemorar transições importantes e um novo começo na vida.

Por exemplo, num livro recente chamado *Four Centuries of Jewish Women's Spirituality*, os autores Ellen Umansky e Diane Ashton descrevem como as mulheres, com o passar dos séculos, criaram rituais de cura e deles participaram para celebrar os momentos decisivos em sua vida. Três dos capítulos mais memoráveis no livro explicam de que modo uma mulher criou um ritual significativo para reverenciar a perda de um filho, uma outra mulher criou em companhia de alguns amigos íntimos um ritual chamado Simchat Hochmah (Celebração da Sabedoria) para reverenciar seu surgimento como mulher mais velha e sábia, ao passo que uma terceira mulher criou um ritual com os amigos chamado de Shiva Sentado (uma Reunião para Lamentação) para um Amor Perdido quando o marido de 63 anos deixou-a por uma mulher de 23.

Já que Barbara tinha certa participação no Jewish Feminist Center em Los Angeles e gostava de comparecer aos rituais das mulheres em torno de acontecimentos importantes na vida, sugeri que Barbara e diversos de seus amigos mais íntimos consultassem um rabino e criassem um ritual das mulheres que teria duas partes: a primeira o ato bem-humorado e inovador de deixar de lado o sentimento agridoce de ver um ex-marido se casar com uma mulher mais jovem e a segunda parte para comemorar a nova vida de Barbara como uma mulher sábia que criara com êxito dois filhos e agora tinha novas aventuras a viver.

O planejamento e a preparação para esses rituais levou algumas semanas, e por fim tudo acabou numa comemoração para Barbara e para doze amigos dela.

No fim desse ritual, Barbara me escreveu uma nota em que disse, "Sinto finalmente que estou deixando de lado aquelas coisas e tendo mais forças novamente. Estou animada e inclinada a viver o que me aguarda na vida. Em vez de me apegar ao passado e de me curvar ao peso de sentimentos de inveja, agora estou pronta para coisas novas e mais gratificantes".

Estratégia nº 3: Algumas vezes você precisa descobrir um modo de ser paciente e receptivo em situações que ainda não são claras ou que simplesmente requerem mais tempo

Enquanto a Estratégia nº 1 se aplicava em casos de inveja que definitivamente deveriam ser perseguidos, e a Estratégia nº 2 lidava com deixar de lado sentimentos de inveja que definitivamente não deveriam ter curso, há um terceiro tipo de dilema que a maioria de nós depara em diferentes aspectos em toda a vida: como continuar aberto, receptivo e saudável até quando estamos envolvidos numa viagem ou num projeto que não é claro ou que demanda muito tempo.

Por exemplo, como você se mantém paciente e receptivo quando está sentindo inveja da promoção de um colega, tendo em vista que você passou anos esperando uma promoção que não tem certeza se virá? Como você se conserva calmo e concentrado quando está cuidando de um ente querido que está enfermo, enquanto sente tristeza pelo fato de que outras pessoas estão se recuperando, sem que a pessoa de quem você cuida tenha demonstrado quaisquer sinais de recuperação? Como você se mantém lúcido quando esteve tentando constituir uma família ou vender algum projeto e vê outras pessoas tirando muito mais proveito dessas coisas? Como se abstém de se irritar quando está tentando vender uma casa que se tornou desvalorizada ou expandir um negócio durante épocas de dinheiro curto e é obrigado a ver os projetos dos outros prosperarem enquanto você tem de esperar meses ou anos para a economia mudar?

Quando um sonho alimentado por você foi protelado por anos, como você conserva a sua esperança, sem gritar, "Agora basta! Dê-me uma saída!"?

Nos dezoito anos desde que me mudei para Los Angeles conheci e aconselhei muitas pessoas criativas cujo sonho de sucesso foi protelado por anos enquanto esperavam os ventos da sorte. Permanecer paciente, aberto e saudável quando cada dia pode ser uma saída ou uma outra rejeição é definitivamente um dos grandes desafios da vida.

Vários anos atrás, aconselhei um ator desempregado chamado Keith cujo caso demonstra a Estratégia nº 3 e como aplicá-la a objetivos e sonhos que envolvem grandes períodos de adiamento e espera. Faço votos para que a experiência dele inspire o leitor e lhe dê idéias para concretizar seus sonhos e desejos sempre protelados.

Keith é um ator de talento surpreendente que teve muito sucesso na universidade e em produções teatrais em Nova York; contudo, quatro anos depois de se mudar para Los Angeles para trabalhar no mercado de filmes, ele só conseguira alguns papéis menores. Sua mulher, Carol, e seus três filhos estavam fazendo o máximo para não pressioná-lo, mas com toda a pressão que Keith sentia dentro de si era só uma questão de tempo para que as frustrações quanto a sua carreira começassem a acabar com sua vida familiar.

Toda vez que Keith via mais um de seus amigos fazendo sucesso em Hollywood, ele se sentia dilacerado por dentro com sentimentos de inveja, bem como um profundo embaraço por sentir inveja e amargura. Quando ele veio para o aconselhamento, estava fumando dois maços de cigarro por dia, brigando com a mulher diversas vezes por semana, e tomando medicamentos para pressão alta e problemas no estômago.

Na terapia, Keith estava muito motivado quanto a recuperar a saúde e salvar o casamento, de modo que fez grande progresso nos primeiros meses em vários aspectos: conseguiu serviços de dois dias por semana para ajudar a pagar as contas (um organizando festas para firmas de abastecimento e o outro em vendas de telefone); deixou de fumar; mudou seus hábitos alimentares para se livrar dos problemas no estômago; e aprendeu algumas técnicas para lidar com a raiva a fim de diminuir as brigas com Carol.

Mas algo mais profundo ainda lhe causava muito sofrimento. Keith me disse durante uma de suas sessões, "Sou o tipo de pessoa que se sente viva quando tem a chance de usar seu talento para atuar, talento dado por Deus; mas quando não consigo pôr em prática o meu dom, me sinto vazio e frustrado. É um sofrimento que não passa".

Assim, começamos a discutir os modos possíveis para ele começar a atuar de novo, ainda que os produtores e os diretores continuassem a rejeitá-lo. Keith envolveu-se brevemente com uma pequena companhia de teatro que encenava peças de um ato de escritores novos, mas isso também lhe parecia por demais irregular e insatisfatório.

Então, depois de visitar a avó de sua mulher numa clínica de repouso, Keith teve a idéia de criar uma companhia de teatro itinerante que realizasse peças de improviso em diversas clínicas de repouso todos os meses. Keith se sentia bem no que respeita ao emprego do seu talento nesse serviço voluntário, e tinha vontade de usufruir cada uma das encenações nas clínicas de repouso.

Como por vezes acontece quando alguém faz um trabalho gratuito e renasce durante esses serviços voluntários, deu-se uma oportunidade maior. Vi esse fenômeno acontecer dezenas de vezes com pacientes, amigos e parentes, bem como na minha própria vida. Quando você está esperando alguma coisa que insiste em lhe escapar pelos dedos, fazer um bom trabalho e ter relações saudáveis por meio de atividades voluntárias com muita freqüência cria um mundo de possibilidades, conforme descobri.

No caso de Keith, aconteceu durante um evento para angariar fundos que ele organizou para o seu projeto com as clínicas de repouso. Nesse evento, Keith representou magnificamente para uma platéia que incluía uma diretora que lá estava porque o avô do seu marido estava numa dessas clínicas. Como Keith conta a história, "Essa diretora me viu na minha melhor forma e conseguiu para mim um teste importante, que veio a ser minha estréia no cinema e me levou a vários papéis importantes que finalmente fizeram minha carreira prosperar".

Além de usar as atividades de voluntário como uma forma de escapar ao fracasso, Keith se valeu de dois outros métodos para continuar acessível, receptivo e saudável, métodos que aconselho com insistência. Durante quase um ano antes de seu sucesso, Keith e sua mulher estavam passando por crises diárias em função dos problemas financeiros e da doença de um dos filhos.

Três coisas boas

Um dos métodos que eles usaram para se manter firmes em sua jornada difícil é algo chamado de Três Coisas Boas. Em qualquer dia que parecer de frustração ou de tensão, uma das melhores maneiras para recuperar sua calma e disponibilidade é reservar alguns minutos tranqüilos e dizer para si mesmo ou para a pessoa com quem você vive: "Três coisas boas que me aconteceram hoje..."

Quando Keith e Carol tentaram pela primeira vez o exercício das Três Coisas Boas à noite antes de ir para a cama, Keith relatou, "Foi difícil. Nem Carol nem eu tínhamos o hábito de contar algo bom que havia acontecido naquele dia porque estávamos presos demais em nossas brigas por causa de dinheiro e crises familiares. Nossa filha mais jovem estava passando por um tratamento em função de um grave problema respiratório, e tudo estava começando a ficar enlouquecedor".

Keith prosseguiu, "Assim, na primeira noite, tudo o que consegui lembrar como três coisas boas foi que nossos outros filhos pareciam saudáveis, os pratos estavam limpos, e os olhos de Carol ainda pareciam belos para mim. E creio que Carol demorou um pouco para lembrar de três coisas boas, que foram o fato de o gato dela ter brincado e ter feito festa naquela manhã, de seu passeio na hora do almoço ter sido relaxante e de a brotoeja no seu braço ter melhorado um pouco. Não coisas muito incomuns, mas nos sentimos mais perto um do outro como um casal e muito mais confiantes sobre nossa vida em função daquele exercício simples".

Como a maioria das pessoas que fez o exercício das Três Coisas Boas, Keith e Carol descobriram que quase todas as vezes que enumeravam um para o outro três coisas boas que lhe haviam acontecido em determinado dia (até mesmo num dia quase sem acontecimentos ou difícil) o estado de espírito deles passava de tenso a tranqüilo, da falta de ânimo para a receptividade e a confiança.

Essencialmente, o que o exercício das Três Coisas Boas faz é reduzir a inveja, as comparações e outros pensamentos desanimadores que acumulamos todos os dias em nosso espírito. Tirando alguns momentos para relatar e dizer que na verdade houve pelo menos três coisas boas naquele dia, podemos mudar certa tendência ao abatimento e à falta de auto-estima num sentimento positivo de gratidão e satisfação para terminar o dia.

Algo mais que Keith e Carol usavam para ficar calmos, abertos e receptivos durante sua longa espera por um emprego remunerado no teatro é uma oração que minha mulher, Linda, me ensinou anos atrás e que tenho recomendado a pessoas de um sem-número de crenças para que se mantenham equilibradas durante momentos difíceis. Sempre que Linda depara com uma situação assustadora ou um acontecimento que parece difícil ou desagradável, ela faz uma pausa tranqüila e diz: "Por favor, meu Deus, que eu esteja pronta para algo bom e inesperado acontecendo aqui."

Essa oração não garante que algo aconteça, mas muda a forma de você abordar a situação. Em vez de sentir medo e esperar o desapontamento, você passa a ter curiosidade, visão ampla e receptividade, exatamente os elementos que aumentam a possibilidade de algo bom acontecer. Vi isso operar maravilhas centenas de vezes em nossa vida e eis por que recomendo isso aos outros.

Quando Keith e Carol fizeram essa afirmação ou oração todas as vezes durante sua longa espera por um emprego para Keith, este observou, "Ela causava uma mudança sutil em meu estado de espírito e em minha capacidade de me ligar a quem quer que eu conhecesse. Em vez de me sentir angustiado ou na defensiva, conseguindo um teste importante, eu dizia isso para mim mesmo e ficava muito mais calmo e aberto. Independentemente da tensão que Carol e eu sentíamos durante nossas visitas ao hospital para ver nossa filha, nós nos lembrávamos de reservar um momento e pedir ajuda para nos mantermos abertos à possibilidade de algo bom acontecer inesperadamente a nós e a nossa filha. Isso quase sempre fazia diferença no modo como nos sentíamos e como nos tratávamos um ao outro".

UMA CONTINUAÇÃO FINAL PARA UMA CONFISSÃO ANTERIOR

Para terminar, gostaria de retomar uma conversa anterior neste capítulo, na qual descrevi os reveses que minha mulher e eu enfrentamos ao tentar constituir uma família. Depois de duas tentativas de gravidez fracassadas e de uma adoção também fracassada, estávamos sentindo inveja dos outros que tinham uma vida melhor.

Porém, em vez de nos fazer desistir de tudo ou de nos tornar pessoas amarguradas, aqueles oito anos de desapontamento nos fizeram amadurecer psicológica e espiritualmente para continuar aprendendo e crescendo como indivíduos e como um casal. Com a ajuda de amigos, parentes e pessoas prestativas que nos aconselharam e ajudaram a transformar cada má notícia num outro desafio de ser aberto e de ter esperança, continuamos com nosso sonho de ter filhos.

Atualmente, enquanto escrevo este capítulo final de *Os Dez Desafios*, estou contente por poder dizer que Linda e eu não desistimos de tentar. Foram necessários oito anos de espera, mas finalmente nos tornamos os pais de um bebê lindo que tem sido uma grande fonte de alegria e vida para nós.

Sugiro a todos que estão lendo o livro que considerem os reveses e decepções em sua própria vida não como uma desculpa para deixarem que o seu coração se endureça de amargura e inveja, mas, em vez disso, como um desafio para acolherem as lições, a criatividade e a persistência além de tudo o que vocês viveram antes. Minha esperança é que, no final de sua vida, vocês não perguntem "Por que minha estada na Terra não foi mais parecida com a de fulano?", mas, em vez disso, sintam a satisfação de saber que viveram a parte que lhes cabia com determinação e responsabilidade.

DESCOBRIR O CAMINHO PARA A PAZ

Ao ler este livro, você pode ter percebido que os Dez Mandamentos versam essencialmente sobre como alcançar a paz e a completude em diversos níveis. No nível profundamente pessoal, o Segundo Mandamento (contrário aos ídolos) pode ajudá-lo quanto a não se deixar envolver por vícios nem por hábitos ruins, ao passo que o Décimo Mandamento (contrário à cobiça) ensina que para ter a paz interior — sentir-se bem sobre si mesmo e sobre sua vida — você talvez precise compreender mais plenamente os seus dons e parar de cobiçar os que os outros têm.

No nível entre as pessoas, vários mandamentos podem ajudá-lo a encontrar uma paz maior nos seus relacionamentos: O Terceiro Mandamento (sobre não tomar o nome de Deus em vão) pode ajudá-lo a ser menos hipócrita e inclinado à raiva com pessoas queridas; o Quinto Mandamento (sobre honrar os pais) pode ajudá-lo a lidar com a sua mãe e com o seu pai; o Sétimo Mandamento (contra o adultério) se concentra em melhorar nosso relacionamento fundamental com nosso parceiro; o Oitavo (contrário ao roubo) e o Nono Mandamentos (contrário ao falso testemunho) dizem respeito a como você lida com colegas de trabalho, amigos e pessoas estranhas.

Por fim, há um outro tipo de paz que deveria ser alcançada se mais pessoas verdadeiramente começassem a seguir essas antigas diretrizes do espírito — uma paz entre os seres humanos de todas as raças, religiões e pontos de vista diferentes. Se cada um de nós apreciasse plenamente o Primeiro Mandamento (há um Deus que zela por nós), que diz que partilhamos um mundo com uma Fonte Divina, como a vida seria diferente! Se cada pessoa fizesse diariamente um esforço para seguir o Sexto Mandamento (não matar) e não oprimisse o espírito das outras pessoas, o mundo seria um lugar muito melhor. E se toda semana mais pessoas observassem o sábado (o Quarto Mandamento) a fim de fazer uma pausa e imaginar um mundo em que todos poderiam ser satisfeitos em suas necessidades básicas, já pensou no tipo de vida que poderíamos criar juntos?

Vários anos atrás, participei de um seminário sobre fazer a paz contrariamente à violência em que, ironicamente, dois grupos divergentes começaram a brigar. Um grupo no seminário afirmava que a paz só viria se as pessoas aprendessem como meditar ou orar todas as manhãs e dedicar a vida à busca da paz interior. O outro grupo afirmava que a paz só viria se as pessoas se envolvessem mais com melhorar o mundo — na busca da justiça na área da economia e da paz entre os povos.

Felizmente, um dos participantes do seminário levantou-se e disse, "Se vocês estudarem as grandes doutrinas espirituais de todos os tempos, tais como os Dez Mandamentos, compreenderão que a paz vem de ambas as direções". A busca da paz interior e da paz no mundo andam juntas. O impacto total dos Dez Mandamentos é nos mostrar de que modo ser uma boa pessoa no mundo e descobrir um sentido de completude espiritual dentro de nós são coisas relacionadas entre si.

Com esse comentário, terminarei o livro com uma oração tradicional que pede ajuda para encontrar a paz no mundo e dentro de nós. A oração, que em hebraico é chamada de Oseh Shalom, pode ser traduzida como se segue: "Possa o Uno que cria a paz no céu e na Terra nos ajudar a trazer a paz a nosso mundo, a todos os povos deste mundo e ao recanto no fundo de nós que anseia pela completude. Amém."

GLOSSÁRIO

Seguem-se definições breves de palavras usadas neste livro as quais podem ser desconhecidas de alguns leitores. Para definições mais abrangentes de muitas dessas palavras, ver *The HarperCollins Dictionary of Religion*, publicado por Jonathan Z. Smith, Nova York: HarperCollins, 1995; *Encyclopedia of Eastern Philosophy and Religion*, Boston: Shambhala, 1989; e *Encyclopedia Judaica*, Nova York: Macmillan e Jerusalém: Keter Publishing, 1972.

Adventista do sétimo dia: Uma seita cristã protestante surgida no começo do século XIX na América e que se concentra no momento em que Cristo voltará, e no modo como se deve praticar os Dez Mandamentos, mas sobretudo na conservação do Sabbath no Sétimo Dia, o que contribuirá para que Jesus volte mais rápido.

Agnóstico: Alguém que acredita que há evidências insuficientes para dizer se Deus existe ou não.

Aikidô: Uma arte marcial com fundamentos espirituais desenvolvida por Ueshiba Morihei para harmonizar-se com o movimento do universo e transformar um ataque em dança não violenta.

Alá: O primeiro nome do ser supremo de acordo com o Islã.

Alma: Do modo com foi definida na Bíblia, o Sopro Divino que existe dentro de uma pessoa, que anima e que almeja a unidade com Deus.

Ameríndio: Pessoas e tribos cujos ancestrais viveram na América do Norte antes de Colombo.

Amidah: A oração em pé no Judaísmo (porque, em muitas congregações a pessoa fica em pé ao recitá-la), às vezes chamada de as Shemonei Esrei (as Dezoito Bênçãos) ou a Tefila, "A Oração".

Baal Shem Tov: (1700-1760) O rabino Israel ben Eliezer foi conhecido como Baal Shem Tov, "O Mestre do Bom Nome". Ele fundou o movimento hassídico.

Bahai: Uma religião fundada no Irã em 1863 por Mirza Husayn ali Nuri, conhecido como Bahaullah, que agora tem aproximadamente dois milhões de membros em todo o mundo e descreve em suas escrituras uma abertura a todas as religiões.

Buber: Martin Buber (1878-1965), um filosófo judeu da Alemanha que foi para Palestina em 1938 e escreveu livros famosos sobre o hassidismo, as relações humanas, o diálogo e o relacionamento Eu-Tu entre pessoas e entre os seres humanos e Deus.

Buda: Significa "O Que Despertou". Historicamente, Sidarta Gautama viveu no sexto e quinto séculos a. C., renunciou à sua formação típica de uma classe alta com a idade de vinte e nove anos, passou por seis anos de profunda busca espiritual e aos trinta e cinco chegou à iluminação, depois do que passou quarenta e cinco anos ensinando o que havia redescoberto.

Budista: Alguém que estuda as tradições do Buda, pratica o Caminho do Meio (evitando os extremos na negação de si mesmo e do comodismo), busca o Nirvana (o fim do sofrimento que infesta a existência humana), e segue os preceitos budistas para o comportamento ético.

Busca da visão: Em algumas tribos ameríndias, um ritual que envolve o isolamento, a preparação física e/ou a privação e as visões místicas que fornecem orientação para a pessoa e para a tribo.

Canto gregoriano: Odes e elegias cantadas a Deus sem acompanhamento como parte da liturgia católica.

Católico: Diz respeito ao Catolicismo Romano e pode significar alguém que participa dos sacramentos e das crenças da Igreja Católica Romana ou alguém que cresceu numa família católica ou numa igreja e se considera católica.

Ch'i: Palavra chinesa que designa o éter, a respiração, a matéria-energia, a energia vital ou força vital, idéias centrais para as religiões e a medicina do Oriente.

Challah: Um tipo especial de pão em rosca comumente com uma camada de gelatina. Tradicionalmente servido nas refeições do Shabbat para indicar que o Sabbath é diferente e mais importante do que os outros dias da semana.

Ciência religiosa: Por vezes chamada de Ciência da Mente, diz respeito às igrejas e aos membros que estudam os ensinamentos de Ernest Holmes.

Cobiça: Desejar o que pertence a outra pessoa, querer alguma coisa ansiosamente.

Corão: Significa "recitação" e diz respeito às revelações relatadas por Maomé, as quais os muçulmanos acreditam ser a palavra de Deus.

Dalai Lama: O líder espiritual do Budismo tibetano. O atual Dalai Lama, vencedor do Prêmio Nobel da Paz em 1989, nasceu no Tibete em 1935 e tem vivido no exílio na Índia desde 1959, nove anos depois da tomada do Tibete por parte dos chineses.

Decálogo: Mais um nome para as Dez Palavas ou Dez Mandamentos.

Discípulos: Alunos de um mentor espiritual; por vezes diz respeito aos seguidores de Jesus ou aos Doze Apóstolos.

Duhkha: Palavra sanscrítica no Budismo que significa sofrimento, em função do desejo e da cobiça.

Egalitário: Práticas religiosas ou espirituais que incluem homens e mulheres como participantes iguais, ou que usam a linguagem da oração que não é voltada sobretudo para os homens.

Encontro dos Doze Passos: Uma reunião em grupo com pessoas anônimas que usam os Doze Passos desenvolvidos por Bill Wilson, o co-fundador dos Alcoólicos Anônimos, para ajudar uma pessoa a entender e a superar o hábito autodestrutivo (como beber em excesso, usar drogas, jogar, gastar, depender de alguém etc.).

Espírito: Usado como sinônimo de alma e significando Sopro ou Presença Divina que anima a pessoa e anseia pela união com Deus.

Espiritual: Palavra difícil de definir, que se refere à busca de um objetivo superior, um sentido sagrado na vida, ou uma união com Deus, a realidade máxima.

Gonnif: Palavra iídiche que designa o ladrão ou uma pessoa esperta.

Halakhah: Literalmente, seguir ou tomar o caminho; refere-se ao lado legal da prática e das tradições judaicas.

Hassidismo: Um movimento no Judaismo que começou na Polônia e na Lituânia no século XVIII com Baal Shem Tov, e que é caracterizado pelo profundo apego a Deus, à alegria, à humildade e à liderança carismática.

Havurot: Literalmente significa "amigos", uma reunião de pessoas com o fito de estudar, orar, celebrar ou explorar a espiritualidade.

Hindu: Uma das principais religiões do mundo, com mais de 650 milhões de pessoas na Índia e em outras partes do mundo. Literalmente significa "a pessoa que vive perto do rio Indo". Apresenta uma diversidade de formas e inclui muitos escritos védicos ("conhecimento recebido"), incluindo a Bhagavad-Gita, os Upanishades, os mitos do Mahabharata e do Ramayana.

Holocausto: Literalmente significa "uma devastação ou destruição pelo fogo", e a palavra comumente é usada para descrever a terrível destruição dos seis milhões de judeus e de outros pelos nazistas durante o período de 1933 até 1945.

Humanista: Uma pessoa que se concentra nos valores humanos, nas necessidades e nas qualidades. No caso de Erich Fromm, o humanismo considera a religião uma oportunidade para não impor um código autoritário de comportamento, mas para ajudar as pessoas a se desenvolver em seus valores humanos superiores.

Iídiche: A língua dos judeus da Europa que veio da época medieval até nossos tempos, derivada das línguas alemã, hebraica, eslava e românica.

Judeu ortodoxo: Os que tentam ser fiéis à Torá, aceitando e observando como inspirado divinamente o conjunto das leis escritas e orais do Judaísmo.

Judeu reconstrucionista: Um movimento no Judaísmo que começou com o rabino Mordecai Kaplan (1881-1983), um erudito judeu conservador americano que foi professor e que afirmava que os judeus são uma comunidade ou uma civilização em vez de seguidores da lei antiga. Desde os anos de 1970, o reconstrucionismo tem-se tornado mais espiritualista do que na época de Kaplan, mas ainda comprometido com a mudança, a formação da comunidade e com a ação social.

Judeu secular: Aqueles que no Judaísmo se concentram mais na família e nos rituais sociais, na ética judaica e na história do que na teologia, na lei religiosa, ou na filiação a algum templo ou sinagoga.

Judeu, de reforma: Um movimento no Judaísmo, por vezes chamado de Judaísmo liberal ou progressista, que aflorou na Alemanha no século XIX, e que afirma a legitimidade da mudança no Judaísmo e apóia uma diversidade de modos para praticar a fé, as tradições, a ação social e ajuda na difusão desses modos.

Judeu, de renovação: Um movimento do século XX no Judaísmo professado pelo rabino Zalman Schachter-Shalomi para levar um sentido espiritual e místico mais forte às orações e práticas das congregações da reforma, reconstrucionistas, conservadoras e ortodoxas.

Judeu, conservador: Um movimento no Judaísmo que surgiu em meados do século XIX na Europa e nos Estados Unidos e que aceita algumas mudanças na vida judaica por causa da ocidentalização, mas tenta conservar os aspectos essenciais do Judaísmo, tais como as orações hebraicas, as leis do regime kosher e a prática do Sabbath.

Kabbalah, Kabbalístico: Literalmente significa "a sabedoria recebida"; as palavras se referem aos ensinamentos esotéricos e místicos e aos escritos do Judaísmo, que examinam as origens e as obras do universo, a vida interior e o caminho para servir a Deus.

Kahvanah: A palavra hebraica que designa intenção ou objetivo.

Karma: Palavra sanscrítica no Budismo, Hinduísmo e Zen significando feito, ação, ritual, resultado ou conseqüências.

Karma Yoga: Termo sanscrítico derivado do Hinduísmo. Um dos quatro principais tipos de Yoga ou caminho para a união com Deus, e se refere à conduta altruísta em que toda ação juntamente com seus resultados são oferecidos a Deus.

Klezmer: Música folclórica ou animada e cheia de emoção dos judeus da Europa, acompanhada por vezes de clarinete, acordeão, percussão e violino.

Kundalini: Palavra sanscrítica designando "cobra" ou "poder da serpente"; refere-se à força espiritual dormente em todo ser humano, que jaz enrodilhada na base da espinha e que, quando despertada, sobe por uma série de centros energéticos (chakras) para encontrar expressão no conhecimento espiritual e nas visões místicas.

Loshon Hora: Termo hebraico significando "língua má", e diz respeito ao maldizer, ao espalhar boatos e ao problema de transmitir palavras negativas ainda que o conteúdo delas seja verdadeiro.

Maimônides: (1135-1204) Moisés ben Maimon, erudito, médico, escritor e uma autoridade na lei judaica, nascido na Espanha. Posteriormente, viveu no Marrocos, em Israel e no Egito, e escreveu obras fundamentais sobre a prática judaica, a fé, a filosofia, a medicina e a tradição.

Maomé: (570-632) Nascido em Meca, viu-se órfão quando jovem e passou da pobreza a uma vida de liderança espiritual. Teve suas primeiras revelações aos 40 anos, fundou a religião islâmica e transmitiu o Corão como a mensagem de Deus para a humanidade.

Mar dos Juncos: No hebraico da Bíblia o Yam Suf. O verdadeiro Mar Vermelho é uma faixa longa e estreita de água que separa a península árabe do extremo nordeste da África (Egito, Sudão, Etiópia), mas alguns estudiosos afirmam que a travessia bíblica se refere ao Mar Vermelho, ao passo que outros dizem que o Mar dos Juncos é uma laguna nas praias do Mar Mediterrâneo ou uma das diversas concentrações estreitas de água nas proximidades.

Misticismo: Os que vivem ou procuram viver a experiência de uma união direta e imediata com Deus ou com a realidade máxima.

Mitzvah: Um mandamento, uma boa ação, ou um modo de se ligar a Deus.

Muçulmano: Literalmente, "que se submete à vontade de Deus (Alá)", e à prática do Islã na vida cotidiana.

Niebuhr, Reinhold: (1894-1962) Teólogo protestante americano e pastor, conhecido por promover a ação social e pela oração da Serenidade, posteriormente usada na maior parte dos encontros dos Doze Passos.

Niggun: Uma melodia sem palavras, por vezes baseada no costume hassídico, a qual, quando cantada com emoção e várias vezes, pode elevar a alma.

Nomes de Deus: Diversos nomes hebraicos e ingleses são usados para o Deus Uno na Bíblia e nas doutrinas orais rabínicas. Em *Os Dez Desafios*, refiro-me a vários nomes desse tipo, incluindo o Uno, o Eterno, Aquele que é e sempre será, o Santo, a Presença Divina, o Sopro da Vida e Espírito.

Oração de shehekhiyanu: Uma oração no Judaísmo que diz "Abençoado seja o Eterno, nosso Deus, que nos manteve com vida, que nos amparou e nos trouxe a essa estação (ou a este momento) para o bem". Pode ser feita ao se celebrar uma nova estação, uma nova colheita, um acontecimento feliz ou qualquer dádiva que Deus nos tenha dado, incluindo a do novo dia ou um momento de satisfação.

Ortodoxo oriental: Refere-se às seitas cristãs tais como ortodoxa grega, ortodoxa russa, ortodoxa sérvia, ortodoxa romena, etc., e a quantos acreditam nos sacramentos da igreja ortodoxa ou tomam parte neles.

Pecado: Literalmente significa "errar o alvo"; também pode significar falhar quanto a realizar uma tarefa, romper com uma lei religiosa ou moral, ou desrespeitar ou ofender alguém.

Pentateuco: Palavra latina para a "lei de Moisés" ou os primeiros cinco livros da Bíblia: Gênese, Êxodo, Levítico, Números e Deuteronômio.

Presença Divina: Um dos muitos nomes que designam os aspectos do Deus Uno; diz respeito à luz ou energia que habita interiormente, por vezes chamada de Shekhinah, e existindo dentro dos seres e entre eles.

Progrom: Palavra russa que significa um ataque com destruições, assassinatos, estupros, por vezes se referindo a ataque sobre habitantes judeus na Rússia entre 1881 e 1921.

Protestante: Teve início com a Reforma na Alemanha no começo do século XVI; diz respeito a um grande número de seitas de cristãos que não seguem o catolicismo romano nem a ortodoxia oriental. Algumas das principais crenças protestantes são a anglicana ou episcopal, a batista, a congregacionalista, a fundamentalista, a luterana, a metodista, a pentecostal, a presbiteriana, a reformada e a unitária.

Rosário: Um recurso para contar usado como ajuda na oração repetida, ou uma série de orações a Maria, usando-se comumente um cordão com nós ou colar de contas.

Rumi: (1207-1273) Jalal al-Din Rumi, um poeta místico da Pérsia e mestre sufi, nascido no que hoje é o Afeganistão, que escreveu mais de três mil poemas de amor tratando das verdades espirituais.

São Francisco de Assis: (1181-1226) Um santo da igreja católica romana da Itália, que foi o filho de um mercador abastado mas que, no entanto, com vinte e dois anos, passou por uma conversão para se tornar extremamente devoto e um asceta. Mais conhecido por estabelecer uma ordem de frades, que pregava a humildade em vários países. São Francisco por vezes é associado ao amor pela natureza.

Shekhinah: No Judaísmo, a Presença Divina ou o aspecto de Deus que habita o mundo, por vezes referida como a luz ou energia que vem de Deus e existe dentro dos seres e entre eles.

Shofar: Um chifre de carneiro tradicionalmente usado no Rosh Hashanah (o Ano Novo judeu) e no Yom Kippur (o Dia da Expiação) para proclamar o caráter soberano de Deus e para despertar as pessoas quanto a suas ações, e quanto a um modo de vida mais sagrado. (Maimônides, Yad, Teshuvah, 3:4).

Siddur: Significa "arranjo ou ordem" das orações, comumente referindo-se ao livro de orações judaico.

Sufi: A tradição mística no Islã, envolvendo a devoção sincera por Maomé e pelo Corão, bem como a relação de mestre e discípulo e, em alguns casos, a prece extática conhecida como "Dervishes Rodopiantes".

T'ai-Chi: Termo chinês que significa literalmente "Combate Máximo"; trata-se de uma arte marcial semelhante à dança, usada com objetivos espirituais, para a saúde e com vistas a entender os princípios fundamentais do Taoísmo.

Talmude: Significa literalmente aprender ou estudar; refere-se ao conjunto da lei judaica, das interpretações, práticas e tradições discutidas oralmente pelos Sábios Rabínicos durante séculos e posteriormente registradas no quarto e quinto séculos da era cristã como ensinamentos sagrados.

Taoísta: Um componente tradicional da cultura chinesa para libertar as pessoas das coisas do mundo e para orientá-las de novo rumo às realidades mais profundas e duradouras da vida, incluindo o estudo do Tao Te-Ching de Lao Tse e os escritos de Chuang-tse, mas não de modo limitado a eles.

Tefillin: Caixas e correias de couro para oração que trazem em si passagens bíblicas e que são usadas por judeus na mão e entre os olhos.

Teshuvah: O processo de arrependimento, de orientar-se para um caminho mais voltado a Deus, ou de abrir o coração.

Tikkun Olam: A restauração ou recuperação do mundo; no Judaísmo Hassídico, a restauração dos vasos partidos de luz que se espedaçaram quando Deus criou o universo.

Torá: Literalmente, "o ensinamento, a doutrina ou a instrução"; comumente se refere aos livros bíblicos do Gênese, Êxodo, Levítico, Números e Deuteronômio, bem como aos Profetas e aos Escritos, mas também pode se referir à Torá oral e aos ensinamentos dos Sábios Rabínicos no correr dos séculos.

Tradição rabínica oral: Interpretações qualificadas da Torá Escrita, as quais são consideradas por muitos como sendo de inspiração divina, a exemplo da Torá Escrita.

Unitário: Um moderno movimento liberal religioso na Europa, na Grã-Bretanha e na América que, em algumas igrejas, é cristão, mas não acredita na Trindade, ao passo que em outras igrejas é universalista e não propriamente cristão.

Vida reta: Um ensinamento budista do Caminho Óctuplo sobre zelar pelo trabalho adequado e feito com compenetração e amor na forma de um dos passos para a iluminação.

Zen budista: Uma escola do Budismo, sobretudo do modo como é praticado no Japão, com vistas a usar a meditação para chegar ao satori ou iluminação.

Zohar: Também chamado "O Livro do Esplendor"; trata-se da obra central na literatura da kabala mística judaica.

Yoga: Uma prática hindu de exercícios físicos, meditação e concentração para se unir ao conhecimento superior, aos domínios divinos ou às ações poderosas.

Yoga tântrica: Termo sanscrítico que significa "estender, ou usar as tensões"; apresenta diversos sentidos e práticas no Hinduísmo e no Budismo, mas não raro envolve o estudo de textos sagrados e a prática de certos tipos de meditação, de cura e de rituais de purificação.

REFERÊNCIAS

INTRODUÇÃO

Página 14 A ordem dos Dez Mandamentos. Alguns estudiosos cristãos e alguns textos apresentam ligeiras variações dos dez preceitos encontrados em Êxodo 20. Em todo este livro, usei a lista-padrão judaica encontrada na versão dos massoretas do século X da era cristã, usando a tradução para o inglês publicada pela Jewish Publication Society em 1967; contudo, as versões judaica e cristã são bem parecidas.

Página 15 "Para os judeus... esses dez ensinamentos espirituais fazem parte de um grupo de diretrizes em contínuo desenvolvimento." Para a maioria dos judeus, a Torá tem muitos níveis de sentido. Tradicionalmente, os estudiosos da Bíblia não atentam para as palavras escritas, mas sobretudo para as leis orais, as interpretações e as histórias que vieram à luz com o passar dos séculos. De acordo com o livro de Avigdor Bonchek, *Studying the Torah: A Guide to In-Depth Interpretation* (Northvale, NJ: Jason Aronson, 1996), há quatro tipos aceitáveis de comentário da Torá, consistindo em P'shat (o sentido comum do texto), Remez (o sentido esotérico ou sutil), Drash (como em midrash, que é a visão homilética, moral ou pessoal da lição fundamental), e Sod (o sentido oculto, cabalista ou místico). Em todo este livro estarei examinando o que os estudiosos no decorrer dos séculos disseram acerca dos Dez Mandamentos a partir desses quatro níveis.

Página 15 A fala de Jesus quanto a se ensinar os Mandamentos é de Mateus 5:19, *A Bíblia de Jerusalém*; a afirmação para "guardar os mandamentos e habitar em meu amor" pode ser encontrada em João 15:10, *The HarperCollins Study Bible*; e a sugestão para não abolir e para realizar os mandamentos é de Mateus 5:17, *The New Jerusalem Bible*.

Página 15 Os Cinco Preceitos do Budismo podem ser encontrados no livro *The Illustrated World's Religion* (Nova York: HarperCollins, 1994), p. 74.

Página 16 Os dois livros de Viktor Frankl são *Man's Search for Meaning* (Nova York: Pocket, 1985) e *The Doctor and the Soul* (Nova York: Vintage, 1986).

Página 17 A tradução de *Ahseret Ha-deebrot* por "As Dez Palavras" ou "As Dez Coisas" pode ser encontrada em muitas fontes, incluindo o Talmude, Berachot 12a, Shabbat 86b, e *The Torah: A Modern Commentary*, publicado por W. Gunther Plaut (Nova York: Union of American Hebrew Congregations, 1981), pp. 531, 539.

1. O PRIMEIRO DESAFIO

Página 24 Para mais informações sobre os pontos de vista de Sigmund Freud sobre a religião, ver o seu *The Future of an Illusion* (Nova York: Norton, 1961), pp. 26-42.

Página 24 Para mais informações sobre as idéias espirituais de Carl Jung, ver o seu *Man and His Symbols* (Nova York: Dell, 1964) e *Psychology and Religion: East and West* (Princeton, NJ: Princeton University Press, 1958).

Página 24 Para mais informações sobre as observações de William James acerca da espiritualidade, ver o seu *The Varieties of Religious Experience* (Nova York: New American Library, 1958) e *The Will to Believe* (Nova York: Dover, 1956). [*As Variedades da Experiência Religiosa*, publicado pela Editora Cultrix, São Paulo, 1991.]

Página 26 "Um Deus que não pode ser visto com o olho nem ouvido com o ouvido" tem sido um tema explorado por muitos estudiosos judeus e cristãos, incluindo o Baal Shem Tov, o fundador do Hassidismo, que é citado no *Present at Sinai* de S. Y. Agnon (Filadélfia: Jewish Publication Society, 1994) dizendo, "O objetivo não é, literalmente, ver ou ouvir, mas compreender". Muitos outros escritores especularam acerca de uma Presença Divina que se comunica com os humanos como uma "vozinha", expressão encontrada no I Livro dos Reis 19:12.

Página 27 A interpretação da recepção dos Dez Mandamentos de um modo silencioso e intuitivo me foi transmitida pelos rabinos Ted Falcon, David Cooper e Mordecai Finley. Ela é também encontrada num midrash do século XIV (interpretação ou busca) de Netanel ben Yeshaya, intitulado "Me'or Ha'afelah", em que a experiência no Sinai é descrita como "Visão Interior". No Zohar, diz-se "Deus falou em voz baixa porque as pessoas têm de ficar assombradas e em silêncio para ouvi-las" (*O Zohar*, traduzido para o inglês por H. Sperling, M. Simon e P. Levertoff, vol. 3 [Londres: Soncino Press, 1949], p. 245). O Zohar também sugere, "A princípio, os sons não foram ouvidos. De modo mais exato, à proporção que as declarações fossem expressas, todos as saudariam com um beijo terno e amável. Só então o mandamento falaria e proclamaria a si mesmo" (Zohar, Hadash, Êxodo 41b). Por outras palavras, a não ser que você tenha um coração aberto, não escutará a mensagem silenciosa e intuitiva. Por fim, há um midrash talmúdico de que cada pessoa ouvia em seu coração só o que essa pessoa era capaz de ouvir ou de compreender (Êxodo Rabbah 28:6 e 5:9).

Página 27 Para mais informações sobre " mitzrayim" significando não só Egito mas também constrição ou estreiteza, ver Ernest Klein, *A Comprehensive Etymological Dictionary of the Hebrew Language for Readers of English* (Nova York: Macmillan, 1987), capítulo 1, ou verificar a raiz *tsarah* ou o plural *tsarot* num dicionário hebraico-inglês. Essa tradução criativa do Primeiro Mandamento foi apresentada numa sessão de estudos que eu freqüentei e que foi dada pelo Rabino Ted Falcon baseada no "mitzrayim" significando "um modo limitado de ver".

Página 28 A citação de Benno Jacob sobre o pacto eterno de amor entre Deus e os homens é encontrada no seu livro *The Second Book of the Bible: Exodus* (Hoboken, NJ: Ktav Publishing, 1992), p. 545.

Página 29 A afirmação sobre a recepção dos Dez Mandamentos no deserto e do fato de destinar-se a todas as pessoas, incluindo os ainda não nascidos, pode ser encontrada em Exodus Rabbah 5:9, Tanhuma B, Shemot 22; e no *The Torah: A Modern Commentary,* de Gunther Plaut (Nova York: Union of American Hebrew Congregations, 1981), p. 529; e no *Kabbalah and Exodus,* de Z'ev ben Shimon Halevi (Boulder: Shambhala, 1980), p. 111. Está também implícita em Deuteronômio 29:13-14.

Página 30 Rifat Sonsino e Daniel Syme, *Finding God: Ten Jewish Responses* (Nova York: Union of American Hebrew Congregations, 1986).

Página 30 Anthony Whilhelm, *Christ Among Us: A Modern Presentation of Catholic Faith for Adults* (Nova York: HarperCollins, 1990).

Página 30 Henri Nouwen, *The Way of the Heart* (Nova York, Ballantine, 1981).

Página 30 Martin Copenhaver, *To Begin at the Beginning: An Introduction to the Christian Faith* (Cleveland: United Church Press, 1994).

Página 30 Hassan Hathou, *Reading the Muslim Mind* (Plainfield, IN: American Trust Publications, 1995).

Página 30 Anne-marie Schimmel, *Islam: An Introduction* (Albany: State University of New York Press, 1992) e *Mystical Dimensions of Islam* (Chapel Hill: University of North Carolina Press, 1975).

Página 30 Huston Smith, *The Illustrated World's Religious* (Nova York: HarperCollins, 1995).

Página 31 Harold Kushner, *When Bad Things Happen to Good People* (Nova York: Avon, 1983).

Página 31 Lynn Gottlieb, *She Who Dwells Within* (Nova York: HarperCollins, 1995).

Página 32 Aryeh Kaplan, *Jewish Meditation: A Practical Guide* (Nova York: Schocken, 1985).

Página 32 Rodger Kamenetz, *The Jew in the Lotus: A Poet's Rediscovery of Jewish Identity in Buddhist India* (Nova York: HarperCollins, 1994).

Página 32 Henri Nouwen, *The Way of the Heart* (Nova York: Ballantine, 1981), pp. 59-60.

Página 32 A citação sobre a alma é extraída de *Meister Eckhart: Teacher and Preacher*, de Bernard McGinn (NY: Paulist, 1986), p. 285.

Página 33 O trecho do poema extraído de Rumi pode ser encontrado em *The Essential Rumi*, traduzido por Coleman Barks juntamente com John Moyne (Nova York: HarperCollins, 1995, p. 122) e em *Birdsong: 53 Short Poems by Rumi*, traduzido por Coleman Barks (Atenas, GA: Maypop, 1993).

Página 33 A discussão sobre o Amidah ou a Oração em Pé sugerindo que cada um de nós tem uma perspectiva individual sobre um único Deus é extraída de *The Weekday Siddur: An Exposition and Analysis*, de B. S. Jacobson (Tel Aviv: Sinai, 1978), p. 215.

Página 33 Anthony Wilhelm, *Christ Among US* (Nova York: HarperCollins, 1990), p. 7.

Página 36 Para mais detalhes sobre a visão cabalística dos fragmentos de luz existentes em cada uma de nossas almas, ver capítulo 5, "The Mysticism of Luria", *Finding God*, de Rifat Sonsino e Daniel Syme, op. cit., 67-77. Ver também *Tanya*, de Schneur Zalman de Liady, traduzido por N. Mindel (Brooklyn: Kehot Publication Society, 1973), e o capítulo "Jewish Meditation: Healing Ourselves and Our Relationships", de Sheldon Z. Kramer, in *Opening the Inner Gates: New Paths in Kabbalah and Psychology*, de Edward Hoffman (Boston: Shambhala, 1995), p. 230.

Página 36 A afirmação de Jesus do Livro de Tiago pode ser encontrada no capítulo 2, versículo 14-17, *The Holy Bible: New International Version* (Grand Rapids, Michigan: Zondervan, 1984).

Página 36 Para mais detalhes sobre os pontos de vista islâmico acerca de se fazer caridade, ver John Esposito, *Islam: The Straight Path* (Londres: Oxford University Press, 1988), ou Kurshid Ahmad, *Islam: Its Meaning and Message* (Ann Arbor, MI: New Era, 1976).

Página 36 Para mais informações sobre Karma-Yoga, ver Swami Vivekananda, *Karma-Yoga and Bhakti-Yoga* (Nova York: Ramakrishna Center, 1955), ou Rick Fields, Peggy Taylor, Rex Weyler e Rick Ingrasci, *Chop Wood, Carry Water: A Guide to Finding Spiritual Fulfillment in Everyday Life* (Los Angeles: Tarcher, 1984). A citação do Buda pode ser encontrada em *Chop Wood, Carry Water,* p. 236. [*Karma Yoga*, publicado pela Editora Pensamento, São Paulo, 1977.]

Página 38 A relação moderadamente positiva entre envolvimento com uma comunidade religiosa ou espiritual e o bem-estar completo, o sentido da comunidade e a satisfação conjugal é de F. K. Willits e D. M. Crider, "Religion and Well-Being: Men and Women in the Middle Years", *Review of Religious Research* 29.3 (1988): 281-294.

Página 38 O estudo relacionando o envolvimento religioso com o sentido e o objetivo, bem como os níveis menores de angústia, é de L. R. Petersen e A. Roy, "Religiosity, Anxiety, and Meaning and Purpose: Religious Consequences for Psychological Well-Being", *Review of Religious Research* 27.1 (1985): pp. 49-62.

Página 38 Outros estudos relacionando o ato de freqüentar cultos religiosos e a duração do casamento, a satisfação com a vida familiar e a felicidade como um todo podem ser encontrados em I. Reed Payne, Allen E. Bergin, Kimberly A. Bielema e Paul H. Jenkins, "Review of Religion and Mental Health", in Kenneth I. Pargament, *Religion and Prevention in Mental Health* (Nova York: Haworth Press, 1992), p. 67.

Página 38 As relações entre saúde física e envolvimento religioso são de Vanderpool e Levin, "Religion and Medicine: How Are They Related?" *Journal of Religion and Health, 29* (1990): pp. 9-20.

2. O SEGUNDO DESAFIO

Página 41 "No Judaísmo tradicional, a advertência sobre curvar-se diante dos ídolos..." Para um exame pormenorizado desse tema, ver "Judaism and the Varieties of Idolatrous Experience", de Barry S. Kogan, in *Proceedings of the Academy for Jewish Philosophy*, publicado por David Novak e Norbert Samuelson (Lanham, MD: University Press of America, 1992), p. 175, ou Moshe Halbertal e Avishai Margalit, *Idolatry* (Cambridge, MA: Harvard University Press, 1992), principalmente o capítulo 'Idolatry and Betrayal', pp. 25-29.

Página 41 "O vínculo especial entre Deus e nós, humanos, é como a parceria no casamento." O problema é analisado em Êxodo 34-15-16 e em Juízes 2:17. Além disso, em muitos escritos e ensinamentos judaicos, a Torá é vista como o Ketubah (contrato de casamento) entre Deus e nós.

Página 41 O livro clássico de Bahya ben Joseph ibn Paguda *Duties of the Heart* foi recentemente traduzido por Yaakov Feldman. A citação que usei foi tirada de *A Treasury of Jewish Quotations*, publicado por Joseph Baron (Nova York: Crown, 1956).

Página 41 Erich Fromm, *Psychoanalysis and Religion* (New Haven:Yale University Press, 1959).

Página 41 A citação do rabino Ted Falcon é extraída de um retiro espiritual de fim de semana em Temescal Canyon, 11 de fevereiro de 1995.

Página 41 A citação do Arcebispo Ullathorne pode ser encontrada em *The Book of Catholic Quotations*, publicado por John Chapin (Nova York: Straus and Giroux, 1956).

Página 42 A afirmação extraída do Corão de que *shirk*, ou idolatria, é o maior pecado do Islã é descrita no livro de Karen Armstrong, *A History of God* (Nova York: Ballantine, 1994), p. 149.

Página 42 A história de Tan-hsia T'ien-jan, usando a estátua do Buda como lenha para a fogueira é encontrada em Ernest Kurtz e Katherine Ketcham, *The Spirituality of Imperfection* (Nova York: Bantam, 1992), p. 123, e em Ingrid Fischer-Schreiber, *The Encyclopedia of Eastern Philosophy and Religion* (Boston: Shambhala, 1994), p. 354.

Página 43 A história do Bezerro de Ouro é analisada em W. Gunther Plauts, *The Torah: A Modern Commentary* (Nova York: Union of American Hebrew Congregations, 1981), pp. 641-49.

Página 43 A citação de Martin Buber sobre o Bezerro de Ouro pode ser encontrada no seu *Moses* (Nova York: Harper Torchbook, 1958), p. 151.

Página 44 A definição de *Israelita* como "aquele que enfrenta Deus e debate com ele" pode ser encontrada em muitas fontes, inclusive no *Godwrestling*, de Arthur Waskow (Nova York: Schocken, 1978), p. 6.

Página 44 O comentário de Harold Schulweis sobre a discordância pode ser encontrado em *For Those Who Can't Believe; Overcoming the Obstacles to Faith* (Nova York: HarperCollins, 1994), pp. 84-85; baseia-se no midrash do Bezerro de Ouro encontrado em Êxodo Rabbah 43:4.

Página 45 A citação de G. I. Gurdjieff sobre os momentos de consciência serem breves é de P. D. Ouspensky, *In Search of the Miraculous* (Nova York: Harcourt, Brace and World, 1949), pp. 116-117.

Página 45 A descrição do shofar é do Código de Moisés Maimônides, Yad, Teshuvah, 3:4, em *The Mishneh Torah Series* (Brooklyn, NY: Moznaim Publishing, 1989).

Página 46 A citação do padre Andrew Greeley é encontrada em *The Sinai Myth* (Garden City, NY: Doubleday, 1972), p. 118.

Página 46 A citação sobre a "mente do macaco" é de David Cooper, *The Heart of Stillness: The Elements of Spiritual Discipline* (Nova York: Bell Tower, 1992), pp. 9-21.

Página 47 A definição de *rakhaman* como semelhante ao útero me foi indicada pela primeira vez pelo Rabino Amy Eilberg e pode ser encontrada na maior parte dos dicionários de hebraico-inglês.

Página 48 A citação sobre o ritual de cura da busca da visão pode ser encontrada em *The Wind Is My Mother*, de Bear Heart com Molly Larkin (Nova York: Clarkson Potter, 1996), pp. 230-232.

Página 48 *The Big Chill*, escrito por Lawrence Kasdan e Barbara Benedek, dirigido por Lawrence Kasdan, Columbia/TriStar Pictures, 1983.

Página 54 A oração da manhã tradicional para o corpo pode ser encontrada na maioria dos livros de oração judaicos. A tradução que usei aqui é uma combinação de *Gates of Prayer: The New Union Prayerbook* (Nova York: Central Conference of American Rabbis, 1975), p. 51 e *The Complete Artscroll Siddur* (Brooklyn: Mesorah Publications, 1990), p. 15.

Página 54 O chamado islâmico para o culto e a Oração de Abertura ou Fatihah, pode ser encontrado em *The World's Wisdom: Sacred Texts of the World's Religions*, de Philip Novak (Nova York: HarperCollins, 1994), pp. 283, 297.

Página 55 A oração atribuída a São Francisco também pode ser encontrada em *The World's Wisdom*, de Philip Novak, p. 268.

Página 56 A Oração da Serenidade, de Reinhold Niebuhr, está em *The World's Wisdom*, de Philip Novak, p. 277.

Página 56 A hassídica do homem que só sabia como dizer "Amém" me foi contada por muitos rabinos, inclusive o rabino Ted Falcon de Bet Aleph, em Seattle.

Página 57 Para mais detalhes sobre as maneiras inovadoras de Viktor Frankl para ajudar os homens e as mulheres a descobrir o seu objetivo na vida, ver o seu *The Doctor and the Soul* (Nova York:Vintage, 1986).

3. O TERCEIRO DESAFIO

Página 61 Os comentários do rabino Mordecai Finley foram feitos durante uma sessão de estudo na Congregation Ohr Hatorah em Los Angeles, em março de 1996.

Página 62 Rashi, cujo nome completo é rabino Solomon ben Isaac, adverte sobre fazer promessas falsas em *Rashi Commentaries on the Pentateuch*, traduzido por Chaim Pearl (Nova York: Norton, 1970), p. 91.

Página 63 A citação de Moshe ibn Ezra pode ser encontrada em *The Second Book of the Bible: Exodus*, de Benno Jacobs (Hoboken, NJ: Ktav Publishing, 1992), p. 558.

Página 66 A citação de *Ohr Hahayyim* pode ser encontrada em *Sh'mos*, vol. 2 de *Torah Gems*, compilado por S. Ludmir (Brooklyn: S. Ludmir, 1992).

Página 68 Para mais informações sobre Brotherhood-Sisterhood USA, um seminário de verão para adolescentes sobre raça, sexualidade e integridade pessoal, entrar em contato com The National Conference, 1055 Wilshire Blvd. nº 1015, Los Angeles, CA 90017.

Página 69 A passagem bíblica "não julgueis, para não serdes julgados" pode ser encontrada em Lucas 6:37 e Mateus 7:1.

Página 70 *Gandhi*, escrito por John Briley, produzido e dirigido por Richard Attenborough, e distribuído pela Columbia/TriStar Pictures, 1982.

Página 70 Para mais informações sobre a reação de "enfrentar ou fugir" nos seres humanos, ver *Psychology and Life*, de Philip Zimbardo (Glenview, IL: Scott, Foresman, 1985), p. 499.

Página 70 A análise da frase "Não amaldiçoe um surdo" se baseia no Levítico 19:14, e a interpretação de não usar o dom da fala de uma maneira ofensiva é dada por Moisés Maimônides em *A Maimonides Reader*, publicado por Isadore Twersky (Nova York: Behrman House, 1972), pp. 434-435, e em pormenores no livro de Joseph Telushkin, *Words That Hurt, Words That Heal* (Nova York: Morrow, 1996).

Página 71 Carol Tavris, *Anger: The Misunderstood Emotion* (Nova York: Touchstone, 1989).

Página 71 A pesquisa do Dr. Murray Mittleman e de outros sobre o perigo dos acesso de raiva para os pacientes cardíacos foi reproduzida na edição de 1995 de *Circulation* e num artigo da repórter do *Newsday* Jamie Talan, publicado em *Los Angeles Times*, 19 de setembro de 1995, p. E3.

Página 71 Para mais informações sobre como usar a raiva de maneira responsável e não para magoar os outros, ver Carol Tavris, *Anger: The Misunderstood Emotion*, op. cit. Harriet Goldhor Lerner, *The Dance of Anger* (Nova York: Harper, 1985); e o capítulo 17, "Taming the Furies", em Aaron Beck, *Love is Never Enough* (Nova York: HarperCollins, 1988), pp. 332-356.

Página 74 Para mais informações sobre o ponto de vista do Zohar sobre o Terceiro Mandamento como um modo de honrar a Deus e aprofundar o amor pelo Divino, ver *The Zohar*, traduzido por H. Sperling, M. Simon e por P. Levertoff (Londres: Soncino Press, 1949), p. 268.

Página 75 A citação de Goethe sobre usar o nome de Deus em vão pode ser encontrada em J. P. Eckermann, *Conversations with Goethe in the Last Years of His Life*, traduzido por S. M. Fuller (Boston, 1839), e em *The Ten Commandments*, de Solomon Goldman (Chicago: University of Chicago Press, 1956), p. 155.

Página 75 A história de Baal Shem Tov dizendo que a sinagoga estava cheia de palavras vazias foi contada por muitos rabinos e pode ser encontrada em Robert Kahn, *The Ten Commandments for Today* (Garden City, NY: Doubleday, 1964), pp. 38-39.

4. O QUARTO DESAFIO

Página 80 As interpretações do Shabbat do rabino Samson Raphael Hirsch podem ser encontradas em *The Mystical Glory of Shabbath and Festivals*, de Matityahu Glazerson (Nova York: Feldheim Publishers, 1985), pp. 11-12.

Página 80 A citação do rabino Mordecai Kaplan sobre Shabbat foi originalmente escrita no seu *The Meaning of God in Modern Jewish Religion* (Nova York: Jewish Reconstructionist Foundation, 1962).

Página 81 A visão cabalística das letras do Shabbat correspondendo às letras de Teshuvah podem ser encontradas em Glazerson, *The Mystical Glory of Shabbath and Festivals*, op. cit., p. 17.

Página 81 A visão islâmica do Sabbath (Yom Aljum'ah ou o Dia da Assembléia) é descrita em W. Gunther Plaut, *The Torah: A Modern Commentary* (Nova York: Union of American Hebrew Congregations, 1981), p. 550.

Página 81 As origens do culto do domingo cristão são analisadas em Mateus 5:17; Lucas 4:16; Apocalipse 1:10; em *The Earliest Christian Liturgy*, do Reverendo Josef Maria Nielen (St. Louis: B. Herder, 1941), pp. 72-77, 342-343; e na *Encyclopaedia of Religion and Ethics*, vol. 12, publicado por James Hastings (Nova York: Scribners, 1922), pp. 103-111.

Página 81 A citação de Martinho Lutero pode ser encontrada no capítulo "Sunday: The Lord's Day as a Sabbath", de John Primus, em *The Sabbath in*

Jewish and Christian Traditions, publicado por Tamara Eskenazi, Daniel Harringron e William Shea (Nova York: Crossroad, 1991).

Página 81 A publicação da igreja afirmando a necessidade de um dia voltado às coisas do espírito é de *The Lookout*, citado em *The Encyclopedia of Religious Quotations*, publicado por Frank Mead (Westwood, NJ: Fleming Revell, 1965), p. 389.

Página 81 O padre cristão que disse que o domingo "pertence a Deus" é Samuel A. Jeanes, ao escrever em *The Freee Methodist*, citado em Mead, *The Encyclopedia of Religious Quotations*, op. cit., p. 388.

Página 81 Irving Greenberg, *The Jewish Way* (Nova York: Touchstone, 1988), pp. 127-181.

Página 82 A afirmação de Justino Mártir pode ser encontrada em *First Apology 67*, citado em *The Book of Catholic Quotations*, publicado por John Chapin (Nova York: Farrar, Straus and Giroux, 1956).

Página 82 A citação de Martinho Lutero sobre o domingo e a vida eterna pode ser encontrada em Primus, *The Sabbath in Jewish and Christian Traditions*, op. cit.

Página 82 Edythe Draper, *Draper's Book of Quotations* (Wheaton, IL: Tyndale House, 1992).

Página 82 A citação de Zalman Schachter-Shalomi foi feita numa palestra dele que freqüentei em Fort Collins, Colorado, julho de 1995.

Página 82 Harvey Cox, "Meditation and Sabbath", revista *Harvard* de setembro-outubro de 1977: pp. 43-44. Agradecimentos ao editor atual, que encontrou uma antiga edição e a enviou para mim.

Página 85 Ron Wolfson, *The Art of Jewish Living: The Shabbat Seder* (Nova York: The Federation of Jewish Men's Clubs and the University of Judaism, 1985).

Página 86 A citação sobre o Sabbath como um dia de dignidade para os cristãos pode ser encontrada em *The New Intepreter's Bible* (Nashville: Abingdon, 1994), p. 846.

Página 86 Irving Greenberg, *The Jewish Way*, op. cit., pp. 127-181.

Página 86 Ron Wolfson, *The Art of Jewish Living: The Shabbat Seder*, op. cit.

Página 86 Marc Dov Shapiro, *Gates of Shabbat* (Nova York: Central Conference of American Rabbis, 1991).

Página 86 A citação do dr. Arthur Green pode ser encontrada no seu memorando de duas páginas, *Toward a New Shabbat: A Modest Proposal* (Wyncote, PA: Reconstructionist Rabbinical College, 1995). Além das quatro advertências quanto ao que não se deve fazer que arrolei, ele também dá quatro sugestões sobre o que se deve fazer.

Página 89 David Cooper, *Renewing Your Soul: A Guided Retreat for the Sabbath and Other Days of Rest* (Nova York: HarperCollins, 1995), pp. 54-56, 126-128.

Página 91 A história sobre o rabino Judah e "o tempero que falta é o Sabbath" é contada no livro *Gates of Shabbat*, de Marc Dov Shapiro, op. cit., e no Gênesis Rabbah 11-2.

Página 91 Charlotte Forten, *The Journal of Charlotte L. Forten, May 28, 1854*, publicado em 1961, do modo como foi citado em *Quotations in Black*, publicado por Anita King (Westport, CT: Greenwood Press, 1981).

Página 95 Henry Wadsworth Longfellow, "Michael Angeleo", parte I, estância 5, conforme citado em *The Encyclopedia of Religious Quotations*, op. cit.

Página 95 Para mais informações sobre como meditar ou orar individualmente ou em grupo a partir da sua tradição particular, recomendo ao leitor que pergunte a amigos, mestres, padres ou outras pessoas em que ele confia para conseguir sugestões. Além disso, alguns livros iluminadores e úteis incluem Aryeh Kaplan, *Jewish Meditation: A Practical Guide* (Nova York: Schocken, 1985); Mark Verman, *The Hystory and Varieties of Jewish Meditation* (Northvale, NJ: Jason Aronson, 1996); Yitzchok Kirzner com Lisa Aiken, *The Art of Jewish Prayer* (Northvale, NJ: Jason Aronson, 1991); e Sidney Greenberg, *A Treasury of Thoughts on Jewish Prayer* (Northvale, NJ: Jason Aronson, 1989). Para os cristãos protestantes, algumas possibilidades são Richard J. Foster, *Celebration of Discipline: The Parth to Spiritual Growth* (Nova York: HarperCollins, 1988), Jan Johnson, *Enjoying the Presence of God* (Colorado Springs, CO: NAV Press, 1996), Don Postema, *Space for God: Study and Practice of Spirituality and Prayer* (Grand Rapids, MI: CRC Publications, 1983), e Dallas Willard, *The Spirit of the Discipline: Understanding How God Changes Lives* (Nova York: HarperCollins, 1991). Para cristãos episcopais, há Kenneth Leech, *Soulfriend: An Invitation to Spiritual Direction* (Nova York: HarperCollins, 1992), e para os católicos romanos, bem como outras denominações cristãs, muitas pessoas recomendam com ênfase Henri Nouwen, *Making All Things New: An Invitation to the Spiritual Life* (Nova York: HarperCollins, 1981). Para qualquer um interessado em meditação budista, os três clássicos são Suzuki-roshi, *Zen Mind, Beginner's Mind* (Nova York: Weatherhill, 1970); Lawrence LeShan, *How to Meditate* (Boston: Little, Brown, 1974); e Joseph Goldstein e Jack Kornfield, *Seeking the Heart of Wisdom: The Path of Insight Meditation* (Boston: Shambhala, 1987). Finalmente, para um livro excelente sobre meditação, que traz consigo a sabedoria do Judaísmo, da Cristandade, do Budismo, do Hinduísmo e do Islã, ver o livro de David Cooper *The Heart of Stillness: The Elements of Spiritual Discipline* (Nova York: Bell Tower/Crown, 1992).

Página 96 Para mais informações sobre como realizar um serviço de Havdalah no final do Sabbath, ver *The Gates of Shabbat*, op. cit., pp. 62-70, ou Lori Palatnik, *Friday Night and Beyond: The Shabbat Experience Step-by-Step* (Northvale, NJ: Jason Aronson, 1994), pp. 89-95.

Página 96 A citação de Alice Walker pode ser encontrada em *The Columbia Book of Quotations* (Nova York: Columbia University Press, 1993).

5. O QUINTO DESAFIO

Página 98 Harold Bloomfield e Leonard Felder, *Making Peace with Your Parents* (Nova York: Ballantine, 1985).

Página 99 A referência à afirmação de Simeon ben Yohai sobre a dificuldade de honrar os pais é extraída de *Midrash Tanhuma*, 'Ekev 2.

Página 99 Walter Harrelson, *The Ten Commandments and Human Rights* (Filadélfia: Fortress Press, 1980), pp. 94-95.

Página 99 Joseph Telushkin, *Jewish Wisdom* (Nova York: William Morrow, 1994), p. 147.

Página 99 Para as definições inglesas específicas da palavra hebraica *cahbeid* (honra ou gravidade), ver Francis Brown, S. R. Driver e Charles A. Briggs, *A Hebrew and English Lexicon of the Old Testament* (Londres: Oxford University Press, 1959), pp. 457-458).

Página 100 A citação de Edwin Hubbell Chapin sobre o perdão pode ser encontrada em *The Encyclopedia of Religious Quotations*, publicada por Frank Mead (Westwood, NJ: Fleming Revell, 1965), p. 146.

Página 100 O provérbio iídiche "Uma pequena mágoa de alguém do seu sangue é pior do que uma grande mágoa de uma pessoa estranha", tirado de *Leo Rosten's Treasury of Jewish Quotations* (Nova York: McGraw-Hill, 1972), p. 217.

Página 100 A citação de Filo, "Perdôo e esqueço" é de De Iosepho, seção 239, e é citada em Burton Stevenson, *The Home Book of Proverbs, Maxims and Familiar Phrases* (Nova York: Macmillan, 1948), p. 869.

Página 100 A citação de F. Scott Fitzgerald "o esquecido é o perdoado" foi retirada de "Note-Books", *The Crack-Up*, 1945, e pode ser encontrada em *The International Theasaurus of Quotations*, compilado por Rhoda Thomas Tripp (Nova York: Crowell, 1970), p. 226.

Página 101 A citação de Henry Ward Beecher sobre o perdão pode ser encontrada em *The World Treasury of Religious Quotations*, publicado por Ralph Woods (Nova York: Hawthorn, 1968), p. 337.

Página 102 As definições que o dicionário dá de perdão não sendo sobre ignorar ou negar vêm do *Webster's New College Dictionary* (Boston: Houghton Mifflin, 1995), e *The Chambers Dictionary* (Edimburgo: Chambers Harrap, 1993).

Página 102 A abordagem que envolve mais confronto para lidar com os pais, da autoria de Susan Forward, contra a qual advirto pode ser encontrada em seu livro *Toxic Parents* (Nova York: Bantam, 1989), p. 238.

Página 105 Michael Dorris, *A Yellow Raft in Blue Water* (Nova York: Holt, 1987).

Página 110 A citação de Gur Aryeh há-Levi sobre por que o mandamento concernente a honrar os pais foi dado especificamente para pais idosos pode ser encontrada em *Melekhet Mahshevet* e é citada em Francine Klagsbrun,

Voices of Wisdom: Jewish Ideals and Ethics for Everyday Living (Boston: Godine, 1990), p. 198.

Página 111 Alguns dos estudos de pesquisa sobre os fatores do estresse e as estratégias de combate para cuidar de pais idosos ou doentes podem ser encontrados em Leonard Felder, *When a Loved One Is Ill* (Nova York: Signet, 1990), Barbara Silverstone e Helen Kandel Hyman, *You and Your Aging Parent* (Nova York: Pantheon, 1982), e Lissy Jarvik e Gary Small, *Parentcare* (Nova York: Crown, 1988).

Página 112 A citação de Maimônides sobre delegar aos outros o que você não pode fazer por si mesmo é extraída de *The Code of Maimonides*, "Laws Concerning Rebels", capítulo 6, seção 10, e também pode ser encontrada no livro de Francine Klagsbrun, *Voices of Wisdom*, op. cit., p. 200.

6. O *SEXTO DESAFIO*

Página 116 A citação sobre por que o Sexto Mandamento tem sido o mandamento mais logrado de êxito é extraída de *The Interpreter's Bible* (Nashville: Abingdon, 1952), volume 1, p. 986.

Página 116 Para numerosos exemplos da condenação por parte do mundo todo do assassino confesso de Yitzhak Rabin, ver o *New York Times* e o *Los Angeles Times*, novembro 5-30, 1995, que publicou numerosos artigos, bem como o *Jewish Journal of Creater Los Angeles*, 10, 17 e 24 de novembro, que apresenta uma cobertura ampla das reações do mundo todo.

Página 117 A citação do rabino Yishmael sobre não matar o Espírito Divino que está em cada pessoa pode ser encontrada em *Mekhilta of Rabbi Yishmael*, publicado por Jacob Lauterbach (Filadélfia: Jewish Publication Society, 1933).

Página 117 Toda a definição de *Rahtz-akh* é encontrada em Francis Brown, S. R. Driver e Charles A. Briggs, *A Hebrew and English Lexicon of the Old Testament* (Londres: Oxford University Press, 1959), pp. 953-954.

Página 117 A ligação talmúdica entre humilhar ou envergonhar alguém e matar alguém pode ser encontrada em *Baba Metziah* 58b, em *Aseres HaDibros: The Ten Commandments*, publicado por Avrohom Chaim Feuer (Brooklyn: Mesorah Publications, 1981), e em *The Stone Edition Chumash*, publicado por Nosson Scherman (Brooklyn: Mesorah Publications, 1993), p. 411.

Página 117 A definição de envergonhar alguém, *mahlbeen* pode ser encontrada na maioria dos dicionários de hebraico-inglês.

Página 118 A citação de Harold Schulweis sobre "matar" ou devorar em nós pode ser encontrada em *For Those Who Can't Believe* (Nova York: HarperCollins, 1994), pp. 205-206.

Página 118 A afirmação talmúdica de que salvando-se uma vida salva-se todo o mundo pode ser encontrada em Mishna Sanhedrin 4:5.

***Página* 118** Para estudos de pesquisa sobre como os traumas dolorosos podem levar a problemas posteriores se não resolvidos de modo satisfatório, ver Judith Herman, *Trauma and Recovery* (Nova York: Basic, 1992); I. Lisa McCann e Laurie Anne Pearlman, *Psychological Trauma and the Adult Survivor* (Nova York: Brunner/Mazel, 1990); e R. Janoff-Bulman, "The Aftermath of Victimization", em C. Figley, *Trauma and Its Wake* (Nova York: Brunner/Mazel, 1985).

***Página* 120** Para mais informações sobre Pais Anônimos e onde você pode achar uma das duas mil e cem sedes perto de você, disque (909) 621-6184. Ou, para achar um curso para pais mais próximo, telefone para uma faculdade na sua região ou para um centro de educação de adultos.

***Página* 120** Para mais informações sobre a recuperação de abusos emocionais e traumas na infância, bem como para conseguir listas de organizações de apoio, ver Charles Sell, *Unfinished Business: Healing Adult Children Resolve Their Past* (Portland, OR: Multnomah Opress, 1989); Jeremiah Abrams, *Reclaiming Your Inner Childc* (Nova York: Tarcher/Putnam, 1990); e por Jim Mastrich e Bill Birnes, *Adult Children of Alcoholics' Guide to Raising Healthy Children* (Nova York: Collier/Macmillan, 1988). Você também pode telefonar para a Associação de Psicologia da sua região ou para a Associação de Terapeutas do Casamento e da Família para pedir referências.

***Página* 123** Deborah Tannen, *You Just Don't Understand* (Nova York: Ballantine, 1990), pp. 52-53.

***Página* 126** A afirmação talmúdica de que privar alguém de sua vivacidade equivale a um crime pode ser encontrado em *The Stone Edition Chumash*, publicado por Nosson Scherman, op. cit., p. 411.

***Página* 126** A afirmação de Maimônides de que a forma mais nobre da caridade é ajudar alguém a se ajudar a si mesmo pode ser encontrada em muitas fontes, incluindo Louis Jacobs, *The Book of Jewish Belief* (West Orange, NJ: Behrman House, 1984), p. 185.

***Página* 127** A história sobre o arcebispo Desmonde Tutu pode ser encontrada em Martin Copenhaver, *To Begin at the Beginning* (Cleveland: United Church Press, 1994), p. 248.

***Página* 127** A história sobre a garotinha da estrela-do-mar me foi contada por Wendy Jo Block da Congregation Makom Ohr Shalom, baseada em seu trabalho com o Nechama-Jewish AIDS Service.

7. O SÉTIMO DESAFIO

***Página* 129** Michael Gold, *Does God Belong in the Bedroom?* (Filadélfia: Jewish Publication Society, 1992).

Página 129 Roland Gittelsohn, *The Extra Dimension* (Nova York: Union of American Hebrew Congregations, 1983).

Página 129 Morton Kelsey, *Caring: How Can We Love One Another* (Ramsey, NJ: Paulist Press, 1981), pp. 126-127.

Página 129 A controvérsia sobre quem escreveu *Iggeret Há-Kodesh (The Holy Letter)* é descrito em Alan Green, *A Celebration of Marriage* (Nova York: Collier/Macmillan, 1987), pp. 87-88.

Página 130 A citação de *Iggeret Há-Kodesh* pode ser encontrada em muitas fontes, incluindo Alan Green, *A Celebration of Marriage*, op. cit.; Aviva Cantor, *Jewish Women/Jewish Men* (Nova York: HarperCollins, 1995); e *The Holy Letter*, traduzido por Seymour J. Cohen (Nova York: Ktav, 1976).

Página 130 Clifford e Joyce Penner, *The Gift of Sex* (Dallas: Word, 1981), pp. 342-343.

Página 130 A citação sobre sexualidade sendo algo maravilhoso e perigoso é de *The New Interpreter's Bible*, vol. 1 (Nashville: Abingdon, 1994), p. 848.

Página 131 Chuck Gallagher, *Marriage Encounter* (Garden City, NY: Doubleday, 1975).

Página 131 Walter Harrelson, *The Ten Commandments and Human Rights* (Filadélfia: Fortress Press, 1980), pp. 130-133.

Página 131 George Leonard, *The End of Sex* (depois intitulado *Adventures in Monogamy*) (Los Angeles: Tarcher, 1983), pp. 155-156).

Página 132 Para uma descrição da controvérsia em torno da entrevista de Robert Scheer publicada pela revista *Playboy* em 1976 citando Jimmy Carter, ver *Time*, 4 outubro de 1976, pp. 33-34; *Newsweek*, 4 de outubro de 1976, pp. 70-71; e *Christian Century*, Martin Marty, "About That Interview", 6 de outubro de 1976, p. 847.

Página 132 A citação do dr. William Wolf sobre os comentários de Carter pode ser encontrada em *Time*, 4 de outubro de 1976, pp. 33-34.

Página 132 A análise de pensamentos adúlteros, escrita por R. Kent Hughes e John H. Armstrong, pode ser encontrada em *Christianity Today*, 3 de abril de 1995, p. 33.

Página 133 William Stafford, *Disordered Loves: Healing the Seven Deadly Sins* (Cambridge, MA: Cowley, 1994), pp. 51-55.

Página 133 Para mais informações sobre a visão judaica de que os ocasionais pensamentos de lascívia são muito menos graves do que as ações, ver Yehudah Hehasid, Sefer Hasidim, seção 54, e Abraham David, Ezer Mikodesh 5A, Haezer 23:3, e Talmude babilônico, *Abodah Zarah* 20a, que estão resumidos em Lawrence Grossman, "A Jewish Approach to the Pornography Issue" em *The Jewish Family and Jewish Continuity*, publicado por Steven Bayme e Gladys Rosen (Hoboken, NJ: Ktav, 1994).

Página 133 A pesquisa de que 95% das pessoas pensam em sexo pelos menos uma vez por dia é de Harold Lietenberg e Kris Henning, baseada em seu exame de duzentos estudos publicados ao longo dos últimos cinqüenta anos, do modo como foi publicada por Kathleen Kelleher, o *Los Angeles Times*, 13 de agosto de 1995, p. E1.

Página 133 As citações do rabino Isaac sobre pensamentos sexuais podem ser encontradas no Talmude babilônico, *Kiddushin*, 80b; aqui, citei *Jewish Wisdom* de Joseph Telushkin (Nova York: William Morrow, 1994), p. 132.

Página 133 A sugestão de Baal Shem Tov para que a pessoa deixe os pensamentos sobre sexo e passe a pensar no Criador se baseia na sugestão talmúdica em TB *Abodah Zarah* 20a e é também descrita no livro de Rodger Kamenetz, *The Jew in the Lotus* (Nova York: HarperCollins, 1994), p. 126.

Página 135 Patricia Love e Jo Robinson, *Hot Monogamy* (Nova York: Plume, 1995).

Página 137 Para livros que podem fornecer a você informações mais detalhadas sobre sexualidade sagrada no Tantra Hindu e na Yoga da Kundalini, ver Margo Anand, *Sexual Ecstasy* (Los Angeles: Tarcher, 1989); *The Encyclopedia of Sexual Wisdom*, publicado por Rufus Camphausen (Rochester, VT: Inner Traditions, 1991); e Richard Craze, *The Spiritual Traditions of Sex* (Nova York: Harmony Books, 1996). Para livros que podem fornecer a você informações mais detalhadas sobre sexualidade sagrada nos ensinamentos cabalísticos judeus, ver Alan Green, *A Celebration of Marriage* (Nova York: Collier Macmillan, 1987); Arthur Waskow, *Down to Earth Judaism* (Nova York: William Morrow, 1995); e Ruth Westheimer e Jonathan Mark, *Heavenly Sex: Sexuality in the Jewish Tradition* (Nova York: New York University Press, 1996).

Página 140 Shere Hite, *The Hite Report on Male Sexuality* (Nova York: Knopf, 1981), e em *Women and Love* (Nova York: St. Martin's Press, 1989).

Página 140 A estimativa da *Cosmopolitan* sobre adultério pode ser encontrada em Linda Wolfe, *The Cosmo Report* (Nova York: Arbor House, 1981).

Página 140 Morton Hunt, *The Natural History of Love* (Nova York: Anchor, 1994).

Página 140 Samuel e Cynthia Janus, *The Janus Report on Sexual Behavior* (Nova York: John Wiley, 1993).

Página 140 A estimativa do National Opinion Research Center sobre adultério pode ser encontrada em *Society*, maio-junho de 1994; p. 9, e em Andrew Greeley, *Faithful Attraction* (Nova York: TOR Books, 1991).

Página 141 A citação de Frank Pittman sobre casamentos que passam por uma fase de recuperação em função de um caso extraconjugal pode ser encontrada em "Beyond Betrayal: Life After Infidelity", em *Psychology Today*, maio-junho de 1993: p. 32-38.

Página 141 Janis Spring, *After the Affair: Healing the Pain and Rebuilding Trust When a Partner Has Been Unfaithful* (Nova York: HarperCollins, 1996).

Página 143 Frank Pittman, *Private Lies: Infidelity and the Betrayal of Intimacy* (Nova York: Norton, 1989), p. 43.

8. O OITAVO DESAFIO

***Página* 148** Para mais informações sobre a interpretação de Rashi do Oitavo Mandamento como "roubar a liberdade de alguém", ver *Pentateuch with Rashi's Commentary*, publicado por A. M. Silberman (Londres: Shapiro, Valentine and Company, 1930), p. 105.

***Página* 148** Para mais informações sobre a interpretação de Samson Raphael Hirsch, ver *Exodus*, volume 2 de *The Pentateuch*, traduzido por Isaac Levy (Nova York: Judaica Press, 1971), p. 277.

***Página* 148** A citação do rabino Ishmael sobre roubar "a opinião favorável das pessoas" pode ser encontrada em *Mekhilta de Rabbi Ishmael*, Mishpatim, Nezikin, 13, como citada em *The Book of Legends from the Talmud and Midrash*, de H. N. Bialik e Y. H. Ravnitzky (Nova York: Schocken, 1992), p. 657.

***Página* 148** A citação de Nosson Scherman sobre valer-se do embuste para conseguir o respeito de alguém pode ser encontrada em *The Stone Edition Chumash* (Brooklyn: Mesorah Publications, 1993), p. 412.

***Página* 149** Lewis Smedes, *Mere Morality* (Grand Rapids, MI: William Eerdmans, 1983), p. 183.

***Página* 149** Para mais informações sobre o comportamento rude ou de desprezo como roubo do amor-próprio de alguém, ver *Aseres HaDibros: The Ten Commandments*, publicado por Avrohom Chaim Feyer (Brooklyn: Mesorah Publications, 1993), p. 57.

***Página* 149** Para mais informações sobre o ato de atalhar como um tipo de roubo, ver Deborah Tannen, *You Just Don't Understand* (Nova York: Ballantine, 1990).

***Página* 149** Para mais informações sobre o logro em termos de cultura ou o roubo do crédito pelas idéias, ver Tanchuma Bamidbar; Magen Avraham to Orach Chaim 156; Yalkut Shimoni, II:960, como citado em *Aseres HaDibros*, op. cit., p. 57, e também o excelente artigo de Gary VandenBos sobre plágio e roubo de crédito, "Ethics and Etiquette in Publishing", *The Monitor*, março de 1995, p. 15.

***Página* 150** Para mais informações sobre maltratar os empregados como forma de roubo, ver Jeffrey Salkin, *Being God's Partner: How to Find the Hidden Link Between Your Spirituality and Your Work* (Woodstock, VT: Jewish Lights, 1994), pp. 135-136.

***Página* 150** Para mais informações sobre a linguagem iídiche e a palavra iídiche *gonnif*, ver Leo Rosten, *The Joys of Yiddish* (Nova York: Simon and Schuster, 1991).

***Página* 151** A citação da Professora Teri Bernstein sobre escolher soluções com integridade foi obtida de uma entrevista direta em 10 de abril de 1996.

***Página* 156** As citações do Levítico 19:9-11 são de W. Gunther Plaut, *The Torah: A Modern Commentary* (Nova York: Union of American Hebrew Congregations, 1981).

***Página* 156** A sugestão para considerar a vida como uma roda girante em que até os ricos podem ser levados a precisar de caridade pode ser encontrada em Solomon Ganzfried, *the Abridged Code of Jewish Law*, 34:1, como foi citado no livro de Joseph Telushkin, *Jewish Wisdom* (Nova York: William Morrow, 1994), p. 22-23.

***Página* 156** Robert Schuller, *Believe in the God Who Believes in You* (Nashville: Thomas Nelson, 1989), p. 201.

***Página* 157** A visão islâmica sobre caridade foi extraída do Corão e é descrita no livro de Huston Smith, *The Religious of Man* (Nova York: Harper Perennial, 1958), p. 240.

***Página* 157** Bear Heart com Molly Larkin, *the Wind Is My Mother* (Nova York: Clarkson Potter, 1996), p. 230.

***Página* 157** A citação sobre pessoas pobres fazendo caridade foi extraída do Talmude babilônico, Gittin 7b, como citado no livro de Joseph Telushkin, *Jewish Wisdom*, op. cit., p. 14.

***Página* 158** Robert Schuller, *Believe in the God Who Believes in You*, op. cit., p. 220.

***Página* 158** Isaac Klein, *The Ten Commandments in a Changing World* (Nova York: Bloch, 1944), p. 103-105.

***Página* 158** A análise dos limites alto e baixo da caridade é encontrada em Joseph Telushkin, *Jewish Wisdom*, op. cit., p. 18, e é baseada no Talmude babilônico, Ketubot 50a.

9. O NOVO DESAFIO

***Página* 160** A visão de que "*Lo ta-eed*" significa "Não testemunhe" ao passo que "*Lo ta-ahneh*" significando "Não repita" é explicada em *Aseres HaDibros: The Ten Commandments*, publicado por Avrohom Chaim Feuer (Brooklyn: Mesorah Publications, 1993), p. 58.

***Página* 160** Alguns dos lugares em que "*Lo t-ahneh*" é descrito como "Não pergunte, responda, ou repita" são *The Pentateuch*, traduzido por Samson Raphael Hirsch, contendo um comentário também seu (Nova York: Judaica Press, 1971), vol. 2, p. 277, e em *Haamek Davar*, como citado em *Aseres HaDibros*, op. cit., 59.

***Página* 162** A história hassídica sobre espalhar a maledicência como penas ao vento pode ser encontrada em Stephen Wylen, *Gossip: The Power of the Word* (Hoboken, NJ: Ktav, 1994), e no livro de Joseph Telushkin, *Words That Hurt, Words That Heal* (Nova York: William Morrow, 1996).

***Página* 163** A história sobre a pregadora que ofende sua congregação dizendo a ela para não maldizer pode ser encontrada em Robert Kahn, *The Ten Commandments for Today* (Garden City, NY: Doubleday, 1964), p. 104.

***Página* 164** Andrew Kopkind, *The Thirty Years War* (Nova York: Routledge, Chapman and Hall, 1995).

***Página* 164** O provérbio espanhol "Quem sabe pouco fala muito" pode ser encontrado no romance de David Carkeet, *Double Negative* (Nova York: Pocket, 1991).

***Página* 165** A citação de Hillel pode ser encontrada no Talmude babilônico, Sy-habbat 31a.

***Página* 165** As citações de Mateus e Romanos podem ser encontradas na *The Holy Bible: New International Version* (Grand Rapids, MI: Zondervan, 1984).

***Página* 165** A citação do místico muçulmano Al-Ghazali pode ser encontrada em Sisela Bok, *Lying: Moral Choice in Public and Private Life* (Nova York: Pantheon, 1978), p. 29.

***Página* 166** A descrição das conseqüências do karma pode ser encontrada em *The Encyclopedia of Eastern Philosophy and Religion* (Boston: Shambhala, 1989).

***Página* 166** O dito talmúdico de que a maledicência também fere quem dela se vale pode ser encontrado em Francine Klagsbrun, *Voices of Wisdom* (Boston: Godine, 1990), p. 74, e é baseado no Talmude babilônico, Arakhin, 15b.

***Página* 166** Especialistas em discriminação e preconceito que apontam para o efeito grave de coisas ditas quando um grupo não está presente para se defender incluem Gordon Allport, *The Nature of Prejudice* (Boston: Addison-Wesley, 1979).

***Página* 167** A visão de que muitas pessoas sentem que podem dizer coisas dolorosas sobre árabes-americanos de modo impune foi sugerida por Don Bustany e James Abourezk do American-Arab Anti-Discrimination Committee e também por muitos peritos da mídia não-árabe que eu entrevistei para um estudo em 1985.

***Página* 168** Para mais informações sobre o Reverendo Martin Niemoller e sua famosa citação "E ninguém escapou para me contar", ver Joseph Telushkin, *Jewish Wisdom* (Nova York: William Morrow, 1994), pp. 536-537.

***Página* 168** Para mais detalhes sobre os incidentes anti-árabes que se seguiram ao ataque a bomba na cidade de Oklahoma, ver a cobertura no *Los Angeles Times*, 20-24 de abril de 1995.

***Página* 169** Os livros sobre discurso apaixonado são *Hofetz Hayim* [Aquele Que Ama a Vida], de Israel Hacohen Kagan (1873), Zelig Pliskin, *Guard Your Tongue* (Nova York: Aish Há Torah, 1975), Stephen Wylen, *Gossip: The Power of the Word* (Hoboken, NJ: Ktav, 1993), e Joseph Telushkin, *Words That Hurt, Words That Heal*, op. cit.

***Página* 170** As visões budista, hindu e zen da importância das intenções interiores podem ser encontradas em Huston Smith, *The Illustrated World's Religions* (Nova York: HarperCollins, 1994), pp. 49, 75.

***Página* 172** Zelig Pliskin, *Guard Your Tongue*, op. cit.

Página 172 A abordagem budista para se concentrar nas palavras que você diz diariamente ou nas eventuais calúnias pode ser encontrada em Huston Smith, *The Illustrated World's Religions*, op. cit., p. 74

10. O DÉCIMO DESAFIO

Página 176 A citação de Sigmund Freud sobre ciúme pode ser encontrada em "Certain Neurotic Mechanisms in Jealousy, Paranoia and Homosexuality", *Collected Paper* (Nova York: Basic, 1959), p. 232.

Página 178 A definição de "*Lo takhmohd*" como "Não considere precioso aquilo que não lhe pertence" foi dada pelo rabino Mordecai Finley, Makom Ohr Shalom Torah Class, janeiro de 1995, e também pode ser encontrada em Francis Brown, S. R. Driver, e Charles A. Briggs, *A Hebrew and English Lexicon of the Old Testament* (Londres: Oxford University Press, 1959).

Página 178 John Locke, *Essay Concerning Human Understanding*, 1690.

Página 178 A definição budista de *duhkha* (sofrer) como "cobiça cega ou desejo" pode ser encontrada em *The Encyclopedia of Eastern Philosophy and Religion* (Boston: Shambhala, 1989), p. 96.

Página 179 Sylvia Boorstein, *It's Easier Than You Think: The Buddhist Way to Happiness* (Nova York: HarperCollins, 1995), pp. 19-20.

Página 179 As citações de Claudiano, Santo Agostinho e William Penn podem ser encontradas em *The Encyclopedia of Religious Quotations*, publicado por Frank Mead (Westwood, NJ: Fleming Revell, 1965).

Página 179 A segunda pastora, que explicou como a inveja em equilíbrio pode ser motivadora e em excesso pode paralisar a pessoa, é a reverenda Anne Gleaves Cohen, de Altadena, Califórnia, Congregational United Church of Christ; comunicação pessoal, 24 de fevereiro de 1996.

Página 180 A história de Zusya foi contada por muitos rabinos e pode ser encontrada em Martin Buber, *Tales of the Hasidim* (Nova York: Schocken, 1948).

Página 181 Para mais informações sobre os pontos de vista de Karen Horney, ver seu *New Ways in Psychoanalysis* (Nova York: Norton, 1939).

Página 182 Para mais informações sobre como a amargura, a inveja e a autocrítica excessiva prejudicam o sistema imunológico, ver S. E. Taylor, *Health Psychology* (Nova York: Random House, 1986), e D. Goleman e J. Gurin, *Mind Body Medicine: How to Use Your Mind for Better Health* (Yonkers, NY: Consumer Reports Books, 1993).

Página 185 Joan Didion, "Jealousy: Is It a Curable Illness?", *Vogue*, junho de 1961.

Página 187 Ellen Umansky e Diane Ashton, *Four Centuries of Jewish Women's Spirituality* (Boston: Beacon, 1993); ver, em especial, os capítulos "A Ritual of Loss", de Penina Adelman, "Simchat Hochmah", de Savina Teubal, e "Sitting Shiva for a Lost Love", de E. M. Broner.

AGRADECIMENTOS

Muitas pessoas me ajudaram a escrever este livro, e gostaria de poder dedicar tempo e palavras suficientes para agradecer a cada uma pessoalmente. Os comentários e sugestões de centenas de judeus, cristãos, muçulmanos, budistas, hindus e outros inspiraram as palavras escritas em todas as páginas do livro.

Estou particularmente em débito com meu amigo e colega de longa data o rabino Marc Sirinsky do Templo Emek Shalom em Ashland, Oregon, que me desafiou toda vez que eu disse algo incorreto e que me orientou para encontrar as fontes fundamentais para muitas das idéias discutidas em cada capítulo. Minha mulher Linda e eu ficamos perplexos quando Marc, sua mulher Catherine e a filha deles, Zoey, se mudaram de Los Angeles para Ashland, mas as muitas ligações telefônicas e cartas que trocamos sobre *Os Dez Desafios* tornaram a perda muito mais fácil de suportar.

Inúmeros mestres e amigos também deram idéias e orientação para me ajudar a entender os níveis mais profundos dos textos antigos. Lucky Altman da National Conference não só respondeu minhas perguntas sobre problemas cristãos mas também me levou a outros guias importantes. A reverenda Anne Gleaves Cohen da Congregational United Church of Christ respondeu minhas inúmeras perguntas com sensatez e zelo. Meus mestres queridos, sobretudo os rabinosTed Falcon, Mordecai Finely, David Cooper e Zalman Schachter-Shalomi, bem como os rabinos Amy Eilberg, Sue Levi Elwell, Laura Geller, Jonathan Omerman, Harold Schulweis, M. Robert Syme, Joseph Telushkin, Albert Vorspan, Abner Weiss e Shawn Isarel Zevit me ensinaram que toda questão espiritual é uma questão legítima e que nossa tradição para sempre está se desenvolvendo à medida que cada indivíduo acrescenta sua centelha de sabedoria.

Quero agradecer a ajuda amável no que respeita a problemas islâmicos que recebi de Fawad Yacoob, Munir Shaikh e Shabbir Mansuri do Council on Islamic Education em Fountain Valley e dr. Hassan Hathout do Los Angeles Islamic Center. Introvisões adicionais sobre pontos de vista cristão foram fornecidos generosamente pelo reverendo Ron e Colleen Wiltein de Park City, Utah, pela irmã Alexis Navarro do Immaculate Heart College em Los Angeles, e todas as pessoas que encontrei nas conversas entre cristãos e judeus.

Grande apoio e ajuda vieram dos bibliotecários e do corpo de funcionários de vários setores destacados, incluindo as coleções da Loyola Marymount University, da University of Judaism, Hebrew Union College, Fuller Theological Seminary, da Santa Monica Library e da Beverly Hills Library; sou particularmente grato pela ajuda, pela generosidade e pelas sugestões dadas a mim por Rachel Glasser da Sinai Temple Library em Westwood.

Muitos amigos e colegas demonstraram entusiasmo pelo assunto durante as fases iniciais do projeto e deram sugestões inteligentes, incluindo Teri Bernstein, a dra. Miriam Raviv, Peter Reiss, o dr. Rowland Shepard, os drs. Harold Bloomfield e Sirah Vettese, a dra. Amy Gross, Michael Stroud, Nel Van Steenbergen, Barbara Rotman, Janet Sternfeld Davis, Trudi Alexy, Nancy O'Donohue, Julie Simon, a dra. Patricia Birch, Rachel Ballon, Caty Konigsberg, Laurie e Joe Jacobs, Linda Waddington, Nick e Nancy Scanlan, Patty e Michael Melnick, Eli e Renat Amir, David Bayer, a dra. Susan Cross, Marti Leviel, Barbara Zheutlin, a dra. Janet Ruckert, e a dra. Janet Tunick. Quero agradecer principalmente minha amiga de longa data Nancy Shapiro Pikelny, de Chicago, que fez críticas a um primeiro esboço do manuscrito e deu muito apoio e orientação.

Tive sorte neste projeto de trabalhar com um agente literário muito prestativo e inteligente, Reid Boates, que, junto com a mulher, Karen, me deu estímulo e boas idéias desde o começo. Gostaria de agradecer também a Leslie Meredith, Andrew Stuart, Amy Zelvin e a todas as pessoas criativas na Harmony Books por seu trabalho duro neste projeto. Reid Boates me disse que eu gostaria de trabalhar com Leslie Meredith, um editor extremamente sensato e sensível, mas que eu não tinha idéia que nossa colaboração criativa seria tão proveitosa quanto foi.

No nível pessoal, quero agradecer a minha família por seu amor e apoio, sobretudo Martin e Ena Felder; Helen Rothenberg Felder; Eddie Rothenberg; Bill e June Schorin; Jeff Schorin; Ruth Wilstein; Janice, Craig e Erica Ruff; Andi Wagner Bittker; Ruthe Wagner; Ron Wagner e a meu filho maravilhoso, Steven Alon Schorin Felder. Acima de tudo, quero expressar minha profunda gratidão e amor a minha mulher e melhor amiga, Linda Schorin, por sua retroalimentação honesta, por suas críticas fáceis de ouvir e por suas idéias úteis que me ajudaram neste e em outros projetos. Linda percebeu a importância de escrever este livro mesmo quando ninguém mais tinha percebido, e seu ponto de vista o tornou possível.

Há mais um agradecimento que eu gostaria de fazer. Comumente, agradeço a Deus longe dos olhos dos outros, me sinto tímido quanto a fazer isso em público, mas os bons tempos de pesquisa e de escrita deste livro foram de fato uma bênção. Espero que minhas palavras transmitam honra e respeito à sabedoria santa que me foi dada de modo que possamos nos aproximar da Presença Divina. Ao escrever este livro, finalmente compreendo o sentido do que se lê no Livro dos Provérbios, *Etz khayim heeh*, "É uma árvore da vida aos que a conservam com carinho".